시민교육이 희망이다

한국 민주시민교육의 철학과 실천모델

피어나

시민교육이 희망이다
한국 민주시민교육의 철학과 실천모델

초판 1쇄 발행 2017년 3월 10일
초판 7쇄 발행 2020년 5월 25일

지은이 장은주

펴낸이 김명진

기획 및 편집 이건범 김명진
디자인 피어나 디자인실
인쇄 재원프린팅
종이 화인페이퍼

펴낸곳 도서출판 피어나
출판등록 2012년 11월 1일 제2012-000357호
주소 121-731 서울시 마포구 토정로 37길 46, 303호(도화동, 정우빌딩)
전화 02-702-5084
전송 02-6082-8855

ISBN 978-89-98408-13-8 93370
값 16,000원

이 도서의 국립중앙도서관 출판예정도서목록(CIP)은 서지정보유통지원시스템 홈페이지 (http://seoji.nl.go.kr)와 국가자료공동목록시스템(http://www.nl.go.kr/kolisnet)에서 이용하실 수 있습니다. (CIP제어번호: CIP2017005474)

시민교육이
희망이다

장은주 지음

한국 민주시민교육의 철학과 실천모델

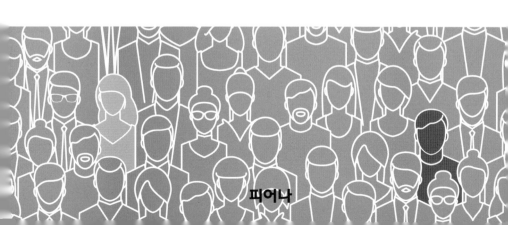

피어나

메리토크라시 비판과 민주주의 교육을 위한 철학적 환상곡

곽노현

사단법인 징검다리교육공동체 이사장

『시민교육이 희망이다』는 우리 사회와 학교에 꼭 필요한 민주시민교육의 철학과 실천 원칙, 모범사례를 담고 있다. 더 정확하게는 우리 사회를 '헬조선'으로 이끈 메리토크라시 이념에 대한 가장 강도 높은 선전포고이자 그 대안으로 제시된 민주주의 이념에 대한 가장 매혹적인 비전 선포라고 할 수 있다. 저자 장은주 교수의 진단과 분석은 예리하고 방향과 대안은 명확하다. 전대미문의 촛불혁명을 이끄는 시민의식의 대폭발에도 불구하고 메리토크라시(=능력자 지배, 능력지상주의)에 포획된 시민의식의 미성숙이 한국 민주주의의 가장 큰 당면문제이며 초·중등 민주시민교육을 제대로 해서 자존감 있는 당당한 시민 주체가 형성될 때 비로소 사이비 민주주의를 넘어설 수 있다는 것이다.

민주주의 이론가는 종국적으로 교육문제를 맞닥뜨리게 돼 있다. 민주주의가 민주주의자, 즉 민주시민을 필요로 하는 이상 어떻게 민주시민을 길러낼지 고민하지 않을 수 없기 때문이다. 그럼에도 교육 분야를 천착해온 철학자나 사회과학자는 흔치 않다. 장은주 교수는 이 점에서 아주 예외적이다. 대학교수를 휴직하고 경기도교육청의 경기도교육연구원에서 2년간 민주시민교육 정책을 본격적으로 연구하고 돌아왔다. 장 교수가 민주시민교육의 철학과 실천을 주제로 책을 썼다는 소식을 듣고 나는 가벼운 흥분을 금할 수 없었다. 이제야 비로소 우리 사회가 제대로 된 민주시민교육 철학을 만나게 되겠구나 싶었다.

기대는 틀리지 않았다. 보내준 가제본 첫 페이지를 펼쳐 드는 순간부터 철학을 읽는 즐거움이 떠나지 않았다. 매 장절을 넘길 때마다 그의 사유는 기관차처럼 쉬지 않고 내달렸으며 나의 가슴엔 다음 장절의 내용에 대한 호기심과 함께 경탄이 이어졌다. 한국 사회의 문제를 한국어로 사유하는 한국 철학자의 존재가 얼마나 소중한지도 새삼 절감했다. 외국의 어떤 철학자도 헬조선, 유교적 근대성, 갑질공화국 등 한국적 개념을 구사하며 우리 사회가 나아갈 길을 짚어줄 리 없기 때문이다. 철학자 장은주에게 진한 고마움을 느낀다.

내가 보기에 이 책의 백미는 메리토크라시, 곧 능력지상주의를 헬조선을 만들어낸 이념적 장치로 비판하는 제1장과 그 대안으로 교육에 대한 민주주의 패러다임을 그려낸 제3장, 그리고 보이텔스바흐 원칙에 실천성 원칙을 더하여 한국 민주시민교육의 기본원칙으로 제시한

제5장에 있다. 이 책은 전체를 '메리토크라시 대 민주주의(meritocracy vs. democracy)'의 문제로 읽어도 무방하다. 메리토크라시, 즉 능력지상주의는 우리나라에서 가장 강력한 지배이데올로기다. 능력지상주의는 유교적 입신양명주의 문화와 결합하여 치열한 입시경쟁과 시장경쟁을 당연한 것으로 수용하고 그 승자에게 과도한 보상을 안겨줌으로써 경제적 양극화와 함께 "자존감 없는 자아들의 폐허와 모욕 사회"를 만들어냈다.

장은주 교수는 그 대안으로 "친밀성의 관계에서부터 시민사회적 조직들은 물론 경제생활에 이르기까지 다양한 삶의 공간 전체가 인간화"된 세상을 상상한다. 민주주의가 단순히 국가와 정부의 조직형태를 넘어 사회조직과 삶의 양식으로서 뿌리내린 세상을 꿈꾸고 있는 셈이다. 모욕 사회에서 상호 인정 사회로 바꿔나가려면 당연히 학교 교육에 주목하지 않을 수 없다. 민주공화국이 민주공화국답기 위한 필수 전제는 "시민들이 충분히 민주적 자기지배를 위한 역량과 자질을 갖추도록 교육"하는 데 있다. 학교에서 일상적으로 경험하는 포용과 배제, 인정과 모욕, 투명성과 책임 수준에 따라 청소년의 민주적 태도 형성과 민주주의 수용 정도가 결정된다. 나아가서 학교의 민주주의 교육이 지식교육인지 자세교육이나 실천교육까지 나아가는지에 따라 시민과 사회의 민주역량에서 큰 차이가 난다.

지금까지 우리나라 학교들은 민주주의 지식교육에 그쳤다. 세상에서 아무리 논란이 진행돼도 학교는 무풍지대로 남았다. 정치사회현안은 학교수업에서 금기시됐다. 교육의 정치적 중립성에 대한 헌법 요청이 그 편리한 핑계를 제공했다. 교육의 정치적 중립성 원칙을 "교육에서는 정치적 목적보다 교육적 목적을 더 우선해야 한다는 원칙"으로 파악하자는 장은주 교수의 제안에 공감한다. 특정한 정치적 입장을 앞세울 때 달성되는 정치적 목적과 달리 교육적 목적은 다양한 정치적 입장을 균형 있게 제시하고 학생이 판단할 수 있게 할 때 달성되기 때문이다.

정치교육에서 학생 중심의 교육 목적에 충실할 때 보이텔스바흐 3대원칙(주입·교화 금지 원칙, 논쟁성 재현 원칙, 학생 이해관계 중심 원칙)을 수용하지 않을 도리가 없다. 정치적 입장이 달라도 정치교육의 방법에는 동의할 수 있다. 우리나라에서도 소모적인 이념대립 없이 사회현안 교육을 그때그때 실시하기 위해서는 비슷한 원칙을 입법과 협약, 지침으로 만들어내는 것이 필요하다. 물론 사회현안 수업만으로는 안 된다. 학생들은 민주주의를 학교에서 지식으로 배울 뿐 아니라 다양한 실천을 통해 민주주의를 살아봐야 한다. 장은주 교수는 이러한 요청을 실천성의 원칙으로 이름 붙인다. 실천성의 원칙을 학교교육에서 구현하려면 학교가 살아있는 민주공동체로 재편되어야 한다. 학생자치의 최대보장은 물론 수업과 평가방식에서도 일대 변화가 선행되어야 한다.

끝으로 이 책은 1%를 위한 메리토크라시 비판만큼이나 특정한 사회적 삶의 양식으로서 민주주의에 대한 찬가를 담고 있다. 장은주 교수는 민주주의를 "같은 정치공동체에 속하는 모든 시민에게 존엄의 평등을 보장하고 실현해야 한다는 도덕적 목적을 지향하는 연대적 삶의 형식"으로 이해한다. 그렇기에 민주주의야말로 "인간적-도덕적이고자 하는 모든 사회적 삶의 가장 진화된 양식"이라고 선언한다. 감동적인 대목이다.

이때의 민주주의는 장은주 교수의 표현을 빌리자면 더 이상 교육대상의 일부가 아니라 "교육의 목적이자 대상이며 방법" 그 자체다. "민주주의를 위해, 민주주의에 대해, 민주주의를 통해" 교육이 이뤄질 때 학교 교육은 그 자체로 민주시민교육이다. 사회적 삶의 민주주의적 조직과 직조는 무엇보다 학교 교육을 통해 상호 인정과 존중, 연대와 협력이 몸에 밴 민주시민이 길러져야만 가능하다. 이 책은 어떤 철학과 원칙, 실천으로 민주시민을 길러낼지에 대한 우리 시대 최고 수준의 통찰과 혜안을 보여준다.

2017년 2월 26일

세월호에서 스러져간
아이들을 잊지 않기 위하여

2012년 대선에서 박근혜 대통령이 당선된 이후 나는 한동안 아무 것도 제대로 하지 못한 채 멍한 시간을 보냈다. 낮에는 인터넷만 뒤지고 밤에는 술 마시고 방황하던 생활을 며칠이고 반복했다. 아무것도 할 수가 없었다. '독재자의 딸'이자 국가 지도자로서의 그 어떤 적절한 자질도 갖춘 것처럼 보이지 않는 이를 대통령으로 뽑은 국민들이 미웠다. 특히 내 고향 경상도 사람들이 너무 미웠다. 내가 사는 부산의 이웃 사람들이 혐오스러웠다. 어리석은 사람들이라고, 아니 나쁜 사람들이라고, 이들이 이 나라를 이제 끝없는 나락으로 몰고 갈 것이라고 저주를 퍼부었더랬다. 너무 어처구니가 없어 술 마시다 눈물도 꽤 흘렸던 것 같다.

　그러던 어느 날 혼자 점심 먹으러 들어갔던 칼국수 집에서였다. 뒷좌석에서 박근혜 대통령에게 투표했음이 틀림없는 아주머니 몇 분이 신이 나서 선거 이야기를 하고 있었다. 내 고향 경상도 사투리마저 거슬리던 때였는데, 특히 호남이 문재인 후보에게 몰표를 준 사실을 두고 조롱하면서 박장대소하는 바람에 입맛을 완전히 버리고 말았다. 심지어는 먹던 칼국수 그릇을 들어 그분들에게 던져버리고 싶은 충동마저 느꼈다. 어떻게 저렇게 무식하고 천박하단 말인가. 끓어오르는 분노를 삭이느라 꽤 많은 식은땀을 흘렸던 것 같다.

　그때 문득 머리를 스치는 생각이 있었다. 저분들이 언제 민주주의를 제대로 배우기라도 했던가? 군부 독재 시대에 성장하면서 또 나름대로 힘겨웠을 삶을 헤쳐 나오면서 대통령을 투표로 뽑는다는 것 말고 민주주의의 의미와 가치를 이해할 약간의 기회라도 가졌던가? 박근혜 대통령에게 투표하고 민주주의를 희화화하는 것이 과연 저분들의 책임이기만 할까? 심지어 이 땅의 민주화를 주도했다는 이른바 '○86세대'마저 '박정희의 자식들'로서 '우리 안의 파시즘'을 떨쳐내었니 어쩌니 하는 마당에 그렇지 못한 평범한 시민들이 어떻게 민주주의를 제대로 알 수 있다는 말인가? 국민을 '개○○'라고 욕해 왔지만, 그들이 민주주의에 대해 그런 저열한 인식을 하게 된 데에는 적절한 '계몽'과 '교육'의 부재 탓도 있지 않을까?

그날 오후부터 나는 '시민교육(civic education)'이라는 화두를 갖게 되었다. 명색이 정치철학자라면서도 그 이전에는 단 한 번도 진지하게 생각해 보지 않던 주제였다. 더러 공화주의 전통의 정치철학에서 시민적 덕성에 대한 교육의 필요를 강조한다는 것을 잘 알고 있기는 했어도, 나의 문제로 여기지는 않았더랬다. 그러나 민주주의를 올바르게 배우지 못한 사람이 민주주의를 제대로 실천할 수는 없겠다는 단순한 진실에 대한 자각이 나를, 심지어 학문적으로도, 완전히 흔들어 놓았다. 새로운 연구를 더듬더듬 시작했다.

몇 개월 후 아주 우연하게도 마침 경기도교육연구원이 재단법인으로 새롭게 출범하면서 같이 할 사람을 찾는다는 이야기를 들었다. 당시 김상곤 교육감의 경기도 교육청이 전국 최초로 '민주시민교육과'를 설치하는 등 민주시민교육을 위해 남다른 관심을 두고 있다는 이야기도 들었던 터라 대학에 휴직계를 내고 합류해서 본격적으로 민주시민교육 분야를 연구해 보기로 했다. 그리고 2013년 9월부터 만 2년 동안 경기도교육연구원에서 선임연구위원으로 지내면서 연구생활을 했다. 학교 현장의 선생님들과도 교류하고 토론하면서 한국적 상황에서 필요하고 실천 가능한 민주시민교육이 어떤 것일지를 고민했고, 또 그 이론적 기초와 함께 실질적인 교육 내용이나 방법 등에 대해서도 살펴보았다. 이 책의 많은 부분은 이 시절의 연구에 기초하고 있다(장은주 외, 『왜 그리고 어떤 민주시민교육인가?: 한국형 학교 민주시민교육의 이론적 기초에 대한 연구』, 경기도교육연구원, 2014 참조).

연구원 생활을 끝내고 대학으로 돌아와서도 이 분야에 대한 고민과 연구를 계속했다. 민주시민교육을 내가 가르치는 대학생들에게도 할 수 있어야겠다 싶어 그 방안도 모색했고 또 경남교육연구정보원의 발주로 경남의 여러 학교 현장에서 이루어지는 민주시민교육의 실천 모델들을 살펴보고 정리하는 등의 작업도 했다(이 책 제6장은 이 작업의 산물이다). 그러나 철학자로서 민주시민교육과 관련하여 무언가 좀 더 근본적인 이론적 정초 작업 같은 것을 해보고 싶었다.

연구하면서 보니 우리나라에서도 민주시민교육에 관해 논의들이 의외로 많았음을 확인했다. 거기서 많이 배웠다. 그러나 내 관심사나 '취향'과는 거리가 먼 것들도 많았다. 논의 대부분이 심각하게 병든 우리나라의 교육 현실에 대한 근본적인 비판적 성찰에서 출발하는 것으로 보이지 않았고, 예외가 없지는 않았지만 적지 않은 연구들이 외국의 논의들을 '기계적으로' 소개하기만 하는 듯했다. 또 철학자인 내가 보기에 많은 논의들이 어딘가 조금 가볍게만 여겨지기도 했다. 그래서 무언가 우리 교육 현실에 맞는 나름의 접근 방식을 찾아내고 우리나라에서 발전시켜야 할 민주시민교육에 튼실한 철학적 기반 같은 것을 정리해 보고 싶다는 포부가 생겼다. 이 책은 바로 그런 포부의 산물이다.

물론 그 포부를 제대로 담아냈는지는 자신이 없다. 나의 이론적, 철학적 역량의 한계도 있을 테지만, 솔직히 그런 작업을 어느 정도 수준까지 해야 할지 짐작하기 힘들었다. 그래서 초고를 끝내고도 몇 번이고 이런저런 작업을 해야 했다. 결국, 철학자로서의 욕심은 좀 줄였다. 지나치게 이론적인 부분은 많이 들어냈다. 이 책은 단순히 이론적인 '철학책'은 아니어야 했기 때문이다. 이 책은 말하자면 '철학적 교양서'로서 궁극적으로 민주시민교육의 필요와 중요성에 대한 이해를 호소하는 데 그 목적을 두고 있기에 일반 독자들과 교육 현장에 계시는 선생님들이 좀 더 친숙하게 주제에 다가갈 수 있도록 하는 데 신경을 썼다.

애초 나의 연구 분야가 아니었던 주제를 다루면서 일일이 나열하기 힘들 정도로 많은 분의 도움을 받았다. 경기도교육연구원에서 연구할 때 같이 토론하고 문제의식과 '현장 감각'을 전해 준 많은 분께 우선 감사드린다. 특히 같이 연구를 했던 홍석노 박사와 정경수 및 이경옥 선생님, 그리고 김원태 선생님을 비롯하여 경기도 교육청 검인정 민주시민교육 교과서인 『더불어 사는 민주시민』의 여러 저자 선생님들의 도움을 많이 받았다. 나의 친구이기도 한 서울대학교 사범대학 사회교육과의 정원규 교수는 내가 이 책 제5장에서 다룬 독일의 '보이텔스바흐 합의'에 대해 처음으로 알려주어서 초기 나의 연구 방향을 잡는 데 결정적 도움을 주었다. 역시 나의 친구인 동국대학교 김상무 교수도 독일의 정치교육에 대해 많은 가르침을 주었다. 대학으로 돌아와서는 경상남도교육연구정보원의 발주를 받아 민주시민교육 활성화 방안을 연구하게 되었는데, 그 과정에서 학교 현장을 둘러보고 여러 선생님과 인터뷰를 하면서 민주시민교육을 위한 실천 모델을 고민해 보는 소중한 기회를 얻을 수 있었다. 이 기회를 마련해 준 황선준 원장님과 함께 연구했던 부산교대의 심성보 교수님 및 박재영 선생님께도 감사의 마음을 전한다.

한글문화연대 이건범 대표에 대한 특별한 고마움의 뜻도 여기 반드시 기록해 두어야겠다. 그는 내가 경기도교육연구원에서 민주시민교육 분야를 본격적으로 연구하게 된 우연하지만 아주 적절한 계기를 마련해 주기도 했지만, 이 책을 출판하는 과정에서 초고를 읽고 최초의 독자로서 많은 비판적 조언을 해주었고 심지어 문장도 많이 다듬어 주었다. 참고로 그는 1급 시각 장애인이다. 그는 과거 나의 책『정치의 이동』을 낼 때도 그런 작업을 해주었더랬다. 어려운 출판 환경임에도 시장에서의 성공 가능성이 불투명한 이 책의 출간을 흔쾌히 결정해 준 도서출판 피어나의 김명진 대표께도 이 자리를 빌려 감사의 마음을 전한다. 재직 중인 영산대학교로부터 연구비를 지원받았음도 밝혀둔다.

대학을 휴직하고 경기도교육연구원에서 연구생활을 시작하면서 오랫동안 살던 부산을 떠나게 되었다. 당시 초등학교 4학년이던 아들 한얼이가 갑작스럽게 이사를 하고 전학을 해야 해서 오랜 친구들을 잃고 낯선 곳에 적응하느라 고생이 참 많았다. 이 책이 한얼이가 좀 더 민주적이고 인간적인 교육을 받기 위한 문화와 환경을 만드는 데 조금이라도 일조해서 나의 미안함이 덜어질 수 있기를 기대해 본다.

2017년 2월

차례

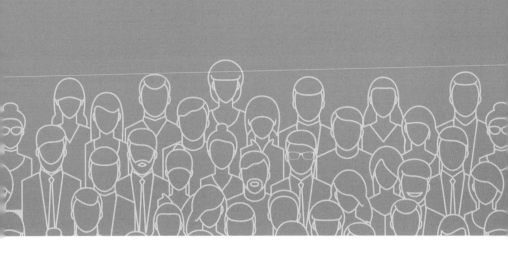

여는 글: 헬조선의 우울에서

빠져나오기 위하여

촛불혁명의 수수께끼

2016년 겨울, 우리 사회는 정말 놀라운 경험을 했다. 처음에는 그저 한심하기 짝이 없는 나라의 현실에 대한 국민들의 자괴감과 그런 현실을 만들어 낸 사람들에 대한 격한 분노를 일시적으로 표출하는 거려니 했다. 그러나 그동안 켜켜이 쌓이기만 했던 대중들의 분노는 이런저런 달콤한 어르기 정도로는 더 이상 가라앉힐 수 없는 폭풍이었음이 곧 드러났다. 수십, 수백만의 사람들이 몇 달을 주말마다 촛불을 들고 쏟아져 나왔다. 그러자 그동안 서슬 퍼렇기만 했던 대통령의 권력은 하루아침에 조롱거리로 전락해 버렸고, 국회는 광장에 모인 시민들의 압도적인 목소리에 놀란 채 쫓기듯이 대통령을 탄핵했다. 이른바 '촛불혁명'은 이렇게 시작되었다.

틀림없이 이 혁명은 어떤 세계사적인 의미를 지닌 대사건이다. 그토록 많은 사람이, 그토록 꾸준히, 그리고 그토록 평화스럽게 축제와 같은 저항을 했던 다른 역사적 사건이 있었던가. 그리고 늘 권력을 쥐여 준 주권자의 의지와 희망에서 벗어나 자신의 특권만 챙기는 정치계급이 되려고 했던 정치인들이, 그처럼 압도적이고도 즉각적으로 시민들의 열망을 받아 안아서 그 정치적 도구로서 역할을 한 경우를 전 세계의 어떤 '선진' 민주주의 국가에서 찾아볼 수 있는가. 영국에서는 국민투표를 통해 이른바 '브렉시트'가 결정되고 미국에서는 '미국 우선주의'를 내세우는 포퓰리스트 트럼프가 대통령이 되는가 하면 프랑스나 독일에서도 극우 집단의 정치적 약진이 이루어지고 있는 마당에, 우리나라에서는 그런 경향과는 전혀 다른 민주적 모범이 확인되고 있다. 우리는 지금 새로운 시대, 새로운 사회에 대한 희망에 들떠 있다.

아직도 진행 중인 이 혁명이 궁극적으로 어떻게 귀결될지 지금으로선 알 수 없다. 많은 변화가 있을 것이다. 국정농단의 주범들에 대한 사법적이거나 정치적인 징치로 시작해서 정계 개편에 이어 개헌에 이르기까지 우리 사회의 익숙한 정치의 장과 지형을 바꿀 변화들이 하나둘 진행될 것이다. 어쩌면 이번에는 그동안 우리 사회에서 너무도 당연한 것으로만 여겨졌던 정경유착이 결정적으로 해소될 계기가 마련될지도 모른다. 마침내 검찰개혁도 이루어져서 이른바 무소불위의 '법비(法匪)'들이 민주주의를 짓밟곤 하던 폐습들도 사라질지 모르겠다. 이번의 촛불혁명 과정에서 확인된 시민적 주권성을 좀 더 명료하게 제도화하여, 가령 대통령이나 국회의원 등에 대한 국민소환제나 시민의회 같은 것을 도입하자는 목소리도 높다. 물론 이 혁명이 4·19혁명 때나 1987년의 6월 항쟁 때처럼 결국 '미완'으로 그치고 말 가능성도 완전히 배제할 수는 없지만 말이다.

어쨌거나 대한민국이 지금 결정적인 역사의 갈림길에 서 있는 것만은 틀림없다. 민주화가 이루어진 지 30년, 사실은 근간이 다 무너져 내려 거의 껍데기만 남아있던 민주공화국의 헌정 질서가 연인원 천만이 넘는 시민들이 이 나라 곳곳의 광장에서 피어 올린 촛불과 함께 기사회생하는 기회를 맞이한 것처럼 보인다. 숱한 난관들이 가로막을 것이 틀림없지만, 이 땅에서는 거의 불가능해 보였던 제대로 된 민주적-공화적 헌정체제의 건설이 이제야 비로소 가능해질지도 모른다는 기대가 그리 성급해 보이지는 않는다.

아니, 다른 가능성은 사실 상상하고 싶지도 않다. 허울뿐인 민주주의 체제가 계속 유지되어서는 안 될 일이다. 민주공화국이라고는 해도 툭하면 시민들의 기본권이 침해당하는가 하면, 정경유착이 자행되어도 극심한 사회경제적 양극화가 속절없이 진행되어도 최소한의 정치적 개입조차 봉쇄당한다. 이런 사이비 민주주의 체제가 더 이상 지속되어서는 안 된다. 민주공화국이라는 이름에 전혀 걸맞지 않은 우리의 '구체제'는 철저히 혁파되어야 하고, 제대로 된 민주공화국을 세우려는 시민들의 열망은 무슨 일이 있더라도 실현되어야 한다. 이것은 현실적 가능성이기 이전에 너무도 절박한 역사적 당위다. 그리고 적어도 이 경우, 칸트식으로 말해서, '해야만 하는 것은 곧 할 수 있는 것이다.'

물론 쉬운 일은 아니다. 극복해야 할 난관과 해결해야 할 과제가 한두 개가 아닐 것이다. 구체제를 규정하는 이른바 '박정희 패러다임'은 하루아침에 형성되지도 않았고, 그 체제에서 이득을 보았던 세력들은 여전히 사회의 중추를 차지하고 있다. 함께 박근혜에 맞서기는 했지만 자신들의 근본적인 사회적 지배를 영속화하려는 세력들은 언제든지 다시 뭉쳐 시민혁명의 시계를 거꾸로 돌리려 나설 것이다. 반면 새로운 체제와 시대를 주도적으로 열어 보겠다고 자임하는 민주적 진보 세력은 지난 역사 속에서 늘 무능과 분열의 늪에 빠져 역사적 죄를 범하기 일쑤였더랬다. 결코, 방심해서는 안 된다.

이런 상황에서 우리에게 꼭 필요한 일이 하나 있다. 그것은 바로 우리 자신을 되돌아보는 일이다. 어떻게 보면 촛불혁명은 수수께끼로 가득 차 있다. 지금 우리는 광장에 연인원 천만을 넘길 정도로 모인 그 수많은 시민의 단호한 민주적 결의에 환호한다. 그러나 도대체 '독재자의 딸' 박근혜는 어떻게 민주공화국의 대통령이 될 수 있었던가? 또 그동안 세월호 참사에 대한 진상 규명을 바라는 유가족들의 숱한 피맺힌 절규에 왜 우리 시민들은 제대로 응답하지 않고 있었던가? 그러면서 왜 지금은 또 그 많은 시민이 거리로 나서는가? 그들은 박근혜를 대통령으로 뽑고 그간의 민주주의 파괴에 침묵했을 뿐만 아니라 심지어 동조해 왔던 시민들과 얼마나 다른가? 앞으로도 우리 시민들은 유사한 민주주의의 위기 상황에서 이와 같은 단호한 결기와 열정을 다시 보여줄 수 있을까? 다시는 참담한 국정농단과 헌정 파괴가 일어나지 않게 하려면 우리는 무엇을 해야 하는가?

결손 민주주의

이런 물음들에 답하기 위해서 우리는 우선, 지금 우리가 누리는 민주주의의 상태에 대한 좀 더 솔직한 인식에서 시작해야 한다. 지금 우리에게 분명해진 사실 하나는 우리가 이루었다고 믿었던 '민주화'가 반쪽짜리였고 우리의 민주주의도 반편이었다는 것이다. 물론 한국은 틀림없이 민주주의 국가다. 헌법에서도 국체를 민주공화국이라고 규정하고 있고, 대통령을 비롯한 주요 공직은 주기적이고 평화적이며 비교적 공정하게 치러지는 선거에서 뽑는다. 이런 나라를 민주주의 국가가 아니라고 말할 도리는 없다. 그러나 그 민주주의가 어딘가 부족하다는 것도 분명하다. 민주화 이후 30년을 넘기는 마당이지만, 지금껏 이 나라에서 민주주의가 제대로 작동해 왔다고 자신 있게 말할 수 있는 사람은 거의 없을 것이다. 우리 민주주의의 부족함과 일그러짐과 삐거덕거림의 예를 들자면 끝이 없을 지경이다.

다른 무엇보다도 우리나라에서는 그동안 민주주의의 가장 중요한 지표라 할 사상과 표현의 자유조차 이리저리 위협받았더랬다. 어떤 의미에서 우리나라에서는 그동안 '국가보안법'이 헌법보다 상위에 있었다. 누군가 사회의 주류 세력과 조금만 다른 의견을 가져도 '종북'이라고 공격받았다. 그래서 가령 진보를 표방했던 어떤 정당은 종북적이라는 이유로 헌법재판소에 의해 강제로 해산당했더랬다. 집회나 결사의 자유는 또 어떤가? 우리나라에서는 그동안 경찰이 집회를 허가 사항으로 취급하는가 하면, 시위 참가자들을 엉뚱한 죄목으로 수사하고 기소하는 방식으로 겁박하기 일쑤였다. 어떤 경우에는 시위가 폭력적으로 변질했다고 그 주동자를 무거운 형벌로 처벌했다. 또 노조 활동 때문에 해고된 이들을 노조원으로 두고 있다는 해괴한 이유로 노조 활동이 불법화되기도 했다. 이런 나라를 민주주의 국가라 할 수 있는가?

이런 상황에서 언론이라도 제 역할을 해주면 좋았으련만, 그동안 우리 사회에서 언론은 언론대로 권력이 통제하거나 스스로 권력기관이 되어 버렸다. 어떤 경우는 부패한 수구 기득권 세력의 정치적 지도부 역할까지 한다. 민주주의의 보루라는 사법부조차 몇몇 예외적인 경우를 제외하고는 그 독립성을 크게 잃은 채 믿기지 않을 정도로 비상식적이고 비합리적인 판결을 쏟아 냈었다. 가령 대법원은 민주적으로 선출된 교육감을 '사후뇌물죄'라는 기상천외한 죄목으로 교도소에 보내는 노골적인 정치적 판결을 서슴지 않았더랬다. 의회는 의회대로 부패와 무능 때문에 지금까지 행정부에 대한 견제와 민주적 입법 활동에 대한 기대를 충족시켜주지 못해 왔다. 이 모두가 정상적인 민주주의 국가에서라면 상상하기조차 힘든 일들이다.

더 안타까운 건, 우리 민주주의의 이런 일그러진 상황이 단지 수구적이고 반동적이기까지 한 보수 세력의 오랜 집권 탓이라고만 할 수 없다는 사정이다. 걸핏하면 민주주의의 회복을 정치적 구호로 내걸어 온 민주 진보 진영이라고 해서 언제나 제대로 민주주의에 걸맞은 모습을 보여 왔던 것처럼 보이지는 않는다. 때로는 계파 간 또는 정파 간 갈등이 폭력을 동원하거나 민주적 절차를 무시하는 방식으로 일어났고, 여전히 권위주의적이고 패권주의적인 문화가 사라지지 않는다. 무엇을 하자는 것인지 그 가치와 비전도 불투명하다. 자칭 진보정당은 그 실체가 미약하기 짝이 없고, 나름대로 오랜 역사를 가진 자유주의적 경향의 정당들도 몇몇 엘리트들 중심의 '프랜차이즈'식 정치결사체 같은 성격을 벗어던지지 못하고 있다. 이런 정당들이 설사 집권한다고 해도 민주주의를 제대로 꾸려갈 더 나은 능력이 있을지 의심하는 사람들이 많다. 그래서 단지 의회나 행정부의 다수파를 교체

하는 것만으로, 이것이 절대적으로 필요하다 하더라도, 우리 민주주의가 제대로 작동할 수 있을 것처럼 보이지는 않는다.

사실 우리 민주주의의 가장 근본적인 문제 중의 하나는 진영화되고 양극화된 정치적 갈등이다. 우리나라에서는 깊은 사회적 숙고와 토론을 통해 처리되고 해결되어야 할 거의 모든 사안이 여와 야 또는 보수와 진보라는 양대 정치 진영의 전형화된 인식 필터를 거친 뒤 극단적인 정쟁의 대상이 된다. 조그만 타협도, 한 치의 양보도 없다. 상대에 대한 기본적인 존중조차 보이지 않은 채 진행되는 사회정치적 대결과 투쟁이 일상화된 곳이 우리 사회다. 이 정치적 양극화는 이념과 계층을 넘어 세대 갈등 및 지역 갈등과도 중첩되면서 그렇지 않아도 분단된 한반도의 남쪽을 좌우로, 노소로, 동서로 갈기갈기 찢어 놓았다.

한마디로 지금까지의 이른바 '87년 체제'는 권위주의나 파시즘 체제를 얼마간 극복하기는 했으나 그렇다고 제대로 된 민주주의라고는 할 수 없는 정치적 지배체제였다. 그러니까 선거를 통한 평화적 정권교체 정도 말고는 시민들의 기본권 보장이나 사회에 대한 민주적 통제 등의 다른 차원에서는 많은 결함을 가진 지배체제다. 독일의 비교정치학자 볼프강 메르켈(Wolfgang Merkel) 등은 이런 체제를 '결손 민주주의(defect democracy)'라고 부른다.[1] 이 결손 민주주의의 한 유형은 정부가 의회를 우회할 수 있고 사법부에 영향력을 행사할 수 있는 '위임 민주주의(delegative democracy)'인데, 크로아쌍(A. Croissant)은 한국의 민주주의를 이 유형의 하나로 본다.[2] 나는 이에 더해 한국의 결손 민주주의가 이명박 정부를 거치면서 정부에 의해 시민의 여러 기본권이 제약되는, 그래서 터키나 러시아처럼 민주주의의 경계를 아예 넘어 더는 민주주의라 부르기 힘들 지경에 가까이 온, '비자유 민주의(illiberal democracy)'의 특징까지 지니게 되었다고 여기는 편이다.

어쨌거나 우리 민주주의의 이런 결손성이 우리 사회에 끼친 심각한 부정적 영향이 중요하다. 제대로 된 민주주의에서는 원칙적으로 사회의 모든 구성원이 자신의 삶에 영향을 미치는 모든 중요한 사회적-정치적 의사 결정의 과정에 스스로 참여하여 자신의 이해관계와 의사를 표현하고 반영시킬 수 있다. 그것은 단순히 일부 정치 계급이나 엘리트 지식인만이 아니라 사회의 모든 성원이 정치적이고 경제적이며 사회적인 제도와 규칙을 형성하는 데 결정적인 주체가 된다는 것을 의미한다. 그래서 어떤 사회에서 민주주의가 제대로 실현될 수 있다면, 그 사회에서는 적어도 이상적으로는 모든 구성원을 위한 정의롭고 품위 있는 인간적 삶의 조건이 마련될 수 있다. 그렇다면 우리 민주주의의 지금과 같은 결손성은 결국 우리 사회 성원들의 인간적 삶의 질이 정반대의 상황에 떨어졌음을 뜻한다.

복잡하게 이야기할 것도 없다. 오늘날 우리 사회에서는 사회경제적 불평등과 양극화가 극심해지고, 시민들의 일상적 삶의 불안과 고단함이 깊어져 가고 있다. 이른바 '갑-을 관계'가 사회적 삶 전반에서 만연하고, 직업을 갖지 못하는 청년들이 늘어가는가 하면, 살기 힘들다고 스스로 목숨을 끊는 사람들도 부지기수다. 젊은 세대는 새로운 생명의 잉태조차 꺼릴 지경이 되었다. 사람들은 이 사회에서 인간다운 삶이 가능할 것이라는 희망을 버린 지 오래다. 정치가 제 역할을 못 하니 이런 모든 문제가 방치되고 악화하기만 한다. 그 눈부시다는 경제

성장의 성과도 언제 어떻게 무너져 내릴지 조마조마하다. 우리 청년들은 이런 현실을 '헬조선'이라 부른다.

그렇다. 우리 사회의 청년들이 지금 자신들이 사는 이 나라를 지옥이라 한다. 대학을 졸업하고도 변변한 직장 하나 가질 수 없거나 비정규직만 전전해야 하는 현실 같은 게 문제의 출발점일 것이다. 그러나 다른 나라라고 이런 문제가 없지는 않다. 문제는 희망의 부재일 것이다. 말하자면 문제는 지독한 악성이다. 청년들이 보기에 이 나라는 무엇보다도 어떤 본질에서 전근대적인 상태를 여전히 벗어나지 못하고 있다. 이 나라에선 그나마 있는 자리라고는 뒷배 좋은 사람들이 독차지한단다. 사람들이 물고 태어나는 '수저'의 색깔에 따라, 그러니까 부모나 조부모의 빈부 정도에 따라 삶에 대한 전망이 출발점에서부터 현격히 차이가 난단다. 그리고 이 사회의 여러 곳에서 우스꽝스러운 세습 체제가 자리 잡고 있고 합리성이나 공정성 같은 가치보다는 권위주의나 연고주의 등이 여전히 강고하게 지배한단다. 그래서 이 땅을 떠나는 것, 곧 '탈조선'하는 것 말고는 성공적 삶은 거의 불가능에 가깝단다.

시민의 부재라는 문제

무엇이 잘못된 것일까? 먼저 한국 민주주의의 제도적인 한계를 지적하지 않을 수 없을 것이다. 무엇보다도 5년 단임의 이른바 '제왕적 대통령'을 허용한 권력 체제가 권력의 분립 원칙에 따른 서로 다른 국가 기구들의 견제와 균형을 방해하고 있다. 또 유권자들의 투표 등가성을 보장하지 못하는 현행 단순 다수결 소선거구제의 문제점도 크다. 여전히 강고한 지역주의는 이 제도를 배경으로 삼고 있다. 그래서 이와 같이 처음부터 잘못 설계된 것처럼 보이는 우리 민주주의 제도들의 근본적 개혁 없이는 지금과 같은 혼란 상황을 극복하지 못할 것이라는 데에 광범위한 합의가 존재하고, 개헌을 비롯하여 개혁을 위한 다양한 기획들이 나온다.

그러나 우리는 그와 같은 객관적이고 제도적인 차원의 문제만이 아니라 우리 민주주의의 주체 문제를 놓치면 안 된다. 대한민국은 민주공화국이다. 이 민주공화국은 본디 그저 단순한 수동적 구성원이 아닌 참된 주인이자 주권자로 이해되는 시민이 국가의 기본적인 틀을 짜고 방향을 결정하는 국가다. 여기서는 헌법을 비롯한 법을 만들고 정부를 구성하며 국가를 운영하는 데서 시민이 중심이고 또 시민이 궁극적인 정당성의 원천이다. 그래서 제대로 된 시민 없는 민주공화국은 존재할 수도 작동할 수도 없다. 오직 유능한, 역량 있는 시민만이 이 민주공화국을 민주공화국답게 만들 수 있고 올바르게 꾸려갈 수 있다. 그러나 우리 사회에서는 지금 이 민주공화국을 꾸리고 가꾸어갈 시민이 없거나 제대로 성숙하지 못해 보인다.

1987년 민주화 이후 매번 반복되어 온 지역주의적 투표 행태만 보더라도 이는 명백하다. 이념도 가치 지향도 정책도 아닌, 오로지 지역 연고만을 투표의 기준으로 삼는 유권자들이 절대다수인 사회에서 민주주의가 제대로 작동되고 유지될 리가 없다. 나아가 사회 구성원들 다수의 정치에 대한 무관심이나 혐오 같은 문제도 당연히 심각하다. 많은 사회 구성원들이 민주적 가치와 지향 및 태도 등을 내면화하지 못했다는 것도 여러 차원에서 확인된다. 안타깝게도 우리는 지금까지 이런 차원의 문제에 대해서는 제대로 성찰하지 못했다. 헬조선 담론을 만들어 퍼트리고 있는 우리 청년들의 인식을 보아도 이 점은 분명해 보인다. 헬조선 현상이란 이 시민 없는 민주공화국에 대한 다른 이름일 텐데도, 헬조선 담론에서 이 점이 제대로 포착되는 것 같지는 않다.

우리 청년들이 이 사회를 지독하게 풍자한 헬조선 담론은 '노오력'이라는 말로 완성된다. 헬조선에서 살아남기 위해서는 이제 그저 어학 실력이나 인턴 경험 같은 통상의 스펙을 쌓는 노력 정도를 넘어 그보다 훨씬 강도 높고 다차원적인 헌신이 필요하다는 뜻이다. 청년들이 처한 모든 비참한 현실은 궁극적으로 개인의 노력 부족 탓이란다. 심지어 '잘 나가는 부모'에게서 태어나지 못한 것도 모종의 노력 부족이란다. 성공을 위해서는 온 우주가 감동해야 하는데, 그것은 결국 개인의 노력이 얼마나 처절한가에 달려 있단다. 사생 결단의 자기계발과 피땀 어린 노력만이 이 헬조선에서 필요한 모든 것이란다.

우리 청년들의 이런 풍자에 담긴 냉정하고 서늘한 현실 인식 그 자체를 잘못이라고 하기는 쉽지 않을 것이다. 나는 나중에 이렇게 헬조선이라고 풍자되는 현실을 내 나름의 사회이론으로 설명해 볼 것이다. 그렇지만 이런 식의 담론이 매우 실망스럽다는 이야기는 처음부터 숨기지 않고 해야겠다. 저 청년들의 냉소가 담고 있는 무기력이 너무 안타깝고 답답해서다. 왜 우리 청년들은, 개인의 노력이나 열정의 부족만을 탓하는 세상을 그렇게 조롱하면서도, 이 지옥 같고 불의한 현실에 맞서 저항하거나 그 현실을 적극적으로 변화시켜 보자는 인식과 노력은 제대로 보여주지 못하는 것일까? 이런 헬조선 담론에도 불구하고 왜 우리 청년들은 정치적 무관심과 정치 혐오에서 벗어나지 못하고 있는 것일까?

물론 여기서 우리 청년들이 무언가 잘못하고 있고 그들이 무슨 혁명적 주체가 되어야 한다는 식의 훈계를 하려는 것은 아니다. 사실 국가나 공동체의 자의적 간섭에서 벗어나 자신만의 좋은 삶을 추구하는 '근대인의 자유'를 누리는 '개인'에게 하는 그런 요청은 오늘날 어떤 면에서도 지나치다고 할 수밖에 없고, 그런 요청에 함축된 지나친 정치성이 반드시 바람직할 것 같지도 않다. 우리 청년들이 그와 같이 강한 정치적 덕성을 갖춘 시민이 되기 힘들 것은 불을 보듯 명백하지만, 그런 과한 요구를 당장 충족시키지 못한다고 실망할 일도 아닐 것 같다.

그러나 민주주의 체제를 제대로 운영할 줄 알 뿐만 아니라 그에 걸맞은 가치와 문화를 발전시키고 필요한 정치적 참여에도 적극적인 그런 시민 없이 민주주의가 유지될 수 없다는 점도 분명하다. 아무리 제도적 장치들이 잘 짜여 있더라도, 정의와 공동선 및 민주적 가치들에 대한 일정한 감각과 지향을 갖춘 시민들이 없다면 그 장치들은 한갓 빈껍데기에 불과할 것이다. 한 사회의 민주주의가 제대로 유지되고 발전되려면, 되도록 많은 수의 구성원들이 가장 기초적인 시민적 덕성 정도는 갖추어야 할 것이다. 말하자면, 자신의 이해관계 계산만 잘해도 된다고 상정되는 자유주의적인 '최소 시민'보다 조금은 더 많이 정치적으로 각성하고 행동할 수 있어야 할 것이다. 그리하여 단순히 선거 때만이 아니라 일상적으로도 그때그때 제기되는 다양한 공적 사안에 대해 자신의 의사를 표명하고 사회의 정치적 의사 결정 과정에 참여할 의지와 역량과 도덕적 지향을 얼마간 보일 수 있어야 한다.

여기서 요점은 민주주의의 원활한 작동을 위해 우리 청년들을 포함한 시민이 최소한의 역할은 해야 한다는 점이다. 시민 없는 민주주의는 존재할 수도 작동할 수도 없다. 오직 민주주의에 걸맞은 자질이나 덕성을 갖춘 시민만이 민주주의를 민주주의답게 만들 수 있고 올바르게 꾸려갈 수 있다. 이것은 말하자면 민주주의의 운명에 관한 문제다. 민주주의는 민주주의자인 시민을 필요로 한다는, 분명하고도 단순한, 역사적이고 사회적인 진실에 관한 이야기다. 이런 맥락에서 나는 우리 사회의 청년들이 안타깝게도 바로 그런 자질과 덕성을 제대로 갖춘 것 같지는 않다는 사실을 지적하고 싶을 뿐이다.

　우리 청년들은 적어도 지금까지 최소 수준의 자유주의적 시민, 곧 자신의 이해관계를 잘 인식해서 선거 때라도 참여하여 자기 이익을 위해 투표하는 그런 시민으로서조차도 그리 만족스러워 보이지는 않았다. 물론 이것은 꼭 지금의 청년 세대에게만 해당하는 이야기는 아니고 다른 세대의 문제가 어쩌면 더 심각하다고 봐야 한다. 그러나 정치적으로 가장 활발할 것으로 기대되는 청년 세대의 이런 시민적 무기력은 우리 사회 민주주의의 어떤 핵심적인 단면을 보여준다. 그 구조적이고 객관적 요인들이 어떻든지 간에 지금과 같은 우리 민주주의의 결손성은, 노장년층은 물론이고 청년 세대에서도 확인되는 시민적 주체의 무력함에 그 뿌리를 두고 있다.

　촛불혁명의 과정은 이런 우려를 어느 정도 없애 주었다. 촛불혁명의 과정에서 특히 우리 청년 세대는 이전과는 많이 다른 모습을 보여주었고, 청년 세대의 비정치성에 대해 내린 그동안 세간의 평가는 얼마간 교정될 여지가 있을지도 모른다. 억압이 있는 곳에 저항은 있게 마련이었으며, 일그러지기는 했어도 그동안의 민주주의 경험은 우리 시민들, 특히 청년들의 어떤 시민도덕적 감수성이 박근혜 정권의 정치적 악행까지는 눈감고 지나치지 못하게 만든 것 같다.

그러나 우리는 시민들, 특히 미래 세대의 민주적 역량과 지향에 대해 마냥 낙관할 수는 없다. 솔직히 촛불혁명이 진행되는 동안 시민들이 반드시 바람직한 모습만 보이지는 않았다. 특히 일부 시민들은 특정 정치인에 대해 맹목적 팬덤을 형성해서는 다른 시민들을 우려스러운 방식으로 배제하기도 했다. 또 우리 청년 세대, 특히 20대의 보수성이 촛불혁명을 거쳤다고 해서 근본적으로 사라졌다거나 개선되었다고 볼 경험적 증거는 없다.[3] 경제적 곤궁과 그에 따른 불안감 때문에 오히려 사회문제에 신경 쓸 여력이 없다는 사정이 근본적으로 변한 것처럼 보이지는 않는다.

앞으로 우리가 달성해야 할 과제는 결코 만만한 게 아니다. 다시는 민주공화국의 헌정 질서가 유린당하지 않도록 만들어야 한다. 또 단순히 정치적 수준에서뿐만 아니라 가정과 학교와 일터에서 민주적 가치와 삶의 태도가 일상화되도록 해야 한다. 나아가 더 근본적인 사회경제적 적폐들도 개혁하여 헬조선 현상을 제대로 극복해 내야 한다. 이런 일을 할 수 있으려면 우리 시민들이 좀 더 성숙한 민주적 역량을 길러야 하며, 민주적 지향을 더 깊숙하게 내면화해야 한다. 특히 자라나는 세대가 그럴 수 있도록 하는 일이 절실하다.

민주주의와 교육

그런데 여기 또 하나 분명한 진실이 있다. 시민은 하늘에서 뚝 떨어지지 않는다. 시민은 비로소 시민으로 형성되고 교육되어야 한다. 사람들은 민주공화국의 주권자가 되어 민주주의를 작동시킬 수 있는 역량을 갖추어야 시민이 될 수 있다. 또 자신의 권리가 무엇인지를 알 뿐만 아니라 자신의 의무와 갖추어야 할 덕목이 무엇인지도 배워야 한다. 누구든 그러한 역량, 권리, 의무, 덕목, 한마디로 '시티즌십(citizenship: 시민성)'[4]을 갖춰야 비로소 시민이 될 수 있다. 바로 그 시민의 형성과 교육, 그 '민주적 시민성'[5]을 위한 교육, 간단히 '민주시민교육'[*][6]은 여러 차원에서 그리고 생애 전 과정에서 이루어져야 한다. 시민은 가족에서부터 학교를 거쳐 성인의 일상적인 삶의 과정 전체에서 시민으로서 교육되고 시민으로 형성되어야 한다.

그러므로 모든 민주주의 국가는 다양한 차원에서 그리고 다양한

* 민주시민교육: 이 표현은 어떤 의미에서는 중언부언일 수 있다. 왜냐하면, 통상 시민은 다름 아닌 민주주의의 주체를 뜻하기 때문이다. 또 '시민교육(civic education)'이 세계적으로 통용되는 범주이기도 하다. 우리나라에서는 이 시민교육의 왜곡 가능성을 경계하는 맥락에서 민주시민교육이라는 표현을 선호하는 듯하다. 유럽평의회에서는 '민주적 시민성에 대한 교육'('Education for Democratic Citizenship')이라는 표현을 사용하는 데, 나는 이런 뜻으로 민주시민교육이라는 표현을 쓰려 한다. 아래에서 보겠지만, 우리 『교육기본법』도 이 표현의 근거가 될 수 있다.

방법과 수단을 통해 그러한 시민을 길러내는 교육의 체계를 갖추지 않을 수 없다. 구성원들이 제대로 민주적 시민성을 갖추도록 배려하는 것은 민주주의의 민주주의다움을 보장하는 가장 기초적인 필수 전제라고 할 수 있기 때문이다.[7] 그래서 공교육의 이념을 표현한 우리 『교육기본법』도 제2조에서 이 점을 명확히 하였다. 이에 따르면 우리나라에서 "교육은 홍익인간(弘益人間)의 이념 아래 모든 국민으로 하여금 인격을 도야(陶冶)하고 자주적 생활능력과 민주시민으로서 필요한 자질을 갖추게 함으로써 인간다운 삶을 영위하게 하고 민주국가의 발전과 인류공영(人類共榮)의 이상을 실현하는 데에 이바지하게 함을 목적으로 한다." 사실 이러한 교육 목적 설정은 우리나라뿐만 아니라 모든 민주주의 국가에서 너무도 당연한 출발점일 것이다.

그러나 지금까지 우리 교육은 그와 같은 기본 이념에 충실하지 못했다. 민주시민으로서 필요한 자질을 함양하기 위한 교육이 제대로 수행되기는커녕 그 의미나 필요에 대한 기본적인 인식조차 충분히 공유되지 않는다. 고등학교까지 한국의 학교들은 대학 입학을 위한 준비 기관이 된 지 오래되었고, 대학은 대학대로 직업교육기관으로 전락해 버리고 말았다. 이런 상황에서 시민을 키워내기 위한 교육, 『교육기본법』상의 표현을 따르자면, 민주시민으로서 필요한 자질을 갖추게 하는 민주시민교육은 우리 교육에서 거의 무의미하거나 기껏해야 매우 주변적인 위상이다.

물론 우리나라 학생들이 학교에서 도덕 교과 및 각종 사회과 교과, 특히 '법과 정치' 같은 교과를 통해 우리 사회의 민주적 제도들이나 정치 체계, 민주적 질서의 작동 방식 및 올바른 시민의 자세나 태도 등에 관해 일정한 지식 교육을 받는 것은 사실이다. 그리고 그 수준을 넘어서는 민주시민교육을 위한 다양한 시도와 노력이 없지도 않았다. 그러나 이런 시도나 노력이 제대로 된 성과를 내는 것으로 보이지는 않는다. 민주시민교육이 역사과나 사회과 또는 도덕과 관련 교사들의 특별한 관심사 정도로 이해되거나 어떤 경우에는 무슨 '의식화 교육'으로 매도되기도 했다.[8] 무엇보다도 지식수준을 넘어서는 민주적 가치의 내면화와 민주주의의 일상화를 위한 교육적 노력은 아주 미미해 보인다.

사실 국제시민교육연구(ICCS)의 민주주의 지식에 대한 국제 비교 조사에서 우리 학생들은 매우 좋은 평가를 받고 있다.[9] 그러나 우리 학생들은 실천적인 수준에서는 민주시민의 자질과 습관을 제대로 익히지 못하고 있다.[10] 더구나 우리나라의 도덕과나 사회과 교과서들은 제대로 된 민주시민의 자질에 초점을 두기보다는 개인에 대한 집단의 일방적 우위를 강조하는 등 여전히 전체주의적인 흔적을 많이 남긴다는 지적에서 자유롭지 못하다.[11] 최근 진행된 역사교과서의 국정화 정책 같은 것도 민주시민교육의 취지에 전적으로 반한다.

사정이 이러한데도, 최근에는 국회가 『인성교육진흥법』을 만장일치로 통과시켜 교육부와 교육지방자치단체로 하여금 인성 교육의 체계적 실행을 법으로 강제함으로써 민주시민교육과 관련된 교육 현장의 혼란이 더 가중되고 있다. 왜냐하면, 그 법이 강제하는 '인성 교육'은 많은 부분 민주시민교육의 지향과 중첩되는 요소를 가지고 있는 듯하면서도, '예'나 '효'와 같은 수직적 인간관계에 적용되는 가치를 최우선으로 내세우는 등, 그 개념과 방법의 불분명성과 국가 주도성 때문에 여러 차원에서 그 타당함에 의심을 불러일으키기 때문이다.

학교 바깥이라고 사정이 나아 보이지는 않는다. 오히려 더 열악하다. 시민들 대부분이 단지 '먹고 사는 문제'에 우선하여 매달리는 삶을 살아야 해서만이 아니라 '먹고 살기 위해서는 무슨 짓이든 할 수 있다'는 삶의 문법을 강요받아야 해서다. 기껏해야 몇 년에 한 번씩 이런저런 선거에 나설 기회는 있으나, 생계 때문에 그마저도 제대로 챙길 여유가 없는 시민들이 부지기수다. 더 심각한 문제는 투표장에 가서도 제대로 된 정보를 바탕으로 충분한 숙고 뒤에 권리를 행사하는 시민은 소수에 불과해 보인다는 사실이다. 언론이든 행정 기관이든 시민 단체든 올바른 민주적 시민성을 함양할 기회를 거의 제공하지 못하는 것이다. 사회소통망서비스(SNS)의 공간이 그런 역할을 하는가 싶더니 오히려 이견을 가진 동료 시민들에 대한 상호 불신과 반목만 조장하는 듯하다. 선거 때마다 불거지는 지역주의의 망령이 사라질 기미가 거의 보이지 않는 것은 이런 탓도 크지 않을까 싶다.

정당 차원의 노력은 있을까? 군부 독재 세력을 결정적인 뿌리로 가진 보수 정당이야 그렇다 하더라도, 민주주의에 굳센 지향을 뒀다고 내세우는 개혁적-진보적 정당들도 시민에 대한 시민성 교육 같은 데에 관심이 있다는 이야기를 들어본 적이 없다. 앞에서도 지적했지만, 이 정당들은 사실 민주적인지 의심스러운 행태를 보이는 경우가 많다. 추구하는 이념이나 가치와는 무관한 계파 정치가 지금까지도 지속하고 있고 당내의 정치적 갈등을 제대로 해결하지 못하고 선거 때마다 이합집산을 거듭하는 등 정치인들도 민주적인 가치와 태도를 충분히 내면화하고 있는 것처럼 보이지 않는다. 한마디로 정당 내부의 민주주의 교육과 훈련조차 제대로 되어 있는 것 같지 않다.

정당들의 형편이 이렇다면 시민사회적 수준에서라도 우리 시민들의 민주적 시민성을 함양하기 위해 다양하게 노력해야 할 텐데, 여기서도 사정은 좋지 않다. 예외적인 시도가 없는 것은 아니지만, 크게 볼 때 우리 시민사회 조직들이 아직은 시민교육이 필요하다고 인식하는 것 같지 않다. 민주화를 이루어내고 민주주의를 지켜 온 한국 시민사회의 운동적 힘은 절대로 나약하지 않다. 그야말로 목숨을 걸고 자유와 정의를 외칠 수 있는 결기를 지닌 숱한 시민들의 참여와 헌신이 없었다면 우리는 지금 정도의 민주주의도 결코 누릴 수 없었으리라. 그러나 돌이켜보건대 우리 시민사회는 일상적인 시민문화와 시민적 삶의 기풍을 민주적으로 벼려내고 뿌리내리게 하는 데에는 무관심했고 또 무능했다. 심지어 우리 언론은 세계사적으로 유례를 찾기 힘든 방식으로 그 반민주성과 반시민성을 드러내고 있다. 언론이 민주주의의 학교이기는커녕 반민주 세력과 문화의 온상 역할만 하고 있다.

어쨌든 이런 배경 위에서 우리 사회의 교육은 구성원들, 특히 자라나는 세대에게 민주주의가 필요로 하는 시민성을 함양하기보다는 오히려 정반대의 지향과 습성과 관행을 내면화하도록 해 왔다. 그것은 단순히 좁은 정치적 수준에서 우리의 자라나는 세대가 반민주적 지향을 가졌다거나 정치 일반에 무관심하다는 문제를 넘어서는 것이다. 물론 당연히 그런 것도 큰 문제지만, 민주적 시민성을 교육하지 않음으로써 궁극적으로는 미래 세대의 품위 있고 고귀한 인간적 삶의 가능성 자체를 방해하고 심지어 불가능하게까지 만들고 있다는 것이 더욱 심각한 문제이다.

사람에서 시민으로

안타깝게도 '시민의 부재' 또는 '시민의 미성숙'이라는 문제는 쉽게 그 해법을 찾을 수 있는 표피적 차원의 문제가 아니다. 우리 문화의 어떤 심층과 연결된 매우 복잡한 문제다. 그 해법도 단순한 제도적 차원의 개혁보다 훨씬 더 까다롭고 어려울 것이다. 우리 민주주의에서 아직도 선거 때마다 나타나는 지역주의적 투표 행태를 보자. 이 지역주의, 특히 영남의 패권주의적 지역주의는 단순히 '우리가 남이가' 식의 폐쇄적 공동체주의에서 비롯된 것이라고 치부할 수 없다. 그것은, 이 지역에서 박정희 대통령에 대한 향수가 특히 강하다는 점에서 보듯이, 근본적으로는 우리나라의 일그러진 근대화 과정에 대한 적극적인 동일시와도 연결된다고 해야 한다. 그러니까 이 영남의 지역주의는 박정희 시절의 고도 경제성장을 절대선 같은 것으로 여기는 사람들의 어떤 허위의식과 가치 지향의 다른 표현이라고 보아야 한다. 그리고 이런 식으로 문제를 보면, 그 문제는 우리 근대성의 어떤 본질과 맞닿아 있다.

말하자면 문제는, 단순히 우리 사회 일부 구성원들의 청산되지 못한 낡은 정치의식이나 지향 같은 것이 아니라, 아주 근본적인 수준에서 문화적이고 윤리적인 본성을 가지고 있다. 우리의 성공적인 근대화 과정은 또한 바로 그 바탕에서 성장지상주의와 사회다원주의, 천박한 물신숭배와 권력에 대한 속물적-맹목적 집착, 전체주의적 공동체주의와 배타적 민족주의, 중앙집중주의와 사회적 약자에 대한 모욕의 관행 등을 일상화시키는 과정이기도 했다. 그리고 이 과정에서 바로 지금과 같은 수준의 민주주의를 꾸려가는 우리 사회의 평범한 구성원들을 길러낸 것이다. 그래서 나는 이런 문제들을 근본부터 성찰하고 극복하려는 노력이 없다면 우리 민주주의는 지금과 같은 위기 상태를 결코 벗어날 수 없을 것으로 생각한다.

지금 우리에게는 시민적 주체의 형성, 곧 우리 사회를 구성하는 보통의 사람들, 특히 미래 세대를 민주주의의 참된 주체인 시민으로 만들기 위한 체계적인 사회정치적 노력이 절실하다. 나는 이 책에서 바로 그러한 노력을 이제라도 제대로 시작하기 위한 나름의 이론적 출발점을 마련해 보려 한다. 그러니까 시민교육에 대한 어떤 일반론을 전개하기보다는 한국 사회의 구체적인 문제 상황에서 출발하여 우리 사회에서 시민적 주체는 왜 이토록 허약한지를 나름대로 해명해 보고, 나아가 그 시민적 주체를 새롭고 더 강하게 형성해 보려는 기획이 어떤 의미가 있는지, 또 우리는 어떤 문제들에 특별히 주목해야 하는지 내가 일차적으로 생각하는 바를 전개해 보려 한다. 그리고 이 바탕 위에서 특히 학교 교육에서 당장에라도 민주시민교육을 시작할 수 있도록 참조할만한 실천 모델도 소개해 보고자 한다.

우리 사회에서 올바른 시민적 주체의 형성이 곤란을 겪는 것은 근본적인 수준에서 보면 내가 '유교적 근대성'이라고 규정하는 한국 근대성의 어떤 본질적 면모와 깊숙하게 연결되어 있다. 말하자면, 문제는 우리 근대성의 근본적인 삶의 문법에 맞닿아 있다. 그러므로 우리 사회에서 시민적 주체의 형성 문제에 제대로 접근하기 위해서는 그와 같은 한국적인 문제 상황에 대한 깊은 성찰에서 시작해야 한다. 나는 우선 그러한 문제 상황을 교육에 대한 '메리토크라시(meritocracy: 능력지상주의) 패러다임'이라는 틀 안에서 살펴볼 것이다(I).

다음으로 그러한 메리토크라시 패러다임을 극복하기 위한 거시적 수준의 이론적이고 실천적인 대안을 모색해 볼 것이다(II). 메리토크라시 패러다임은 모든 시민의 평등한 존엄성을 인정하려는 민주공화국의 도덕적 이상에 전면적으로 어긋난다. 이에 먼저 메리토크라시적 기회 균등의 형식성을 실질화함으로써 문제를 해결해 보자는 '실질적 메리토크라시'의 노선을 비판적으로 검토한 뒤, 민주공화국의 이념에 부합하는 다원적이고 민주적인 인정 질서의 확립을 지향해야 한다고 주장할 것이다. 그리고 그를 위해 먼저 확보되어야 할 '민주주의적 정의'의 이상도 살펴볼 것이다. 민주시민교육은 바로 이 맥락에서 시민적 주체를 위한 '형성적 기획'의 일부로 자리매김할 것이다.

이렇게 문제를 바라보는 나름의 이론적 바탕을 어느 정도 마련한 뒤, 나는 비로소 민주시민교육이라는 중심 주제를 본격적으로 다룰 것이다(III). 나는 우리 교육의 패러다임 전체의 혁신이라는 차원에서 민주시민교육의 문제에 접근할 것이다. 나는 교육에 대한 '민주주의 패러다임'을 대안으로 제시할 것인데, 그것은 메리토크라시 패러다임과는 근본적으로 다른 지향을 가진 '교육 정의'를 추구한다. 그리고 여기서 학교는 무엇보다도 민주적 삶의 양식의 기본 단위로 자리매김된다.

이 새로운 교육 패러다임에서는 '민주적 시민성'을 위한 교육이 중심축이 되어야 한다(Ⅳ). 물론 그 교육은 '시민이란 누구인가?'라는 질문과 떼려야 뗄 수 없다. 나는 우리의 민주시민교육이 추구해야 할 시민의 상(像)은 자유주의적인 '부르주아지(bourgeoisie)'도 공화주의적인 '시토와엥(citoyen)'도 아닌 '공중'(the public)이 되어야 한다고 생각한다. 나는 이를 존 듀이의 논의에서 자극받아 발전시켜 소개하고, 그것이 우리 논의의 맥락에서 가지는 의미를 살펴볼 것이다. 그리고 그러한 공중으로서의 시민이 가져야 할 '시민적 역량'과 '민주적 가치(관) 및 태도'에 대한 교육으로 민주시민교육의 근본 지향을 정리해 볼 것이다.

다음으로 나는 우리 사회에서 민주시민교육이 견지해야 할 기본 원칙들 몇 가지를 살펴볼 것이다(Ⅴ). 우선, 민주시민교육의 근본적인 규범적 지향과 그 정당성을 '헌법애국주의'라는 관점에서 접근해 볼 것이다. 그 핵심은 한마디로 우리 대한민국의 정체인 '민주공화국'의 이념에 대한 헌신이다. 또 나는 우리나라와 같이 이념 대립의 골이 깊은 곳에서는 학문과 사회에서 논쟁적인 것은 교실에서도 논쟁적으로 드러나게 해야 한다는 '논쟁성의 원칙'이 민주시민교육의 정착에 결정적인 안내자 역할을 한다는 것을 보여 줄 터이다. 나아가 나는 '실천성의 원칙'도 함께 제시할 텐데, 이것은 민주시민교육이 단순한 이론 교육이나 훈화 같은 것이 아니라 학생들이 민주주의를 직접 체험하고 살아내는 경험을 할 수 있도록 해야 한다는 점을 강조한다.

마지막으로 나는 여기까지 살펴본 이론적–철학적 고찰의 토대 위에서 독일의 학급평의회(Klassenrat)부터 경남 진해의 제황초등학교의 '공론장' 모델에 이르기까지 실제 학교 교육 현장에서 실천할 수 있거나 실천하고 있는 민주시민교육의 모범 사례 또는 실천 모델 몇 가지를 살펴볼 것이다(VI). 이러한 고찰을 통해 앞에서 다룬 이론적이고 철학적인 고찰이 공허한 당위에 머무르지 않고 구체적인 교육 현장에서 어떤 모습으로 실천될 수 있는지 안내하고자 한다. 독자들은 여기에서 민주시민교육에 참고할만한 구체적인 실천적 지침과 준거를 얻을 수 있을 것이다.

I. 세월호의 아이들과 괴물이 된 청년들

: 유교적 근대성과 메리토크라시

세월호 대참사 이야기부터 논의를 시작해 보자. 이 대참사는 바로 시민적 주체의 부재라는 문제와 관련하여 우리 사회의 교육과 문화에 대한 근본적인 성찰이 필요함을 너무도 분명하게 지시해 주기 때문이다. 세월호는 우리 교육이 일반적으로 학생들에게 권위에 대한 일방적인 순응만 너무 지나치게 강요하고 자주적인 비판적 판단 능력을 키워주지 못했음을 뼈아프게 환기하게 해 주었다. 우리 민주주의의 결손성과도 깊숙하게 연결된 이런 우리 교육의 어두운 이면들은 이른바 '일베충'을 통해서도, 또 학력위계주의에 찌들어 '괴물'이 되었다고까지 이야기되는 우리 사회의 보통 청년들을 통해서도 적나라하게 드러난다. 도대체 무엇이 문제고 무엇이 잘못되었을까?

근본적인 성찰이 필요하다. 단지 이런저런 몇몇 교육 관행들이 문제가 아니다. 우리는 근본적인 교육 패러다임 그 자체를 문제 삼아야 한다. 그 핵심에는 사회경제적 불평등을 정당화하고 경쟁에서 진 사람들에 대한 사회적 배제를 부추기는 메리토크라시, 곧 능력지상주의라는 '생활 이데올로기'가 자리 잡고 있다. 그 이데올로기는 오늘날 우리 청년들이 자신들이 사는 이 나라를 헬조선이라고 부르게 한 배경을 만들어 내기도 했고, 그들에게 깊은 '자존감'의 상실을 안겨 주었다. 이것은 근본적인 수준에서 보면 내가 '유교적 근대성'이라고 규정하는 한국 근대성의 어떤 본질적 면모와 깊숙하게 연결되어 있는데, 이런 연관들을 하나씩 추적해 보자.

'가만히 있으라'고?

세월호 대참사는 우리 한국인들에게는 그야말로 어떤 집단적 트라우마다. 희생자는 대부분 제주도로 수학여행을 가던 어린 고등학생들이었다. 사건 초기 '전원 구조'라는 오보에 안심하고 있다가 그게 사실이 아님을 뒤늦게 알게 된 사람들은 물에 잠긴 그 거대한 배의 선수 부분만을 텔레비전 화면에서 밤새도록 쳐다보며 발을 동동거렸더랬다. 그 어린 생명들이 스러져 가는 것을 그저 가만히 보고만 있어야 했다. 초기에 구조되었던 몇십 명을 제외하고는 생환자가 단 한 명도 없었다. 다음 날도 그랬고 또 그다음 날도 그랬다. 이른바 '골든 타임'이 다 지나도록 그랬다. 우리는 그 시간을 그저 주체할 수 없는 눈물과 함께 보내야 했다.

많은 사람이 가장 가슴 아파했고 문제라 여겼던 것은, 배가 침몰하기 직전까지 승무원들은 '가만히 있으라'는 안내 방송을 계속 내보내며 자신들만 탈출을 시도했고 그 방송만 곧이곧대로 믿고 객실에 가만히 있던 수많은 어린 학생들은 끝내 살아 돌아오지 못했던 장면이었다. 물론 이 장면에 대해서는 이미 논의도 많았던 데다 오해의 소지도 커서 불쑥 이 이야기부터 꺼내는 것은 무척 조심스럽다. 그러나 우리는 이 장면에서 제기되는 문제를 결코 외면해서는 안 된다. 불편하더라도 정면으로 살펴보아야 한다.

당시 어느 외신은 이 장면을 지적하면서 그 많은 어린 생명들이 돌아오지 못한 것은 유교 전통에 따른 순응주의적 교육의 탓이 크다고 했다. 우리로서는 참으로 불편한 지적이 아닐 수 없다. 반발감부터 생겨서 당장 의문이 든다. 그런 지적은 서구적 시선으로 동양을 멋대로 재단하는 어떤 오리엔탈리즘의 산물이 아닐까? 미국이나 유럽의 학생들은 유사한 상황에서 승무원의 안내를 무시하고 독자적으로 행동하라고 교육받는가? 그리고 그런 상황에서 그렇게 승무원의 권위를 무조건 부정하는 것이 반드시 올바른 행동이기만 할까? 또 당시 그 장면을 두고 '착한 아이들만 죽었다'는 식의 세간의 입방아도 많았다. 역시 이런 인식은 자칫 문제를 호도하고 상처를 덧내는 위험한 냉소로 번질 수도 있다. 그럼 살아 돌아온 아이들은 모두 '나쁜 아이들'이어서 그럴 수 있었다는 말인가? 일단 이런 식으로 이야기가 흐르지 않도록 주의해야 한다는 것을 분명히 해 두고 논의를 시작하자.

이 장면에는 확실히 우리가 부정할 수도 없고 부정해서도 안 되는 분명한 진실 하나가 있다고 나는 생각한다. 희생된 학생들은 안타깝게도 '가만히 있으라'는 승무원의 말만 곧이곧대로 믿고 침몰 직전까지 카카오톡을 하고 동영상을 찍고 있었다. 왜 그랬을까? 당연히 희생 학생들의 잘잘못을 따질 문제는 아니다. 그러나 우리는 여기서 진짜 중요한 진실 하나는 확인할 수 있어야 한다. 그것은 바로 우리나라의 다른 학생들도 대부분, 유사한 상황에서, 비슷하게 그랬음 직하다는 점이다. 그러니까 우리나라 교육의 기본적인 특성이나 경향이 문제라는 이야기다. 우리는 아프더라도 이 진실에 대해 어떤 식으로든 냉정하게 대면해야 한다.

복잡하고 어려운 문제가 아니다. 우리 교육은 일반적으로 학생들에게 권위에 대한 일방적인 순응만 너무 지나치게 강요하고 자주적인 비판적 판단 능력을 키워주지 못했다. '가만히 있으라'는 지시는 그 자체로 우리 교육의 가장 결정적인 단면을 상징한다. '나중에 커서 잘 먹고 잘살기 위해서는 딴생각하지 말고 어른들이 시키는 대로 가만히 앉아 열심히 공부만 하라', 말하자면 이런 식의 '지상명령'이 오늘날 우리 교육의 가장 본질적인 면모인 것이다. 그래서 세월호는 처참하게 병들고 일그러진 우리 교육 현실의 가장 적절한 알레고리다.

물론 이런 식의 교육을 밀어붙이는 가장 근본적인 동력은 '물질(만능)주의'일 것이다. 지독한 물질주의의 전제(專制), 바로 그것이 우리 사회 성원들로 하여금 생명이나 안전 같은 가치를 등한시한 채 맹목적인 이윤 추구에 몰두하게 했고 사회 거의 모든 영역에서 온갖 부패와 부정이 만연하도록 만든 문화적 진실이라고 할 수 있다. 우리의 병든 교육도 경제적 안정과 풍요가 보장되는 삶만이 가장 인간적이고 좋은 삶이라는 어떤 문화적 합의에 바탕을 두고 있을 게다. 하지만 이 문제는 일단 옆으로 제쳐 두자.

여기서 중요한 것은 그와 같은 지향이 우리 교육이 길러내고자 하는 어떤 '사회적 인간'에 대한 상과 맞닿아 있다는 점이다. 지금까지 우리 사회를 지배해 왔던 교육은 비판적이며 독립적인 사유를 할 수 있는 자율적인 개인을 길러내려고 하지 않았다. 그저 기성의 권위와 질서에 맹목적으로 순응하는 '착한 사람들'만 길러내려 했을 뿐이다. 그래야 '잘 먹고 잘살 수 있다'고 말이다. 우리 교육이 칭찬하고, 이제는 『인성교육진흥법』이라는 법까지 만들어 더욱더 체계적으로 길러내려는 좋은 '인성'을 갖춘 인재란 바로 그런 사람들이다. 이는 앞서 여는 글에서 지적했던 시민의 부재라는 문제와 직결된다. 그리고 우리 사회 전반의 어떤 문화적 문법하고도 관련된 문제다.

세월호 참사의 다른 장면들도 살펴보자. 우선, '가만히 있으라'는 선내 방송을 계속했다는 승무원을 보자. 그도 사실은 그 방송이 적절치 않을 수도 있음을 의심하고 계속해서 지휘부와 연락을 시도했다고 한다. 그러나 아무런 '지시'가 없자 그저 지침서대로 똑같은 방송을 계속 내보낼 수밖에 없었다고 강변한다. 왜 그는 극단적인 비상 상황인데도 문제를 스스로 판단하지 못했을까? 왜 스스로 책임을 지려 하지 않았을까? 다음으로, 승무원들만 구조하고는 배에 올라 적극적인 구조 활동을 하지 않았던 해경들을 보자. 그들 역시 궁극적으로는 상부의 '명령'이 없었다고 또는 그 명령에 따라 '가만히 있었다'고 해야 한다. 또 비상대책본부의 공무원들도 보라. 그들의 무능과 혼란은 기본적으로 그런 상황에 대한 행동지침서가 없었고 제대로 된 지휘체계가 확립되지 못했던 탓이다. 문제는 그런 상황에서 그들은 그저 의전이나 챙기는 일밖에는 한 일이 없었다는 것이다. 그러고도 스스로 무얼 잘못했는지 아는 이가 아무도 없는 것 같다.

우리는 이 모두에게서 어떤 직업윤리적 사명감에 따라 자율적으로 자기 일을 다하는 책임감 있는 비판적 주체를 볼 수 없었다. 물론 어떤 조직원으로서 지휘 및 명령 체계를 따랐다는 점 자체를 문제 삼을 수는 없다. 그러나 그와 같은 체계가 제대로 작동하기 어려운 절박한 위기 또는 비상 상황에서는 업무 담당자들이 스스로 책임 있는 주체가 되어 판단하고 나중에 조직의 인준을 받을 수 있어야 한다. 더구

나 사람의 생명이 걸린 사안에서라면 말이다. 내가 볼 때 '책임 소재'
나 따지는 이들의 관료주의적 행태나 직업윤리의 망각이라는 바탕에
는, 상황을 스스로 판단하고 장악할 수 있는 독립적인 주체성의 부재
라는 문제가 깔렸다. 이렇듯 우리 사회의 집단주의적 순응주의 문화
라는 배경 위에서 교육 장면에서뿐만 아니라 아주 다양한 차원에서
확인되는 이 독립적인 시민적 주체의 부재라는 문제는 세월호 참사의
근본 원인은 아니더라도 그 참사를 더 비극적으로 만든 중요한 배경
의 하나임에는 틀림이 없다.

　민주주의는 공동체가 마주한 문제들을 집합적으로 해결하기 위해
가장 창조적으로 실천하는 연대의 형식이다. 그 창조성은 민주주의가
자발적 연대의 틀 안에서 모든 개인의 잠재력과 역량을 최대한으로
끌어내게끔 격려하고 보장하는 데서 발휘된다. 그것은 민주주의가 개
성과 다양성을 존중하며, 권위주의적 위계를 거부하고, 어떤 문제에
대한 개개인의 근본적이고 철저한 비판과 성찰을 고무하기 때문이다.
반대로 어떤 사회의 구성원들이 그와 같은 민주적 역량을 제대로 갖
추고 있지 못할 때, 그 사회에서는 정치적 민주주의도 제대로 작동하
기 힘들 뿐만 아니라 그 사회가 마주한 문제들도 적절한 방식으로 해
결하기 힘들다.

　세월호 참사가 그와 같은 민주적 역량을 갖춘 사회적 주체, 곧 시민
의 부재라는 문제와 연결되는 것은 바로 이 지점에서다. 해경들이나
승무원들이나 공무원들의 경우에는 더 심하겠지만, 저 헬조선을 한
탄하는 청년들이나 세월호의 아이들이나 모두 자라면서 독립적이고
비판적인 사유 및 자율적 행위 능력을 가진 주체로서 제대로 교육받

아 오지 못했다. 그러니까 세월호 참사에서나 헬조선 담론에서나 결국 문제의 핵심은 우리의 미래 세대가 일정한 민주적-정치적 역량을 갖춘 주체, 곧 시민으로서 제대로 성장하지 못하고 있다는 사실과 관련이 있다. 이런 의미에서 세월호 참사는 바로 민주시민교육의 부재와 연결된 교육 대참사인 것이다.

괴물이 된 청년들

그런데 세월호 참사가 특별히 비극적이었던 것은 단순히 수많은 어린 학생들이 목숨을 잃었다는 사정 때문만은 아니었다. 진상 규명을 두려워하는 세력들의 집요한 방해와 계략으로 그 참사는 결국 진영 논리 속에서 수용되었고, 그 와중에 유족들은 그 큰 슬픔도 모자라 같은 국민이라는 사람들이 가하는 온갖 모욕과 능멸에 시달려야만 했다. 그분들은 심지어 자식 팔아서 돈이나 한 몫 챙기려고 국가에 맞서 떼를 쓰는 '벌레' 같은 존재, 이른바 '유족충' 취급까지 받았다. 우리 청년들은 지금 바로 이런 식의 야만적 장면들을 만들어 내는 데에도 앞장서고 있다. 최근 우리 사회에서 세력을 넓혀가고 있는 또 다른 벌레 같은 존재들, 이른바 '일베충'* 이야기다.

이들의 등장은 처음부터 정말 충격적이었다. 정치적 의견 차이에 대한 단순한 반대 의사 표명을 넘어 이견을 가진 동료 시민들에 대한 극

---

* 일베충: '일간베스트(약칭 일베)'라는 인터넷 사이트에 모인 극우 청(소)년들을 일컫는 말이다.

단적인 혐오와 척결을 선동하고 공격적 폭력성을 조장하는 것이 이들의 정체성이었다. 그리고 드디어 이들은 참사의 진상 규명을 요구하는 세월호 유족들의 단식 농성을 조롱하며 광장으로 나왔다. 그 방식의 창의성과 공격성은 상상을 초월할 정도였다. 진상 규명을 요구하며 수십 일을 넘게 단식 농성하던 유족 앞에 모여 이른바 '폭식 투쟁'을 하지 않았던가? 아주 야만적인 전쟁 상태라면 적에 대한 그런 식의 혐오 선동이 이루어질까? 가장 기본적인 수준의 '인간에 대한 예의'마저도 내팽개치게 한 저들의 정치적 인식 틀은 도대체 어떻게 형성된 것일까?

그런 인식 틀이 궁극적으로는 우리 교육의 어떤 실패에 기인하는 것임을 알아차리는 일은 어렵지 않다. 어떤 연구에 따르면[12], 이런 폭거를 자행한 일베의 회원들, 이른바 '일베충'은 그저 무식한 우리 사회의 '루저'나 '찌질이'가 아니다. 그들은 나름의 논리 체계와 정의 관념을 갖추고 있는 '아주 예의 바른 청년들'이다. 그런데 그들은 특히 여성, 진보·개혁 진영, 호남에 대해 강한 적대감을 드러내는데, 흥미롭게도 이것은 '무임승차 혐오'라는 모종의 정의감에서 나온 표현이란다. "여성은 데이트 비용을 내지 않고 남자를 등쳐 먹고, 진보는 제 능력으로 성공하는 대신 국가에 떼를 쓰고, 호남은 자기들끼리만 뭉쳐서 뒤통수를 친다." 한마디로 이들이 기여한 것보다 더 큰 보상을 요구하기에 우리 사회에서 척결되어야 한다는 것이다. 이런 유의 인식 틀은 사실 우리 사회의 보통 청년들도 얼마간 공유하고 있는바, 그 바탕에는 우리 사회의 비뚤어진 교육이 있다.

이른바 일베충은 우리 사회 극히 일부의, 예외적으로 비뚤어진 청년들이 아니다. '괴물이 된 이십 대의 자화상'이라는 부제가 붙은 오 찬호의 책『우리는 차별에 찬성합니다』[13]에는 그런 일베충과 크게 다 르지 않은 사고방식을 지닌 우리 사회의 숱한 보통의 이십 대 이야기 가 나온다. 이들도 가령 용산참사의 희생자들이나 우리 사회의 숱한 비정규직 종사자들 같은 많은 사회적 약자들을 차별하고 배제하는 것을 당연하게 여긴다. 약자들이 자신들의 권리를 찾기 위해 사회적 투쟁에라도 나설라치면, 그들이 사회에 대한 정당한 기여도 없이 공 짜 대가를 바라기 때문에 싫다는 투로 거부감을 드러내기도 한다. 조 야하고 역겨운 방식으로 표현되는 소수자나 약자에 대한 폭력적 공격 만 빼면, 저자에 의해 '괴물'이라고 지칭된 이 보통의 이십 대들과 일 베충 사이의 거리는 그리 멀어 보이지 않는다. 왜 우리 사회의 많은 청 년들은 이렇게 괴물이 되어 버렸을까?

저자는 그것을 우리 청년들이 '학력위계주의'에 깊숙하게 물들어 있어서라고 진단한다. 그것은 학력(학벌)의 정도에 따라 사람들을 나 누고서는 그에 따라 사람들을 차별적으로 인식하고 대우하는 우리 사회의 지배적인 이데올로기다. 명문대생과 이른바 '지잡대생'*은 서 로 다른 계급에 속하고, 그에 따른 차별은 정당하다는 식이다. 어린 시절부터 오랫동안 성적 경쟁과 그에 따른 줄 세우기에 길들어 있다 보니 우리 청년들이 자연스럽게 그런 식의 인식 틀을 내면화한 것이 다. 결국 이들 이십 대나 일베충이나, 세월호의 아이들과 마찬가지로,

* 지잡대: 지방의 잡다한 대학을 일컬으며 지방대학을 낮추어 표현하는 말 로 디시인사이드라는 인터넷 사이트에서 주로 사용하면서 퍼진 말이다.

모두 우리 교육의 분명한 '적자(嫡子)'라고 하지 않을 수 없다. 이에 대해서는 조금 있다가 본격적으로 살펴볼 것이다.

그런데 이런 사정은 사실 더 깊은 차원에서 우리 민주주의의 현 상태에 대한 어떤 진실을 가감 없이 드러낸다고 보아야 한다. 한국의 민주화는 1987년 6월 항쟁을 통해 대통령 직선제를 쟁취함으로써 시작되었다. 그러나 선거로 국가의 수반을 뽑는 것과 같은 정치적 지배의 형식들이 민주주의의 전부는 아니다. 민주주의는 정부의 형식이기만 한 것이 아니라 기본적으로 사람들이 함께 관계 맺으며 살아가는 집합적, 공동체적 삶의 양식이기도 하다. 이런 기초적인 민주적 삶의 양식이 먼저고, 정치적 민주주의는 그런 삶의 양식의 정치적 형식일 뿐이라고 할 수 있다. 이런 관점에서 보면 우리 민주주의가 마주한 위기의 뿌리가 어디에 있는지, 그리고 일베충의 등장과 괴물이 되어 버린 우리 청년 세대의 문제가 무엇을 의미하는지 새롭게 조명할 수 있다.

이 민주적-집합적 삶의 양식은 모두가 평등하고 자유로운 사람들의 사회적 삶과 관계의 일상적인 모습이다. 여기서는 무엇보다도 같은 삶의 틀 안에 속하는 모든 구성원의 존엄의 평등을 보장하고 실현해야 한다는 도덕적 목적이 지배해야 한다. 그리하여 시민들 상호 간의 존중과 인정, 다양성에 대한 포용과 관용, 연대 등의 가치와 태도가 일반화되고 뿌리를 내려야 한다. 그러나 우리 사회에서는, 민주화가 이루어진 지 30년이 넘어가지만, 이런 민주주의의 문화적-도덕적 기반은 형편없다고 하지 않을 수 없다. 그리고 바로 그 때문에 우리의 사회적 삶은 너무도 고통스럽고 메마르기만 하다. 어떤 '시민적 예의

(civility)' 또는 '시민적 문화'의 부재 그리고 '민주적 가치'의 질식, 바로 지금 우리 민주주의가 직면한 또 하나의 근본적 문제다.

이런 사정은 늘 민주주의를 입에 달고 다니는 민주진보 진영이라고 해서 근본적으로 다르지 않다. 민주적이고 진보적이라고 자처하는 진영 내부에서도 사람들은 이견과 차이와 갈등을 민주적인 방식으로 조율하여 생산적으로 승화시켜 내는 데 거의 실패했다. 이견이나 차이나 갈등이 아예 없어야 했다는 이야기가 아니다. 그것들이 거의 언제나 서로에 대한 증오와 적대로, 민주적 절차와 원칙에 대한 무시로, 심지어 때로는 물리적 폭력으로 표출되었다는 것이 문제다. 한국 민주진보 진영 전반의 계속되어 온 지리멸렬함은 이와 무관하지 않다.

이렇게 우리 사회의 문화는 민주주의적 삶의 양식을 가꾸어 오는 데 성공하지 못했다. 무엇보다도 우리 교육은 우리의 미래 세대가 민주적인 시민으로서 제대로 성장하도록 돕는 데서 심각하게 실패했다. 바로 그러한 실패가 정치적 차원의 민주주의를 위기에 빠트렸고, 나아가 근본적인 수준에서 우리의 사회적 삶의 인간적 질 자체를 황폐하게 하였다. 도대체 무엇이 문제인지를 깊이 성찰하고, 이를 극복하기 위한 다차원적인 노력이 절실하게 필요하다.

유교적 근대성

세월호의 아이들과 이른바 일베충과 괴물이 된 우리의 이십 대들은 모두 한국 교육이 낳은 적자들이다. 어쩌면 한국 사회에서 교육을 받지 않았더라면 세월호의 아이들은 그처럼 허망하게 희생되지 않았을지도 모른다. 다름 아닌 한국 교육이 일간베스트 사이트에 모인 우리의 젊은이들을 벌레로 만들었고 멀쩡한 우리의 대학생들을 괴물이 되게 했다. 도대체 왜 한국 교육은 인간답고 행복한 삶을 준비해야 할 어린 학생들을 벌레나 괴물로 만들고 심지어 어처구니없이 죽게까지 하는 것일까?

내 생각에 문제는 단순히 우리 사회에서 이루어지고 있는 몇몇 교육 관행 같은 것들이 아니다. '입시 위주의 교육'이 문제의 핵심에 놓여 있는데, 이는 사실 좀 더 큰 문제의 일부다. 우리 교육을 이해하고 구조화하는 근본 틀을 문제 삼아야 하고, 이것이 어디에서 왔는지를 이해해야 한다. 나는 이를 교육에서 능력과 성적만을 중시하고 그에 따라 학생들을 대우하는 근본 틀, 즉 교육에 대한 '메리토크라시 패러다임'이라고 부르고 싶다. 이는 다시 내가 '유교적 근대성'이라고 규정하는 한국적 근대성 전체의 어떤 본성과 연결되어 있는데, 우선 우리 논의에 필요한 만큼만이라도 이에 대해서 살펴보기로 하자.

근대성(modernity)은 사실 매우 까다로운 개념이다. 여기서는 근대성을 자본주의, 민주주의, 국민국가, 과학의 발전 등과 연결되어 있는 일련의 사회적 현상들 전체를 아울러 이르는 개념 정도로 이해하고 넘어가자.

흔히 한국 사회는 지난 박정희 대통령 시절부터 시작해서 이런 근대성을 도입하고 발전시킨 이른바 '근대화'를 성공적으로 추진했다는 식으로 이야기한다. 그리고 이때 우리는 그런 근대성을 서구에서 모방하거나 수입해서 이식한 것으로 이해하곤 한다. 그러나 내가 발전시키고 있는 유교적 근대성의 이론[14]은 그런 통상적인 이해와는 달리,

우리의 근대성이 서구의 근대성과는 다른 사회적이고 문화적인 문법을 가진 고유의 근대성이라고 개념화하는 대안적 접근법이다. 우리의 근대성이 서구적 근대성과 완전히 다르지는 않지만, 유사성은 일종의 '가족유사성'일 뿐이고 사실은 우리 근대성과 서구적 근대성이 여러 면에서 다른 모습과 작동 방식을 가졌다고 보는 것이다. 이때 우리의 오랜 유교 전통이 그 다름을 규정한다고 본다.

그러나 이것은 그동안 많이 논의됐던 '유교 자본주의'나 '유교 민주주의' 논의들과는 전혀 다른 차원에 있다. 그런 논의들은 우리의 자본주의가 유교 전통과 접목한 덕분에 놀라운 경제성장을 이룰 수 있었다거나 과거 박정희식의 독재 체제 같은 것을 서구의 개인주의적 자유주의 등과는 다른 '아시아적 가치'에 기초한 새로운 민주주의라는 식으로 유교 전통을 이상화하고 미화한다.

물론 나의 유교적 근대성 개념도 서구적 근대성 개념이나 이론의 무비판적 수용을 경계하는 데서 출발하기는 한다. 그러나 우리의 유교 전통이 우리 사회의 근대성에서 실제로 미치는 강력한 영향력을 냉정하게 살펴보려 한다. 그래서 가령 우리 근대성의 특징적인 모습인 재벌이나 외형상 매우 서구적인 대형 교회나 사학 등의 세습적 지배 체제 같은 현상에 주목한다. 하지만 이런 현상들을 서구적 잣대로 재서 근대적이지 않은 무슨 봉건 잔재가 지속된 결과라는 식으로만 이해하지는 않는다. 어떤 면에서 그런 현상들이 한국의 근대화를 아주 성공적으로 이끈 비밀이기도 하다고 본다. 물론 그것들이 한국 근대성이 지금 직면하고 있는 깊은 내재적 위기의 참된 배경이라고도 보지만 말이다.

어떻게 보면 헬조선이라는 풍자어는 이런 한국 근대성의 본질적인 측면에 대한 나름의 예리한 포착을 담고 있다. '헬코리아'나 '헬한국'이 아니고 다름 아닌 헬'조선'이라는 일컬음은 이 지옥처럼 살기 힘든 우리 사회 현실의 이면에 조선 시대에서나 있었음 직한 사고방식이나 관행이 여전히 강력하게 작동하고 있다는 사실을 풍자하기 위함이리라. 특히 유사 신분 사회를 낳은 세습과 연고주의, 여전히 청년 세대를 짓누르고 있는 가부장주의나 권위주의 같은 것이 주요 과녁인 듯하다. 우리의 근대성은 고도의 자본주의적 근대화를 이루었으면서도 강한 유교적 문화 문법과 습속을 여전히 유지하는 '혼종 근대성(hybrid modernity)'의 면모를 보여주고 있는데, 헬조선이라는 풍자어는 바로 이런 면모를 단순화시키고 속되게 비튼 인식의 표현이 아닐까 싶다. 내가 말하는 유교적 근대성은 바로 이런 혼종 근대성의 한국적 양상을 지칭한 것이다.

나는 한국 사회가 충분히 근대적인 사회라고 생각한다. 우리 사회는 기술과 제도 측면에서 서구의 이른바 선진 사회들과 별반 다르지 않은 근대성을 가졌다고 해야 할 것이다. 고도화된 시장경제, 국민국가, 교육 시스템, 과학기술의 수준, 문화적 소비 양식 등은 서구 사회의 그것들과 외형상 별로 다르지 않다. 그러나 우리의 근대성은 서구와는 다른 고유한 양태와 삶의 문법 또한 갖고 있다.

나는 우리 근대성의 이 고유성을 규정하는 두 가지 핵심적인 문화적 특질에 주목한다. 하나는 개인보다 집단과 공동체의 가치를 강조하는 '개인의 부재'라는 특징이고 다른 하나는 서구보다 더 강한 물신숭배 같은 것을 낳은 '현세적 물질주의'[15]라는 경향이다. 두 특질은 서로 보완하고 서로 침투하는데, 내 생각에 이 둘 모두는 우리의 유교적 문화 전통의 근대적 변형과 관련되어 있다.[16]

우선 우리의 근대성은 '개인'이 없는 근대성이라고 할 수 있다. 서구에서는 나중에 '개인의 과잉'에 대한 불편한 자기 비판적 의식이 발전할 정도로 근대성이 개인 및 개인주의의 발전과 강하게 연결되어 있었지만, 우리 문화에서는, 전통사회에서뿐만 아니라 근대화된 조건 속에서도, 개인은 너무 낯설다. 유교 전통에서 개인은 처음부터 사회 질서의 의미 및 가치 체계를 깊숙이 내면화하고 사회적 규율과 기강의 논리를 자발적으로 수용해야 하는, 조화로운 사회의 성원 정도로만 이해되었다. 이런 사정은 그러한 유교 전통과 서구적 근대성의 '이종교배'를 통해 발전한 우리의 근대적 문화 환경 속에서도 크게 변하지 않았다. 철저하게 사회적 관계 속에 통합된 개인이라는 전제 위에서 발전한 우리의 근대성은 기본적으로 '개인 없는 근대성'이다.

그런데 전통사회에서 '입신양명'의 이상을 통해 지배체제에 대한 사람들의 자발적인 순응을 유도했던 유교 문화는, 그 근대적 형식에서는, 현세적 인간관계 속에서 얼마나 인정을 얻는 데 성공하는가에 초점을 두고 개인의 자기완성에 대한 전망을 그리게 했다. 그리고 그것은 궁극적으로는 물질적 행복 따위로 확인된다고 보았다. 이는 현세적 물질주의를 우리의 근대적인 생활세계의 문화적 문법의 핵심축으로 만들었는데, 이것이 우리 근대성의 두 번째 문화적 특질이다. 우리 사회에 만연한 물신숭배나 과도한 소비주의 같은 문화 현상이 그저 서구의 영향에서 비롯되었을 것이라는 우리의 통념과는 달리, 근대화한 유교 문화가 잉태한 그와 같은 '우리 안의 옥시덴트(Occident, 서구)'

는 많은 면에서 서구 사회들에서보다 훨씬 더 물질주의적이고 물신주의적인 근대 문화를 만들어 냈다는 게 내 생각이다.

한국 근대성의 이 두 가지 근본 속성은 가령 세월호 대참사의 가장 본질적인 수준에서 발견되고 확인된다. 물질주의의 과도한 지배가 이 대참사의 중요한 배경이라는 점은 긴 설명이 필요 없을 것이다. 20년도 더 된 배의 수명 연장, 불법 증·개축, 일상적인 과적과 고박 불량, 안전 장구 부실 관리 등을 일삼았던 선사와 그런 행태를 방기한 국가 및 공공 기관들의 부패 이면엔 결국 '돈'이 모든 것에 우선한다는 가치 전도가 자리 잡고 있다. 또 우리는 앞에서 권위주의적이고 집단주의적인 문화의 문제가 이 대참사에서 어떻게 나타났는지를 확인했다. '가만히 있으라'는 방송에 희생당한 학생들의 경우에서나 엉뚱한 방송을 계속 내보냈던 승무원들이나 적극적인 구조 활동에 나서지 않은 해경들 모두에서 명령이나 지시 없이도 독립적이고 비판적인 사유를 할 수 있는 '자율적인 개인'이 전혀 없었음을 확인할 수 있었다.

이뿐만이 아니다. 유교적 근대성의 이런 면모들은 그 기본적인 수준에서 한국 사회 현실의 거의 모든 중요한 단면에서 확인된다. 한국처럼 고도로 자본주의적으로 근대화된 나라에서, 그리고 그런 근대화를 누구보다도 앞장서 이끌었던 재벌 회사들에서 정말 어처구니없는 족벌 경영 체제가 자리 잡고 있다. 기업만이 아니다. 한국에서는 가령 교회나 사학도 세습된다. 문제는 이런 것들이 단순한 예외적 일탈이 아니라 이 사회의 법체계가 확고하게 보호해 주고 많은 주체들에 의해 지극히 정상적이고 정당한 것으로 받아들여지고 있다는 것이다.

우리 사회가 '독재자의 딸'을 대통령으로 선출하고, '자유 민주주의'

를 무슨 신주 단지처럼 모신다는 정치 세력의 주도 아래 서구적 기준에서 보자면 매우 '비자유주의적인' 민주주의 체제를 유지한 것도 마찬가지의 맥락에서 이해할 수 있다. 앞에서 본 대로 한국의 이런 결손 민주주의는 단순히 무슨 '87년 체제'의 제도적 결함이나 분단 효과의 산물이기만 한 것이 아니라 우리 사회의 시민적 주체의 부재 또는 미성숙이라는 문제와 연결되어 있는데, 그것은 더 근본적으로는 우리 근대성이 지닌 도덕적 질서와 깊은 관련이 있다는 게 내 생각이다. 이 도덕적 질서는 민주주의를 지탱하는 인권이나 민주적 평등주의 같은 가치와 그다지 친화적이지 않다.

물론 우리는 오로지 부정적인 관점에서만 유교적 근대성을 이해하면 안 된다. 유교적 근대성 개념은 '공자가 죽어야 나라가 산다'는 식으로 유교 전통을 전면적으로 거부하는 가치판단을 미리 깔지는 않는다. 그 개념은 유교 전통의 긍정적 영향을 전혀 부정하지 않는다. 흔히 이야기하는 대로, 우리 사회가 그처럼 이른 시일 안에 산업화와 민주화를 동시에 이루어낼 수 있었던 것은 우리에게 그만큼 강력한 근대적 잠재력 같은 게 있었기 때문이라고 해야 한다. 그 잠재력은 기본적으로 유교 자체가 지닌 나름의 근대적 성격에 기인한다. 앞으로 우리 사회의 발전 방향도 바로 그런 잠재력을 어떻게 활용하고 승화시킬 수 있느냐 하는 데서 상당 부분 결정될 것이다.

그러나 우리는 그런 긍정적인 잠재력을 좀 더 잘 활용하기 위해서라도 더 철저하게 그 어두운 그림자와 비판적으로 대면할 수 있어야 한다. 이런 맥락에서 우리는 개인의 부재나 물질주의의 전제(專制)에 덧붙여 대중들이 지닌 특별한 종류의 '사회 철학', 곧 유교적 메리토크라시 이념에 주목할 필요가 있다. 그것은 유교적 근대성의 빛과 그림자를 얼마간 함께 볼 수 있게 해 준다.

메리토크라시의 발흥과 교육 병리

메리토크라시(meritocracy),[*] 곧 능력지상주의[17]는 부와 권력과 명예 등과 같은 사회적 재화를 어떤 사람의 혈통이나 타고난 신분, 계급 같은 것이 아니라 오로지 능력에 따라 사람들에게 할당하자는 이념으로, 근대 자본주의 사회 일반을 <u>사실적이면서도 규범적으로</u> 지배하는 분배 정의의 한 이상이자 그에 따른 사회체제다.[18] 그러니까 어떤 철학적 정의론이라기보다는 근대 이후의 자본주의 사회에서 사는 보통 사람들이 자연스럽게 가지고 있고 또 그래서 실제로 사회 속에서

* 메리토크라시: 이 말은 마이클 영(Michael Young)이라는 영국 사회학자가 1958년에 처음 만들어 낸 신조어다. 라틴어에서 유래한 단어인 merit와 그리스 어근을 가진 cracy를 조합해 놓아 사실은 영어 단어로서도 조금은 어색한 이 메리토크라시라는 말은 보통 '능력주의', '실력주의', '업적주의' 등으로 번역되지만, 이들은 오해를 불러일으킬 수 있다. 이것은 '주의'로 표현되는 사상이라기보다는 지배체제이기 때문이다. (사실 democracy를 민주주의라고 하는 것도 이런 의미에서 오역이다.) '주의'라는 표현을 쓰면 '능력지상주의'가 그래도 본래의 뜻에 조금은 더 부합할 것으로 보인다. 우리말로 굳이 직역하자면 '능력(자) 지배 체제' 정도가 맞을 것이지만, 조금 어색하다. 앞으로 외래어를 그대로 쓰거나 '능력지상주의'를 필요에 따라 번갈아 쓰려 한다

현실을 규정하는 분배 정의의 이상이라고 할 수 있다. 그러니까 메리토크라시 아래서는 능력이 뛰어난 사람들이 그렇지 못한 사람들보다 더 많은 부와 권력과 명예를 가지고 되고 또 그런 방식의 분배야말로 정의롭다고 정당화된다. 이 이념은 근대 자본주의 사회가 출현할 때 혈통 등에 따른 봉건적 특권이나 차별을 거부하고 개인들의 노력과 기여에 대한 정당한 보상이라는 원칙을 내세우면서 민주주의의 토대로서 기능했다고 받아들여진다.[19]

그런데 이 이념은 사실 서구에서보다는 유교적 동아시아 사회에서 먼저 발전했고 또 여기에서는 그만큼 오랜 전통으로 확고하게 자리 잡고 있었다.[20] 막스 베버의 지적처럼 유교 문화는 독자적인 힘으로 자본주의적 근대성을 창조해 내지는 못했지만, 단순히 전근대적이지만은 않았다. 유교 사회의 이 메리토크라시는 어떤 의미에서는 서구적 근대성보다 더 근대적이며 심지어 서구적 근대성의 발전에서 모범이 되었다고까지 할 수 있는 문화적 요소였다. 사실 동아시아의 많은 유교적 전통 국가들은 단순히 서구의 잣대로 '봉건' 국가였다고 치부할 수 없으며 나름의 근대성을 발전시켰다고까지 볼 수 있는데, 오늘날 동아시아 나라들의 놀라운 근대적 성취도 바로 그 바탕 위에서 가능했을 것이다.

우리나라에서만 보아도, 이 메리토크라시 이념은 '과거(科擧) 제도'로 고려 시대의 '음서(蔭敍)' 제도를 혁파함으로써 유교적 조선 왕조의 정당화 이데올로기로 기능하기도 했다. 이 이념은 근대화 과정에서도 사회적 주체들의 실천적 상상력을 아주 강력하게 사로잡으면서 우리의 근대 사회 형성에 매우 결정적인 요인으로 작용한 것처럼 보인다.

우리의 근대화 과정에서는 '입신출세주의'(입신양명)의 이념 같은 것이 서구 자본주의의 발전에서 프로테스탄티즘의 에토스가 수행했던 역할을 대신했다고 할 수 있다.[21]

유교적 메리토크라시 이념은 바로 그런 유의 입신출세주의와 결합하여 전통적인 유교적 주체들을 아주 효율적이고 적극적인 근대적 주체로 변모시켜내는 데 기여함으로써 자본주의적 근대화를 성공적으로 추진하는 데 결정적인 문화적 원동력으로 작용했다. '개천에서도 용이 날 수 있다'는 믿음, 아무리 불우한 처지에 있더라도 열심히 능력을 계발하고 처절하게 노력하는 사람에게는 성공이 보장된다는 능력지상주의적 믿음은 우리 사회 성원들의 근면과 성실 그리고 끊임없는 '자기계발의 의지'나 뜨거운 '교육열' 등을 낳은 문화적 동기였고, 그런 것이 한국 자본주의를 매우 역동적이고 활력 있게 만들었던 것이다. 한마디로 그 이념은 우리 근대성의 문화적 중심축이었다. 하지만 우리는 이 능력지상주의 이념의 지배가 낳은 어두운 그림자를 놓치면 안 된다. 그 그림자는 무엇보다도 교육에서 두드러진다.

메리토크라시에서는 일반적으로 교육이 중요할 수밖에 없다.[22] 왜냐하면, 메리토크라시가 그 핵심 원리로서 강조하는 '능력'이라는 것이 얼핏 보기엔 아주 명백한 것 같지만 사실은 불투명한 구석이 많기 때문이다. 우리는 어떤 사람이 특정한 능력을 갖췄다는 것을 어떻게 분명하고 객관적인 방식으로 확인할 수 있을까? 교육은 이 물음에 아주 좋은 답을 제시해 줄 수 있을 것처럼 보인다.[23] 사람들은 오랫동안 교육의 장에 머물면서 지속적으로 또 다차원적으로 평가를 받는데,

바로 그 평가의 결과, 곧 성적과 학력과 학벌이 개인이 지닌 능력에 대한 객관적인 지표로 인식될 수 있기 때문이다.

그래서 메리토크라시 이념이 지배하는 사회에서, 특히 강한 유교적 메리토크라시 전통을 가진 우리 사회에서는 더더욱, 교육은 일차적으로 학생들을 그렇게 이해된 능력에 따라 줄 세우는 것을 그 핵심 기능으로 갖게 된다. 메리토크라시는 사람들이 지닌 능력에 따라 사회적 재화나 권력 등을 할당하는 것이 정의롭다고 여기는 이념이므로, 여기서 교육은 누가 어떤 능력을 갖추고 있어서 일정한 사회적 지위나 부를 차지하는 것이 마땅한지를 가려내는 소임을 다해야 한다. 교육의 장은 능력자를 추려내는 경연의 마당이다.

이 체제의 교육에서는 학력과 성적이 가장 중요할 수밖에 없다. 그것들이 능력의 지표라고 인식되기 때문이다. 그리하여 교육의 궁극적인 목표는 가능한 한 높은 학력을 얻는 것이며 또 그 높은 학력에 걸맞은 적격자를 찾아내기 위해 성적에 따라 학생들을 줄 세우는 것이 되고 만다. 여기서는 높은 학력과 좋은 성적을 얻은 학생이 사회적 생산 과정에서 뛰어난 능력을 발휘할 것이기에 높은 보상과 높은 평판을 얻게 될 것이라 여기고, 반면 저학력자들이나 좋은 성적을 보이지 못한 사람들은 사회에서 허드렛일이나 단순 육체노동 같은 것에 종사하며 낮은 임금과 직업적 불안 그리고 낮은 평판을 받을 수밖에 없는 것으로 믿는다.

그리하여 학생들이 교육을 받는 궁극적인 목표는 가능한 한 높은 학력을 얻는 것이며 학교의 궁극적인 사명은 그런 목표 설정을 도와 그 높은 학력을 위한 적격자를 찾아내기 위해 성적에 따라 학생들을 줄 세우는 것이 되고 만다. 그 결과 인생의 질과 전망은 성적과 학력에 따라 극단적으로 엇갈리는 것으로 이해되고 또 그런 것이 정당하고 정의로운 것으로 받아들여진다. 우리 사회에서는 이런 능력지상주의적 차별화가 다른 사회보다 훨씬 더 극단적으로 관철되는 것 같다. 우리 사회에서는 메리토크라시 이념이 물신화되어 마치 유사 종교처럼 숭배되는 것이다.

그리하여 학벌주의나 성적지상주의 같은 것이 판을 치지 않을 수 없다. 필요하다면 학벌을 위조하거나 속일 수도 있다는 풍조가 나타나는가 하면, 단 1점, 아니 그보다 훨씬 작고 무의미한 성적 차가 중요해지고, 성적을 향상할 수 있다는 온갖 비법들이 전 사회적으로 모색된다. 우리의 학교 체계는 어느 정도 기본 교육이 끝나고 나면 대학에 갈 사람과 그렇지 못한 사람을 가르고, 각 학교에서는 다시 이른바 명문 대학에 갈 학생과 그렇지 못한 학생을 나눈다. 대학에서는 무슨 고시나 대기업 취업 같은 지표를 중심으로 학과에 일정한 서열 관계가 부여되고, 대학들 사이에서도 비슷한 방식으로 등급이 매겨진다.

우리 사회에서 확인되는 교육과 관련된 많은 병리적인 현상들은 근본적으로 이 메리토크라시 패러다임의 필연적 산물이다. 한마디로 물질주의와 결부된 학벌주의나 성적지상주의의 지배가 이 패러다임의 본질이다. 학력과 성적이 돈과 권력의 보증수표로 이해되는 탓이다. 그 결과 사교육 광풍, 대학 서열화, 자사고나 특목고의 입시 학원화, 기러기 아빠 현상 등과 같은 교육 병리들이 깊은 뿌리를 내린다. 그리고 여기서는 사람의 고유성이나 개성은 철저하게 무시되고 성적 같은 획일적 잣대에 따라 개인을 평가한다. 세계 최고 수준인 청소년 자살

률은 이 병리의 심각함이 어느 정도인지를 가늠하게 해 주는바, 그것은 우리 교육 패러다임의 너무도 당연한 귀결일 것이다. 이 교육 패러다임이 지배하는 학교에서 올바른 자기실현을 위한 자아탐구나 민주시민으로서의 자질 함양 같은 진짜 중요한 교육적 요소들이 사라져 버리는 것도 너무 자연스럽다.

메리토크라시의 배반 또는 헬조선

메리토크라시는 얼핏 아주 매력적인 분배 정의의 이상처럼 여겨진다. 오늘날 우리가 사는 자본주의 사회에는 일반적으로 사람들 사이에 엄청난 경제적 불평등이 존재한다. 그러나 이런 경제적 불평등이 무턱대고 그 자체로 정의롭지 않다고 받아들여지지는 않는다. 왜냐하면, 그와 같은 불평등이 정의롭다고 인식되는 분배 원칙에 따라 생겨난 것일 수도 있기 때문이다. 바로 메리토크라시 이념은 '기회의 균등'이라는 원칙과 결부된 일정한 평등주의적 전제 위에서 '능력과 노력에 따른 차등적 분배'를 그 원칙으로 삼아 자본주의적 시장경제에서 사회 성원들 사이의 불평등을 정당화하고 또 만들어 낸다. 많은 사람이 이른바 '개천에서 용 나는 사회'를 매우 정의롭고 바람직한 사회라고 생각하는 것도 이런 맥락에서 이해할 수 있다. 이렇게 이 이념은 자본주의 사회 구성원들 사이의 불평등을 정당화하는 결정적인 규범적 원천이기도 하다.

얼핏 보면 정의로워 보이고 불가피한 질서라고 받아들일 수도 있지만, 문제는 이 메리토크라시가 노력이나 기여에 대한 정당한 보상이라는 명분을 내세우며 능력에 따라 생겨나는 아주 심각한 수준의 사회적 불평등과 차별 및 배제조차 정의롭다고 정당화할 수 있다는 것이다. 의사나 변호사가 청소부나 막노동꾼과는 비교할 수도 없이 많은 돈을 버는 것은 기본적으로 의사나 변호사가 되기 위해서는 청소부나 막노동꾼보다 훨씬 더 뛰어난 지적 능력이 필요하고 또 그 능력을 연마하고 기능을 쌓는 데 더 많은 시간과 노력을 들여야 하기 때문이며, 그 바탕 위에서 사회 전체를 위해 더 많이 기여하기 때문이라는 식으로 말이다. 이렇게 메리토크라시 이념은 사회적 경쟁 체제에서 승리한 자들의 이데올로기로 쉬이 변질된다. 심각한 배반이 벌어지는 대목이다. 그러니까 그것은 기본적으로 승자독식을 정당화하면서 우리 사회를 '일등만 기억하는 더러운 세상'으로 만들어 내었다. 그리고 심각한 사회경제적 격차를 고착화했다.

심지어 그 이념은 단순히 능력에 따라 생겨나는 시민들 사이의 사회경제적 불평등을 넘어 정치적 불평등마저 정의롭다고 정당화한다. 우리 사회의 강력한 법조지배체제, 곧 주리스토크라시(juristocracy) 현상은 그 단적인 표현이 아닐까 싶다. 우리 사회에서는 이른바 '법조인'이라고 불리는 일부 특권 엘리트들이 독점적 기소권을 이용하거나 판결을 통해 민주적 과정 너머에서 너무도 자주 그리고 너무도 깊이 정치에 영향력을 미치고 막강한 사회적, 정치적 권력을 행사한다. 또 우리 사회에서는 재벌 등이 여러 경로를 통해 너무도 강한 정치적 영향력을 행사하고 각종 이권을 매개로 한 정경유착이나 권언유착을 통해 주요 정치적 의제를 규정하고 있다. 대다수 시민의 주권성은 겨우 선거 때에만 발휘되는 것처럼 보일 뿐이고, 일상적인 정치 과정은 유권자들의 영향에서 벗어난 '정치계급'과 귀족화된 특권 계층에 의해 지배되고 있다. 한마디로 우리 사회의 정치적 지배체제는 엘리트들의 과두제이고, 민주주의라는 외피를 쓴 사실상의 '정치적 메리토크라시'다.

이렇게 보면 메리토크라시는 '자기 배반의 이데올로기'이다. 애초 그것은 서구에서나 우리나라에서나 혈통이나 봉건적 특권에 반대하고 개인의 노력과 성취를 강조하면서 민주주의의 결정적인 토대로 작용하는 것처럼 보였다. 그러나 실제로 이 메리토크라시 이념으로 정당화되는 경쟁 체제는 사회적 재화의 분배에서 개인의 능력이나 성취 또는 기여 같은 요소의 몫을 현저하게 줄이는 반면에 상속이나 세습 또는 지대-추구에 기초한 심각한 경제적 불평등을 고착시켰다. 그리고 그러한 불평등은 다시 귀족화된 특권 계층이 막강한 정치적 권력마저도 향유하는 매우 반민주적인 지배체제로 옮아갔다. 나아가 사회적 약자를 일상적으로 무시하고 배제하는 '갑질 공화국'을 만들었다.[24]

한마디로, 민주주의가 부족한 우리의 사정을 배경 삼아 메리토크라시 이념은 사회적으로는 '신계급사회' 또는 '신신분사회'를, 그리고 정치적으로는 '신귀족제' 또는 '엘리트 지배체제'를 낳고 말았다. 어쩌면 구한말 이래 우리의 근현대사는 기묘한 아이러니와 배반의 역사다. 그야말로 피땀 흘려 근대성을 쟁취한다고 해 왔건만, 사회적 지배체제라는 관점에서만 보면 결국 제자리걸음만 한 셈이다. 아니, 조선이라는 나라가 지녔던 나름의 근대성을 생각하면, 뒷걸음쳤는지도 모른다. 메리토크라시라는 근대화의 원동력이 우리의 근대성을 '재봉건화'[25]하고 말았던 것이다. 그러니까 이 메리토크라시는 한국의 근대성에 대한 강력한 추동 인자였으면서도 결과적으로는 민주주의의 외양을 띤 어떤 유사-봉건적 체제를 낳은 것이다.

사실 조금만 돌아보면 우리 사회에는 곳곳에 학연이나 혈연 및 지연 등을 이용한 끈끈한 네트워크와 폐쇄적 카르텔 그리고 온갖 종류의 '반칙'을 통해 쌓아 올린 '특권'의 성채들이 넘쳐난다. 곳곳에서 벌어지는 '낙하산 인사' 같은 것이나 세계 초일류 기업이라는 삼성 등에서 벌어진 불법적인 경영권 세습만 생각해 보면 된다. 한국의 대기업 노조들은 그 대기업 노동자의 일자리마저 세습하려 한다. 바로 이런 것들이 우리 청년들이 헬조선이라 부르는 현실의 핵심일 것이다.[26]

우리 사회에서 메리토크라시의 이상은 결국 기득권 질서의 부당함을 은폐하고 그것이 능력에 따른 정의로운 체제라고 정당화하는 맥락에서 이용되고 있을 뿐이다. 오늘날 우리 사회의 세습 귀족들은 단지 혈통만을 강조하지는 않는다. 그들은 이른바 '특목고' 같은 각종 '귀족 학교'나 조기유학 등을 통해 그리고 막대한 사교육비 지출을 통해 자신들의 경제적 권력을 자녀들의 눈부신 학력 자본으로 바꾸어 자신들이 대를 이어 누리는 특권이 능력에 따른 것이라고 포장하곤 한다. 그리고 그런 포장이 쉽지 않은 경우에는 '돈도 실력이다'라거나 '부모 잘 만난 것도 능력이다'라고 외치면서 자신들이 누리는 특권을 정당화하기까지 한다.

자존감 없는 자아들의 폐허 또는 모욕 사회

그런데 진짜 심각한 문제는 메리토크라시의 배반에도 불구하고 우리 사회의 대중들이 이런 체제에 적극적으로 저항하려 하지 않는다는 사실이다. 그들은 오히려 그 능력지상주의 이념을 내면화한 결과, 그 체제에 정당한 명분을 갖고 반기를 들 수 없을 것 같다고 느낄 뿐만 아니라 심지어 그들에게 남은 유일한 선택지는 이 체제에 적극적으로 적응하는 것뿐이라고 여긴다.

안토니오 그람시(Antonio Gramsci)는 단순히 물리적인 폭력이나 강제를 통해서가 아니라 피지배 대중의 강력한 동의에 기초한 지배를 '헤게모니'라고 불렀는데, 지금 우리나라에서는 메리토크라시 이념이 그런 헤게모니의 핵심에 있다고 할 수 있다. 그런데 이 헤게모니의 작동 논리는 매우 독특하다. 여기서는 강제도 아니지만 그렇다고 적극적인 동의에 기초하지도 않는 헤게모니, 내가 '배제적 헤게모니'라고 부르는 새로운 종류의 지배 논리가 작동한다.[27] 그것은 적극적인 동의를 구하는 것이 아니라 배제를 위협함으로써 사람들을 지배의 관계에 묶어두는 헤게모니다. 그러니까 사람들은 정말 아주 적극적으로 지지해서라기보다는 지배적인 질서로부터 배제될지도 모른다는 불안 때문에 더 절박하게 그 메리토크라시 이념에 매달린다. 우리 사회의 그 치열한 교육열, 헬조선을 한탄하는 청년들의 끝없는 스펙 쌓기 같은 것이 대중들이 이 체제에 대응하는 일상적 방식이다. 이런 배경 위에서 대중들은 심지어 능력에 따른 사회경제적 차별과 배제를 정당화하는 반평등주의적 의식을 스스로 깊게 내면화한다. 이는 앞서 우리가 학력위계주의에 찌들어 괴물이 되어버린 20대들에게서 적나라하게 확인한 그대로다.

이런 메리토크라시는 우리 사회를 구조적이고 체계적인 모욕 사회로 만든다. 능력지상주의는 '승자'와 '일등'과 '능력자'와 '개천에서 난 용' 따위만을 치켜세우고 존중하며 가치 있는 사람으로 대접한다. 하지만 이들은 극소수일 수밖에 없다. 이 체제에서 체계적으로 생산될 수밖에 없는 절대다수의 '패자'와 '꼴찌'와 '무능력자'와 '개천의 미꾸라지'는 제대로 된 사람이 아니라 무슨 '잉여'나 '2등 시민'이 된다. 누구는 집안 배경이 별로라서, 누구는 공부를 못해서, 누구는 스펙이 딸려서, 누구는 비정규직이라고, 누구는 하다못해 키가 작다고 멸시당하고 배척당한다. 그래서 사람들은 이런 사회에서 체계적이고 구조적으로 생산되는 무시와 배제의 대상이 되지 않기 위해 온갖 발버둥을 치는 삶을 살지 않을 수 없다. 죽도록 공부를 해야 하고, 필사적으로 돈을 벌어야 하며, 무슨 짓을 해서라도 그리고 사소한 부분에서라도 남들보다 앞서야 한다. 그래야 '사람 대접' 받으며 살 수 있다고 여기기 때문이다. 학벌이 좋아야 하고, 돈이 많아야 하며, 얼굴도 예뻐야 하고, 하다못해 가방이라도 비싼 걸 들고 다녀야 한다. 그리하여 사교육 열풍, 투기 열풍, 성형 열풍, 명품 열풍 같은 스노비즘(속물주의)의 징후들이 사회를 뒤덮는다.

이 모든 것은 결국 능력지상주의가 필연적으로 절대다수의 사회 성원들에 가져다주는 '자존감' 상실의 위협에서 비롯한다. 자신들에게 가해지는 무시와 배제의 위협이 단지 사회적 배경이나 계급이나 신분 따위 때문이라고 믿을 때, 그들은 그래도 자존감을 잃지 않고 그 부당한 사회구조적 제약들을 문제 삼을 수 있거나 때로는 그것들을 바로 잡기 위한 사회적-정치적 실천에 나설 준비를 할 수 있을지 모른다. 그러나 이제 사회적 불평등과 그에 따른 모욕이 자신이 가진 능력이나 자신이 행한 노력의 부족 때문이라 여겨질 때, 그들은 결국 '자기 탓'밖에는 달리 할 것이 없고 또 그래서 무엇보다도 자존감의 상실 때문에 고통받지 않을 수 없다. 광범위한 대중의 자존감 상실은 능력지상주의가 함축하는 필연이며, 우리가 헬조선을 한탄하는 청년 세대에게서 확인하는 사회정치적 무기력은 그 당연한 귀결이다. 그런 무기력이야말로 헬조선 현상의 본질에 속하는 것이고 또 바로 그래서 헬조선 현상은 계속되는 것이다.

그러나 이런 무기력은 단순히 구성원들의 주관적 정신 상태 같은 것하고만 관련된 문제가 아니다. 그것은 우리 사회 구성원이 삶의 물질적 필요를 해결하는 방식의 문제이기도 하다. 능력지상주의 이데올로기의 이면, 아니 바탕은 적나라한 자본주의적 '정글 사회'다. 이런 능력지상주의 이데올로기의 지배 탓에 우리 사회 성원은 자신의 기본적 삶의 필요를 철저하게 사적인 수준에서 해결할 것을 강요받는다. 우리 사회 성원에게 가장 기본적이고 중요한 인간적 필요, 곧 교육이나 주거 및 의료, 장애인이나 노약자에 대한 돌봄과 같은 필요는 기본적으로 사사로이 해결해야 할 문제다. 그와 같은 필요의 충족은 정치공동체 차원의 문제가 아니라 일차적으로는 가족의 책임이다. 개인의 자기실현 문제가 홀로 알아서 할 일이 되어 모든 것이 개개인 수준의 노력과 능력과 연고 등의 문제로 인식된다. 개인의 참된 자기실현을 위한 공적, 사회적 조건의 문제는 베일에 가려지고 만다. 사회 성원들에 대한 광범위한 복지의 보장은 노력하지 않은 개인에 대한 부당한 보상이고 사회적 무임승차에 대한 방조일 뿐이라는 것이다. 우리 사회는 이렇게 청년들을 이른바 '엔(N)포 세대'로 낙담하며 살아가게 하는 것이 마치 정의로운 일이라도 되는 양 여긴다.

이런 식으로 자기 배반적으로 발전한 메리토크라시 이데올로기는 교육 영역에서 숱한 병리들을 만들어 낼 뿐만 아니라 어떤 물질적이고 제도적인 실체로서 우리 사회의 민주적 발전을 가로막는 족쇄 같은 역할을 하고 있다. 그것을 깨트려야 한다. 어떻게 가능할까? 그리고 거기에서 벗어나기 위한 탈출구도 찾아야 한다. 어디에 있을까?

---

* 엔(N)포 세대: 사회, 경제적 어려움으로 연애, 결혼, 주택 구입 등 많은 것을 포기한 세대를 가리키는 말이다. 연애, 결혼, 출산을 포기한다는 3포 세대, 여기에 주택 구입과 인간관계 포기를 더한 5포 세대, 또 여기에 꿈과 희망까지 포기하는 7포 세대에서 더 나아가 셀 수 없이 포기할 게 많은 세대라는 뜻에서 나온 말이다.

II. 개천에서 용 나는 사회는 과연 좋은가?

: 메리토크라시를 넘어 민주공화국으로

메리토크라시, 곧 능력지상주의는 단지 교육의 장에서만 문제가 되는 건 아니다. 그것은 우리 사회 전체의 지배적인 이데올로기로서 우리 사회의 구조와 삶의 방식에 심층적인 영향을 미치고 있다. 메리토크라시는 그람시적 의미에서 한국적 근대성의 헤게모니적 이념으로서, 광범위한 대중의 뿌리 깊은 사회적 무의식을 지배하고 있다. 그것은 이 사회를 지배하는 학력위계주의, 경제제일주의, 성장지상주의, 지역적 패권주의 등의 지반을 이루는 대중적인 사회철학이고 생활 이데올로기다. 또 그것은 21세기 대한민국에 유사–봉건적 귀족주의를 부활시키고, 이 나라를 갑질 공화국으로 만든 문화적 매트릭스 같은 것이다. 이 위에서는 사회 성원 누구나 저마다의 좋은 삶을 누리며 존엄한 인간적 삶을 살아갈 희망이 점점 더 줄어들 것이다.

이 메리토크라시의 헤게모니를 깨트려야 한다. 이것을 극복하지 않으면 헬조선의 극복 같은 일은 꿈도 꾸지 못할 것이다. 세월호 대참사 같은 일도 끊임없이 반복될 테고, 우리 청년들은 계속 벌레가 되고 괴물이 될 것이다. 그 많은 수의 시민들이 추운 겨울에 촛불을 밝히면서 소망했던 제대로 된 민주공화국의 건설과 유지도 불가능할 것이다. 능력지상주의 이념과 그 병리적 귀결은 모든 구성원의 평등한 존엄성에 대한 인정에서 출발하는 민주공화국의 이념을 정면으로 부정하기 때문이다.

그러나 이는 절대 쉽지 않은 과제다. 우리 사회에서는 오랜 유교 전통의 영향 위에 오늘날 세계화된 시장 경제의 신자유주의적 문화의 문법까지 덧붙여 작용하면서 메리토크라시의 헤게모니가 너무도 강고하게 자리를 잡았다. 그것은 다양한 차원의 제도와 사회적 관계를 심층적으로 규정하고 있을 뿐만 아니라 우리 구성원들의 실천적 의식과 무의식 전체를 사로잡고 있다. 법적 실천이나 관습에서부터 지적이고 도덕적인 차원의 사유나 신념은 물론 정서적 기본 정조마저 지배하고 있다. 이를 극복하기 위한 다차원적인 사회적-정치적 노력이 절실하다. 본격적으로 교육 문제를 다루기에 앞서 이런 거시적인 차원의 문제부터 필요한 만큼은 살펴보자. 그래야 우리가 하려는 일의 성격과 위상을 좀 더 명확하게 자리매김할 수 있다.

사람들은 대개 메리토크라시 이데올로기의 형식성을 폭로하고 그 실질화를 추구함으로써 그것이 낳은 부정적 병리들을 완화할 수 있다고 여긴다. 이는 '실질적 메리토크라시' 또는 '메리토크라시의 실질화' 노선이라 할 수 있다. 그러나 이런 노선으로는 메리토크라시 이념의 근본적인 한계를 극복할 수 없다. 다른 무엇보다도 메리토크라시는 생산이나 이윤 창출에 들인 기여 같은 획일적 잣대만으로 개인을 평가하면서 거기에 미치지 못하는 숱한 사람들을 배제하고 모욕한다. 그래서 우리는 그런 평가의 잣대를 다차원적으로 설정하여 원칙적으로 모든 개인의 다양한 잠재력과 특성을 존중하고 인정할 수 있는

'민주적 인정 질서'를 추구해야 한다. 그러한 인정 질서만이 민주공화국의 이념에 부합한다.

그렇지만 참된 민주공화국을 위해서는 메리토크라시적인 분배의 틀까지 포함하여 인간적 삶의 사회적 조건과 틀을 규정할 수 있는 시민들의 정치적 역량의 평등, 곧 '민주주의적 정의'가 우선 확보되어야 한다. 그러므로, 마이클 샌델에게서 빌려 이야기하자면, 시민들이 그러한 역량을 제대로 갖추어 시민적 주체로 우뚝 서게 할 어떤 '형성적 기획'이 결정적인 관건이 되지 않을 수 없다. 민주시민교육은 바로 이런 형성적 기획의 한 부분으로 이해될 수 있다.

실질적 메리토크라시

메리토크라시 이념은 자본주의 사회 일반에서도 그렇지만, 강력한 유교 전통을 가진 우리 사회에서는 더더욱 강력한 생활 이데올로기로 작동하고 있다. 그 이념의 대중적 설득력은 엄청나다. 어떤 경우에는 대중의 일상적 정의감의 핵심으로서 잘못된 현실을 비판적으로 진단하고 거부하는 역할까지 한다. '최순실-박근혜 게이트'에서 많은 시민들, 특히 청년들을 분노하게 하여 거리로 불러낸 것은 바로 최순실의 딸 정유라의 이화여대 부정입학 사건이었다. 그런 부정입학이나 마땅한 노력 없는 학점 취득 행위 같은 것은 기회의 균등이라는 메리토크라시적 정의의 원칙을 너무도 명백하게 위배했다고 인식했던 것이다. 그래서 사람들은 대개 헬조선 현상 같은 것도 메리토크라시 이념이 제대로 작동되지 않아서 생겼다고 여긴다.

확실히 메리토크라시를 보수적 이데올로기라고만은 할 수 없다.[28] 이 개념을 처음으로 고안했던 마이클 영 같은 학자는 비록 메리토크라시라는 말을 하나의 디스토피아를 묘사하기 위해 사용했지만, 우리나라에서처럼 서구 사회에서도 메리토크라시 이념은 일반 대중들 사이에서는 물론이고 좌파들에게도 매력적으로 여겨졌다.[29] 오로지 능력을 기준으로 사회적 재화의 분배가 이루어진다면 그것은 기존의 단단한 계급 구조를 허물고 좌파들의 오랜 이상이었던 어떤 '계급 없는 사회'를 새로운 방식으로 이룩하는 길이라고 받아들여질 수도 있었던 것이다. 계급이 아니라 능력을 중시하는 사회, 금수저를 물고 태어난 사람이 아니라 흙수저라도 뛰어난 재능을 보여주고 열심히 노력하는 사람이 성공하고 대우받을 수 있는 사회는 그 자체로 나쁘다고 하기 힘들 뿐만 아니라 사실 매우 매력적이기도 하다.

틀림없이 사람들이 서로 가지기를 원하는 자원이 한정되어 있어 경쟁이 불가피한 상황에서는 메리토크라시 이념 그 자체의 규범적 타당성을 무턱대고 부정하기란 쉽지 않을 것이다. 그런 상황에서는 시민들에게 주어지는 기회 균등이라는 조건 속에서 절대적으로 공정한 경쟁이 이루어지도록 해서 "가장 우수한 자의 승리"를 보장하는 것 이상의 정의를 생각하기 힘들지도 모른다.[30] 특히 일상적이고 미시적인 수준에서는, 어떤 공동의 목적을 추구하는 데서 사람들의 능력과 그에 따른 기여의 정도를 이런저런 방식으로 평가하고 그렇게 평가된 능력과 기여의 정도에 따라 사회적 재화를 분배하는 것이 아주 자연스럽다고 받아들여질 것이다. 예컨대 여러 사람이 함께 돈을 모아 어떤 일에 투자해서 수익을 남겼다면, 그 기여의 정도에 따라 수익을 분배하는 것이 공정하다는 데 대해 이견이 있을 것 같지 않다.

적어도 우리가 시장 경제와 자본주의를 부정하지 않는 이상 우리는 메리토크라시적 분배 원리를 에둘러가기 힘들 것이다. 물론 시장과 달리 가족 안에서는 아주 다른 분배 원칙이 작동한다고 할 수 있다. 여기서는 '필요'라는 원칙이 작동한다.[31] 그러니까 구성원들이 생산에 기여한 만큼 나누어 갖는 것이 아니라 누구든 여력만큼 기여하되, 또는 가령 노약자라면 아무런 기여를 하지 못하더라도, 생산되거나 주어진 몫을 필요의 정도에 따라 나누어 가지는 것이 가족의 분배적 본성이라고 할 수 있다. 그러나 자본주의 생산 체계는 그런 가족적 분배 원리에 따라 작동할 수 없다. 비혈연적 관계에 기초한 협업적 생산 체계인 자본주의 생산 체계가 능력이나 노력에 따른 보상이라는 원칙 말고 다른 분배 원칙에 따라 작동하는 것을 상상하기는 불가능할 것 같다. 메리토크라시적 분배 원칙에 대한 가장 강력한 비판자였다고 할 마르크스조차 공산주의 이전의 사회주의 단계에서는 '능력에 따라 일하고, 노동에 따라 분배받는다'는 원칙이 불가피하리라고 보았던 것도 이런 맥락에서 이해할 수 있을 것이다.

이런 이유에서 사람들은 대체로 메리토크라시 이념을 그 자체로 부정하기보다는 그 이념의 실질적 초점을 더 철저하게 추구함으로써 그 병리적 귀결을 완화해 보려 한다. 메리토크라시 이념이 지닌 매력의 상당한 부분은 메리토크라시의 이상이 반드시 확보하지 않으면 안 되는 기회의 균등이라는 전제와 관련하여 이해할 수 있다. 내가 '실질적 메리토크라시' 또는 '메리토크라시의 실질화'라고 부르는[32] 이 노선에서는 바로 이 전제를 좀 더 제대로 확보하자고 제안한다. '개천에서 용 나는 사회'가 좋은 사회인만큼 개천의 미꾸라지가 용이 될 수 있는 기회가 좀 더 실질적으로 균등하게 주어지도록 만들어보자는 것이다.

메리토크라시 이념이 강조하는 기회 균등이라는 전제가 충족되려면 우선, 다양한 수준의 '차별(discrimination)'부터 없애야 한다. 그러니까 남녀 차별, 빈부 차별, 지역 차별, 종교 차별, 학력 차별, 지방대 차별 등이 제대로 제거되지 않는다면 기회 균등 원칙은 빛이 바랠 수밖에 없다. 이런저런 특권을 폐지하라는 요구도 마찬가지의 맥락에서 이해될 수 있다. 그러나 그런 차별이나 특권이 철폐된 상황에서도 문제는 남는다. 이 수준에서 확보된 기회의 균등은 단지 '형식적인' 차원에 머무를 가능성이 크다. 그런 형식적인 기회 균등의 원칙만으로는 경쟁 관계의 출발 선상에 있는 사람들이 처한 사회적 배경 등의 영향 때문에 그들이 처음부터 가지고 들어가는 '능력의 차이'라는 문제를 없애지 못한다. 다른 무엇보다도 교육이나 상속, 가정환경 등과 같은 사회적 배경이 경쟁의 출발선에 서기 전에 사람들 사이의 능력과 조건의 차이를 결정지을 가능성이 크다.

이런 문제를 해결하려면 가정환경 등에서 비롯된 사회적 배경의 차이가 사회 성원들이 시장적 경쟁 체계에 들어가는 시점의 능력 차이를 결정짓지 못하게 해야 한다. 그리하여 좀 더 완전하고 실질적인 기회 균등이 확보되는 전제 위에서 능력에 따른 경쟁이 이루어져야 한다. 이를 위해서는 무엇보다도 개인의 사회적 배경이 사회 성원들의 능력 계발에 지나치게 영향을 미치지 않게 할 여러 정책이 필요할 것이다. 의식주나 의료 등과 같은 기초적인 차원의 물질적 안녕과 관련된 복지

정책은 물론이고, 사회 성원들 모두가 능력 계발을 위한 교육 기회를 균등하게 확보할 수 있어야 한다는 요구가 제기될 수 있다. 가령 '반값 등록금'에 대한 요구나 '자사고' 폐지를 통한 '교육 불평등 해소' 요구 같은 것이 이런 맥락에서 이해된다. 다음 장에서 우리는 교육 영역에서의 실질적 메리토크라시 노선에 대해 다시 한번 더 볼 것이다.

그러나 이와 같은 실질적 메리토크라시 기획이 앞 장에서 살펴본 바와 같은 식의 사회경제적 불평등을 얼마나 완화하고 그에 따른 병리적 현상들을 얼마나 극복할 수 있을지는 의심스럽다. 여기서도 승자독식 같은 메리토크라시 원칙이 근본적으로 완화될 것 같지는 않다. 또 실질적 기회 균등이 보장된 경쟁에서 패배하였다면, 그런 사람들은 더 절망적으로 '자기 탓'을 하면서 열패감과 모욕감을 지닌 채 살아가야 할 것 같다.

따라서 이런 기획도 사회적 생산 체계에서 어떤 개인이 얼마나 기여했는지 평가해서 그에 따라 분배한다는 아주 일면적인 원칙 위에 메리토크라시가 서 있다는 근본적인 한계는 전혀 건드리지 못한다. 개인의 가치를 이렇게 평가하는 체계에서는 생산과 이윤 창출에 별달리 기여하지 못하는 것처럼 보이는 많은 인간적 활동들이 무시되고, 다른 차원의 재능을 가진 개인들은 처음부터 배제될 수밖에 없다.

메리토크라시적 인정 질서의 인간학적 근거

여기서 우리는 메리토크라시가 사람들이 지닌 속성이나 활동에 대한 특별한 종류의 '인정'의 원리에 기초하고 있음을 알 수 있다. 그러니까 메리토크라시 이념은 생산 또는 이윤 창출을 위해 필요하다고 여겨지는 개인의 능력이나 속성은 높게 평가(인정)하고 그렇지 못한 능력이나 속성은 폄훼(무시)하는 방식으로 사람들을 나누고 줄 세워서 명예나 권력 또는 사회적 재화 등을 차등적으로 분배하려 한다는 것이다. 하버마스의 뒤를 이어 독일 프랑크푸르트학파의 제3세대를 대표하는 악셀 호네트(Axel Honneth)의 인정 이론은 메리토크라시의 그런 성격을 잘 이해하게 해준다.[33]

호네트의 인정 이론은 다양한 사회적 관계와 제도를 사람들 사이의 상호주관적인 인정 관계와 연결지어 이해하자는 데에서 출발한다.

타인과 맺는 상호주관적 관계는 모든 인간에게 매우 중요한 의미를 지닌다. 인간의 자기 이해는 상호주관적 관계를 통해서만 가능하다. 한 개인이 '나는 누구인가?', '인간으로서 나의 삶의 가치는 어디에 있는가?'하는 식의 물음에 답하면서 확인하는 자기정체성은 어떤 고립된 개인의 주관적 자기 평가나 환상의 산물이 아니다. 그것은 적어도 그 핵심에서는 언제나 타인과 맺는 구체적인 관계 속에서 그가 타인과 상호 지지하고 비준하며 인정하는 경험을 통해 상호주관적으로 형성된다.

그래서 인간의 '자기 실현'은 자기정체성을 형성하는 상호주관적 맥락을 떠나서는 불가능하다고 할 수 있다. 개인은 그러한 맥락 속에서만 바로 자기 삶의 고유한 의미와 가치를 확인받고, 그럼으로써 '긍정적인 자기 관계'[34]를 이루어 낼 수 있다. 사회의 다양한 관계와 제도는 바로 그와 같은 상호주관적 맥락이며, 거기에는 개개인이 지닌 속성이나 자질 등에 대한 일정한 사회적 인정의 원리가 표현된다. 거기서 개인의 어떤 속성이나 자질 등은 긍정적으로 또 때로는 매우 높게 인정받지만 다른 어떤 속성이나 자질 등은 무시당하거나 폄훼되기도 한다. 사람들은 이 과정에서 자신을 긍정적으로 이해하고 평가하며 자기 삶을 살아갈 수 있는 동력을 얻기도 하지만, 자신에 대한 부정적 판단이나 비하 때문에 위축된 삶을 살게 되기도 한다. 호네트는 이런 사정을 개인이 자신과 맺는 '실천적 자기 관계'라고 부르면서 그 세 가지 차원을 구분한다. 그리고 그 각각의 차원에 상응하는 세 가지 사회적 영역을 인간의 자기실현을 위한 결정적인 사회적 조건으로 규정한다.

첫째 차원은 주체가 자신의 신체적 욕구와 필요를 자신의 일부로 확인함으로써 자기 자신에 대한 관계를 맺는 것과 관련되어 있다. 사람들은 자신이 지닌 욕구의 가치를 인정받고 그것이 충족될 수 있다는 데 대한 믿음을 가질 수 있을 때 자신에 대한 신뢰, 곧 "자신감(Selbstvertrauen; self-confidence)"을 갖고 삶을 영위할 수 있다. 가령 아이는 배고픔이 별 어려움 없이 해소될 수 있다거나 부모 등을 통해 보호받고 있다는 정서적 안정감을 느낄 때 자기 존재의 가치를 확신하면서 그런 자신감을 가지고 성장해 갈 수 있다. 이런 차원의 인정 요구는 가족과 같은 친밀성의 사회관계에서 충족된다. 여기서는 '사랑'이 인정의 원리다.

실천적 자기 관계의 둘째 차원은 주체가 사회의 다른 모든 구성원과 마찬가지로 자신이 도덕적으로 사려 능력이 있는 존재라는 의식을 갖는 것이다. 이것은 개인이 이성적 존재로서 자신이 내리는 판단의 가치에 확신을 가지는 것과 관련되어 있는데, 호네트는 이를 "자존감(Selbstrespekt; self-respect)"이라고 규정한다. 물론 이것은 개인의 주관적 평가가 아니라 사회적 관계 속에서만 획득될 수 있는 자기 평가다. 호네트는 이런 차원의 인정에 대한 요구는 민주적 법치국가에서 모든 시민이 동등하게 다양한 '권리'를 누림으로써 실현된다고 한다. 예컨대 과거 여러 사회에서 여성의 참정권을 부정했던 것은 여성이 어린 아이처럼 성숙한 이성적 판단 능력을 갖추지 못한 존재라고 가정했기 때문인데, 민주적 법치국가가 발전하면서 여성에게도 참정권을 부여했을 때 그것은 여성도 남성과 똑같이 존중받아 마땅한 존재임을 인정한 결과였다.

셋째 차원의 자기 관계는 자신이 가치 있는 어떤 능력을 지니고 있다는 의식 속에서 드러난다. 이렇게 개인이 자기가 지닌 능력의 가치에 확신을 가질 수 있다면, 그는 자신에 대한 긍지, 곧 "자긍심(자부심; Selbstwertgefühl; self-esteem)"을 가지고 삶을 이어갈 수 있다. 이와 관련된 사회적 인정은 무엇보다도 현대사회에서 개인의 능력을 평가하는 사회적 영역, 곧 시장경제 영역 속에서 이루어진다. 이 영역은 일정한 분업의 원리에 따라 사람들이 물질적 재화의 생산과 증대라는 공동의 목표를 함께 추구하는 '연대'의 관계를 통해 형성되는 것으로 이해될 수 있는데, 여기서는 모두가 함께 추구한 목표를 위해 얼마나 기여했는지를 잣대로 각 개인의 능력 및 업적이나 성취의 정도에 대한 사회적 가치평가가 이루어진다. 시장의 경쟁에서 성공한 개인은 그가 사회적 생산의 체계에 많은 기여를 했기 때문에 그의 능력이나 업적을 좋게 평가받아서 그렇게 되었다고 이해할 수 있다. 우리가 지금껏 논의해온 메리토크라시는 바로 이 영역과 관련되어 있다.

호네트에 따르면, 이 세 차원의 인정은 사회적 관계 속에서 살아갈 수밖에 없는 인간의 삶에서 결정적인 의미를 가진다. 그것은 사람들의 근원적 필요이고, 말하자면 삶의 '인간적' 가치의 본질과 연관되어 있다. 우리가 그와 같은 인정의 요구에 대한 거부, 곧 무시가 사람들에게 어떤 의미가 있는지를 돌이켜보면 분명해진다. 인간의 자기 정체성은 처음부터 타인의 도움이나 긍정을 통해 형성된 실천적 자기 관계에 의존하기 때문에 인정의 거부, 곧 무시는 사람들에게 우리가 '도덕적'이라고 규정해야 마땅한 특별한 방식으로 상처를 입힌다. 그런 무시는 당하는 사람의 실재성 자체에 대한 공격이고 존재 자체에 대한 거부이며 인간적 가치에 대한 부정으로 다가온다.

어떤 사람이 신체적 손상을 입었을 때 그것이 누군가 자신의 안녕의 본질적인 부분을 의도적으로 무시한 행위의 결과라고 파악한다면, 여기서 신체적 손상은 단순한 고통을 넘어 도덕적으로 부당한 것이 된다. 다시 말해서 도덕적 손상의 조건을 이루는 것은 단순한 육체적 고통 그 자체가 아니라 자신이 다른 사람에게 제대로 인정받지 못하고 있다는 의식이다. 고문 같은 행위의 부도덕성이나 세월호 사건에서 정부나 일부 언론에게 유가족들이 느끼는 분노 같은 것이 이런 맥락에서 이해될 수 있다.

마찬가지로 누군가가 다른 사람들에게는 보장된 다양한 권리로부터 배제된다면, 그는 자신의 존엄성과 가치에 대한 사회의 거부를 확인하고 심각한 박탈감을 느낄 것이다. 전통적인 신분 사회에서 하층민들이 그랬고, 오늘날의 민주주의 조건 속에서도 가령 성적 소수자들이 그렇다.

또 누군가가 지닌 능력이나 속성을 사회가 폄훼하고 그의 사회적 기여와 가치를 부정하는 것도 그에게 깊은 도덕적 상처를 입힌다. 소중하고 가치 있는 존재임을 인정받지 못한 사람은 쉽게 열등감과 자기비하에 시달린다. 우리 사회의 메리토크라시적 질서에서 실패했다고 느끼는 숱한 구성원들이 경험하듯이 말이다.

이제 메리토크라시 문제에만 집중하자. 호네트에 따르면 사람은 누구나 정서적 안정감 위에서 다른 모든 사람과 똑같은 권리를 누림으로써 존중받을 뿐만 아니라 사회 속에서 다른 모든 사람과 구별되는 자신만의 가치를 지닌 한 개인으로서도 인정받아야만 제대로 된 좋은 삶, 인간적인 삶을 살 수 있다. 메리토크라시적 인정의 원리는 바로 그런 차원과 관련되어 있다. 그러니까 그것은 개인이 공동의 삶을 지속시키고 번영시키는 데 무언가 값어치 있는 역할이나 기여를 하는 소중한 존재임이 인정될 수 있어야 한다는, 말하자면 어떤 근원적인 인간학적 요구에 뿌리를 둔 것이라 할 수 있다. 애초 중국의 전근대 사회에서 발전했던 메리토크라시 이념이 서구 사회로 전파되고 거기서 정치적인 민주주의와 결합될 뿐만 아니라 경제적인 차원의 분배 정의를 위한 사실적이면서도 규범적인 이상으로 자리 잡아 다시금 전 세계적으로 확대되는 과정은 바로 그런 인간학적 근거 때문에 가능한 것이었는지도 모른다.

민주적 인정 질서와 민주공화국의 이상

그러나 우리의 승자독식주의적 메리토크라시 인정 질서는 사람들이 사회의 유지와 발전에 어떤 기여를 했는지 평가해서 그 업적

(Leistung; achievement)에 따라 공정한 보상과 인정을 해야 한다는 본래적인 메리토크라시적 정의의 원칙을 제대로 충족시킨다고 볼 수 없다.[35] 그것은 구성원들 사이의 극심한 차별과 불평등을 정당화한다. 또 '생산'이나 '경제적 이익'이라는 획일적 잣대에 따른 사회적 가치평가의 체계를 강요하면서 사람들의 순응을 압박하고, 일정한 성취 목표를 달성하지 못하거나 그 잣대에서 벗어나는 삶을 살려는 숱한 이들을 사회적으로 배제하고 무시하며 낙인찍는다. 그래서 여기서는 누구든 개인이 온전하게 긍정적인 자기 관계를 위해 자긍심을 얻는 것이 너무도 힘겨운 과제가 되었다. 너무나 많은 수의 사람들이 '잉여'가 되고 '루저'가 되며 '찌질이'가 된다.

그러한 사정은 심지어, 특히 청년 세대를 중심으로, 우리 사회의 많은 구성원에게서 단지 좁은 차원(셋째 차원)의 자긍심 상실 정도가 아니라 긍정적인 자기 관계 전체에 대한 근본적 위협으로 발전하는 것처럼 보인다.[36] 다시 말해 그들의 존재가 지닌 사회적 가치나 의미, 나아가 인간성 그 자체에 대한 전면적인 부정으로 나아간다는 것이다. 나는 앞에서 그것을, 호네트의 도식에서 설명된 바와는 얼마간 다른 의미에서, 개인의 실존 전체에 대한 포괄적인 자기-신뢰라는 의미에서 자존감의 상실이라고 규정했었다.[37]

어쨌든 이렇게 한국 사회에서 오늘날 메리토크라시적 인정의 질서가 구성원들에게 가하는 부정적인 힘은 너무도 압도적이고 전면적이다. 그것은 구성원들에게 경쟁에서 탈락하면 '사회적 죽음'에 이를 것임을 위협하면서, '불안'을 어떤 근본적인 사회존재론적 정조로 안착시킨다. 이는 구성원들의 실존 전체를 휘어잡는다. 그리하여 그들에게 그것은 인간적 존엄성의 기초 전체를 흔드는 것으로 경험된다.

호네트의 인정 이론은 메리토크라시의 병리들에 대해 앞서 보았던 실질적 메리토크라시의 노선과는 다른 비판적 대응 노선을 제안한다. 실질적 메리토크라시 노선으로는 생산이나 이윤 같은 획일적인 잣대만으로 사람들을 평가한다는 근본적인 한계를 벗어날 수 없다. 이에 반해 호네트의 이론은 사회적 기여로 인정될 수 있는 개인의 속성이나 행위의 차원을 다원화함으로써 지금의 메리토크라시적 질서가 가진 이런 불의를 교정하자는 제안을 담고 있다. 다시 말해 생산이나 이윤 등과는 다른 차원에서 개인의 사회적 기여를 평가할 수 있는 그런 다원적인 '민주적 인정 질서'를 모색해 보자는 것이다.

호네트는 사회적 인정의 원리가 사람들의 '개별(성)화'를 얼마나 충분히 허용하느냐와 얼마나 많은 사람을 사회의 완전한 성원으로 '포용'할 수 있느냐를 기준으로 사회적 인정관계의 진보를 이야기할 수 있다고 본다.[38] 우리는 이러한 원칙에 따라 사회에 대한 기여라는 평가 준거를 재해석하여 그것을 단지 좁은 생산적 차원으로 한정하지 않고 그 의미 지평을 확장시킴으로써 다양한 속성을 지닌 더 많은 사람을 긍정적인 인정 질서 안에 포섭하는 사회진화의 방향을 그려볼 수 있을 것이다.

여성의 가사 노동이나 돌봄 노동을 보자. 근대 이후의 자본주의 사회에서조차 그런 노동들은 좁은 의미의 이윤 창출 과정과 연결된 '유급 노동'과 대비되는 무가치한 '무급 활동'이라고 여겨졌다. 그리고 그런 노동들에 대한 부정적 시각은 여성을 남성보다 열등한 존재로 평가하는 '여성 혐오(misogyny)'의 문화로 이어졌다. 아직도 충분하다고는 할 수 없지만, 오늘날 우리는 여성들의 끊임없는 문제 제기와 투쟁 덕분에 그런 노동에 대한 사회적 재평가를 이루어내었고 그와 더불어 여성의 사회적 지위 또한 향상되었다.

나아가 노동, 특히 육체노동에 대한 사회적 가치평가의 향상은 가령 청소부나 막노동꾼의 노동 조건을 획기적으로 개선할 수 있을 것이다. 청소부나 막노동꾼이 열악한 노동 환경과 저임금에 시달리는 것은 그들의 직업적 활동의 가치를 낮게 평가한 결과다. '허드렛일'이라는 것이다. 그러나 거리를 청소하고 집을 짓는 일 그 자체가 가치 없는 일일 수는 없다. 사회가 그런 활동의 가치를 제대로 평가해서 그들도 인간다운 삶을 위한 적정한 임금과 노동 조건을 얻게 해야 한다.

마찬가지로 인문학을 공부하거나 예술 활동을 하는 사람들은 비록 좁은 의미의 사회적 생산에 대한 기여는 적겠지만 우리 사회의 정신적, 문화적 삶을 풍부하게 한다는 점에서 나름의 사회적 기여를 하고 있다. 따라서 우리는 그러한 기여에 대해 물질적 차원의 보상을 포함하여 적절한 사회적 인정을 요구할 수 있을 것이다.

이런 식으로 우리는 아주 다양한 차원에서 그동안 무시되고 평가 절하되었던 다양한 인간적 속성과 활동들을 사회에서 적절히 인정하라고 요구할 수 있다. 그리고 그러한 요구가 성공적으로 수용되어 단지 문화적 차원에서 사람들이 인식을 바꿀 뿐만 아니라 제도적인 개혁을 이루어 낼 때 사회는 도덕적으로 진화하고 성숙하게 될 것이다.

모든 시민의 평등한 존엄성을 지키고 실현해야 한다는 민주공화국의 도덕적 이상도 바로 그와 같은 포용적인 인정 원리를 통해 이해될 수 있다. 민주공화국은 단순히 '군주제가 아닌 국가'라는 차원에서 소극적으로 이해되어서는 곤란하다. 민주공화국은 무엇보다도 그 '인간적 이상'을 통해 이해되어야 한다.[39] 이에 따르면 민주공화국은 시민들이 지닌 어떤 좁은 물질적 이해관계 때문이 아니라 모든 시민의 존엄성을 보호하고 실현하기 위해 모두가 함께 더불어 살아가고자 하는 사람들의 공동의 삶의 양식으로 이해되어야 한다.

민주공화국은 단순한 법치 질서가 아니라 서로 평등하게 자유로운 시민들이 특별한 도덕적 목적을 실현하기 위해 만들어 낸 정치공동체다. 곧 인간 존엄성의 훼손과 모욕의 가능성으로부터 사회의 모든 성원을 보호하고 그들이 평등한 자유의 기초 위에서 모두가 존엄한 존재로서 존중받으면서 살기 위해 자신의 입법적 실천 행위를 통해 만들어 낸 공동의 삶의 양식이다. 여기서는 모든 시민의 도덕적 가치가 평등하게 존중되어야 하는바, 그것은 사람들이 지닌 다양한 차원의 잠재력과 속성이 그 자체로 소중하고 가치 있는 것이라고 평가될 때 실현될 수 있을 것이다.

민주주의적 정의의 우선성

그러나 기존의 사회적 가치평가의 방식을 변화시키고 그 준거를 다원화하려는 노력만으로 문제가 다 해결될 수 있을 것 같지는 않다. 예를 들어 이런 문제를 생각해 보자. 우리는 '공부' 대신 '축구'를 잘하는 누군가에게도 높은 사회적 인정을 부여하는 사회를 만들 수는 있다. 그러나 여기서도 축구 선수들 사이의 평가 위계는 어쩔 수가 없다.

박지성 선수와 무명의 실업팀 선수는 동일하게 평가되지 않고 또 그에 따른 경제적 수입의 차이도 엄청나다. 이런 식으로 결국 사회적 평가의 체계에서 나름의 우열에 대한 평가와 그에 따른 차등적인 보상은 불가피할 것이고, 그것이 다양한 차원의 불평등을 고착화할 가능성을 근본적으로 회피할 수는 없다.

오늘날 우리가 보고 있는 바와 같은 방식의 승자독식적 시장경제 체제에서 승자와 패자의 차이는 너무도 현격하다. 더구나 오늘날과 같은 지식 기반의 생산 체계는 생산적 지식의 소유 여부에 따라 구성원의 기여 정도를 극단적으로 벌어지게 할 수 있다. 여기서 다수의 구성원에 대한 체계적인 무시와 배제는 불가피해 보인다. 우리는 오늘날의 신자유주의적 질서 속에서 고도화된 기술적 생산력이 결국 많은 노동자를 아예 생산 영역 바깥으로 내몰아 영구적인 실업자나 이른바 '프레카리아트(precariat)'* 같은 형식으로 나타나는 숱한 '잉여'로 만들어 내고 있음을 본다. 앞서 우리는 본원적 메리토크라시 전통을 가진 우리 사회에서는 이런 문제가 다양한 차원에서 더 심각하게 병리적으로 나타나고 있음을 확인했다.

이런 메리토크라시의 배반에서 사회적 가치평가가 불평등한 위계나 서열을 가지고 있다는 사실도 문제지만 그것이 쉽게 '지배'의 원천

---

* 프레카리아트(precariat): 영어 단어 precarious(불안정한)라는 단어와 '프롤레타리아'(proletariat)라는 단어의 합성어로 오늘날 고용 상태가 극히 불안정하고 그로부터 벗어날 전망을 갖지 못한 단기, 비정규직 노동자층을 지칭하기 위해 사용된다.

으로 전이될 수 있다는 사정도 심각한 문제로 인식해야 한다. 우리 사회에서 약자에 대해 이른바 '갑질'이라고 이야기되는 강자의 '사적 지배'(dominium)[40]를 일상화하며 심지어 사회적이고 정치적인 권력 체제의 재봉건화마저 초래하는 것은 바로 그런 전이의 결과라 할 수 있다. 따라서 우리에게 우선 필요한 것은 사회의 성원들 사이에서 누구도 다른 사람을 지배할 수 없게 만드는 '비-지배(non-domination)'의 관계를 가능하게 해주는 것이다. 여기서 문제는 사회적 상호작용에 참여한 사람들 사이의 '힘/권력'의 평등이다.

메리토크라시의 배반이라는 귀결을 고려하지 않더라도, 메리토크라시적 인정 질서에서 노력이나 기여 또는 능력이라는 기준에 따라 사회적 재화의 분배가 이루어지는 게 정의롭다는 발상은 그 직관적 설득력에도 불구하고 여러모로 그 타당성이 의심스럽다. 가령 존 롤스는 그런 질서를 '자연적 자유체제'라고 부르면서 누군가가 그야말로 순전히 운이 좋아 어떤 천부적 재능을 가지고 태어나서 그에 따른 부를 누리는 것을 도덕적으로 정당하다고 볼 수는 없다고 비판했다.[41] 또 메리토크라시적 이념은, 분배 정의에 초점을 둔 그 실질적-진보적 버전의 경우에도, 기본적으로 사회적 경쟁 체제에서 승리한 자들의 이데올로기이기를 벗어나기가 쉽지 않다. 그러니까 승자독식을 정당화하고 '일등만 기억하는 더러운 세상'을 만들어 낼 우려가 있다. 메리토크라시적 이상은 경쟁의 승자들이 갖춘 어떤 지위에 대한 형식적 자격(qualification)을 높은 사회적 지위와 재화 같은 것을 마땅히 독차지해도 되는 '도덕적 자격' 또는 '응분'(desert)으로 너무 쉽게 바꾸면서[42] 사회적 분배 체계의 극심한 불평등을 정당화할 수 있다.

그러나 여기서 내가 핵심적으로 문제 삼고 싶은 부분은, 한 사회에서 어떤 능력을 어떤 기준에 따라 어떻게 평가할 것인지는 정치적으로 결정된다는 사실이다.[43] 그러한 평가는 기본적으로 한 사회가 어떤 상태를 '좋다' 또는 '옳다'고 여기는지에 따라 달라질 수밖에 없다. 나아가 그 사회의 구성원들이 자신들이 사는 사회를 얼마나 그리고 어떤 종류의 사회적 협동이나 연대의 체계로서 이해하는지에 따라서도 능력과 기여의 정도에 대한 평가가 달라질 것이다. 이런 것은 어떤 순수한 자연법칙이나 시장 논리의 산물이 아니고 어떤 도덕철학적 판단의 결과일 수도 없다.

여기서 어떤 사회적 가치평가의 틀과 방식을 사회적으로 관철할지를 두고 사회의 여러 세력은 서로 갈등하고 투쟁할 수밖에 없다. 덴마크 같은 나라에서는 우리나라와는 달리 청소부나 막노동꾼도 대학교수 못지않게 물질적 안정과 사회적 인정을 누린다. 이런 차이는 결국 정치적으로 만들어진 것이라고 해야 한다. 오늘날 우리 사회와 같은 불의한 메리토크라시적 분배 규칙도 결국 정치적으로 형성된 것이며, 따라서 그것은 오직 민주적-정치적 과정을 통해서만 변화할 수 있다. 이런 측면에서 우선하여 필요한 것은 바로 그와 같은 차원에서 시민들 사이에 어떤 힘의 균형을 만들어 내는 것이다.

사회적 기여에 대한 평가 방식이나 기준 등을 결정하는 정치적 과정에 참여하는 사람들이 부당한 지배의 관계에 노출되지 않고 서로 대등한 위치에 설 수 있도록 해야 한다. 시민들의 평등한 민주적 자율성의 활성화 없이는 메리토크라시적 인정 질서의 정의로움은 확립될 수 없다고 보아야 한다. 그래서 무엇보다도 결정적인 것은 민주 사회의 모든 구성원이 누려야 할 평등한 시민으로서의 정체성에 대한 인정이다. 사회적 가치평가의 질서의 틀과 양식 그 자체를 결정하는 정치의 차원에서 '시민적 평등'을 우선적으로 확보하는 것이 더 중요하다는 말이다. 나는 그러한 시민적 평등을 확립하는 것이 가장 기본적인 차원의 '민주주의적 정의'라고 생각한다.[44] 바로 이런 정의가 다른 모든 차원보다 우선해야 한다.

사회의 모든 성원은 자신의 삶에 영향을 미치는 사회적-정치적 과정에 모두가 평등하게 참가하여 자신의 목소리를 낼 수 있어야 한다. 그들은 원칙적으로 모두 시민으로서 적극적 주체가 되어 그 정치공동체의 모든 중요한 제도와 사회적·정치적·경제적 근본 구조를 스스로 규정할 수 있어야 한다. 모두가 평등한 조건 속에서 그와 같은 결정을 내릴 수 있는 공적 토론과 심의의 과정에 적극적으로 참여할 수 있어야 한다. 나아가 그렇게 하기 위한 역량을 갖출 수 있어야 한다.

민주공화국의 이상은 우리가 가만히 있는데 그냥 실현되지 않는다. 또한 민주공화국은 어떤 은총의 결과도 아니다. 메리토크라시 이념의 지배에 맞서 모든 시민의 평등한 존엄성을 보호하고 실현할 수 있어야 한다는 요청을 사회적으로 또 정치적으로 타당하게 하려는 광범위한 노력이 있어야 한다. 그리고 그러한 노력의 출발점으로서 역량 있는 시민적 주체의 형성을 위한 사회정치적 기획부터 필요하다.

형성적 기획

앞장에서 본 대로 만약 구성원들, 특히 우리 미래 세대를 지독한 사회정치적 무기력 상태에 묶어두는 것이 헬조선의 본질적인 구성 원리라면, 그들이 어떻게 그 무기력 상태에서 빠져나와 자신들의 문제를 해결할 의지를 가질 수 있도록 인도할 것인가? 능력에 따른 불평등과 차별을 정당화하는 우리 사회의 메리토크라시적 모욕 사회는 우리 미래 세대가 시민적 주체로 커나가는 것을 체계적으로 방해하고 있다. 자존감을 상실한 개인들이 무슨 혁명적 주체는 고사하고 민주주의 사회의 평범한 시민적 주체로서조차 자기 정립을 하지 못할 것은 분명하다. 집단적 모멸감에 시달리며 자기 연민에 빠진 우리 미래 세대에게는 정치 자체가 아예 '남의 일'이 되는 게 어쩌면 자연스러울 수도 있다. 우리는 어떻게 이를 극복할 수 있을까?

시민의 주체화를 위한 특별한 사회정치적 기획이 필요하다. 마이클 샌델은 민주적 자치에 필요한 시민들의 인격적 성질, 곧 시민적 덕성을 함양하기 위한 사회정치적 노력을 '형성적 기획(formative project)'이라고 했는데[45], 우리도 그 시민적 주체화의 기획을 이렇게 부를 수 있을지 모르겠다. 그러나 나는 그 기획에 샌델과는 조금 다른 초점을 부여하고 싶다.

단순히 우리 미래 세대에게 정치적 삶의 가치를 강조하며 각성을 촉구하는 식의 도덕적 호소는 효과를 발휘하기도 힘들 뿐만 아니라, 규범적으로도 올바를 것 같지 않다. 다원주의 사회의 개인들에게 자칫 억압적으로 작용할 수도 있기 때문이다. 확실히 민주주의에서 정치적 참여는 절대적으로 필요하다. 그리고 그것을 위해 시민들이 일정한 덕성을 갖추어야 한다는 점도 분명하다. 그러나 그런 식의 시민 형성에 대한 요구는, 현대의 다원주의적 조건과 충돌하는 방식으로 이루어져서는 안 될 뿐만 아니라, 단순히 어떤 도덕적 수준의 시민적 덕성에 대한 요청에만 머물러서도 안 된다.

나는 그 형성적 기획이 기본적으로 교육과 문화 그리고 일상적인 인간적 삶의 양식 전체에 걸친 기획이라야 한다고 생각한다. 개인 차원의 '도덕성'과 복잡한 사회적 관계 속에서 살아가는 개인의 윤리적 삶의 차원 전체를 아우르는 '인륜성(Sittlichkeit)'을 구분하는 헤겔을 따라 말하자면, 그것은 하나의 '인륜적 기획'이라 할 수 있을지 모르겠다. 문제는 단순히 개별 주체로서의 각성에 초점을 두는 80년대식의 어떤 '의식화'[46] 같은 것이 아니다. 여기서 제일 중요한 것은 시민들이 서로에게 긍정적 자기 관계와 자존감을 누리도록 해 줄 수 있는 민주적 상호 인정 관계의 경험 공간을 확대하는 것이다. 친밀성의 관계에서부터 시민사회적 조직들은 물론 경제생활에 이르기까지 다양한 삶의 공간 전체가 인간화되어야 한다. 그 기획의 초점 또한 단순히 어떤 개인적-도덕적 성격의 시민적 덕성의 함양보다는 민주주의의 궁극적 정당성의 토대인 시민들의 자기-지배를 위한 역량의 강화에 두어야 한다.

다양한 프로그램을 생각해 볼 수 있다. 일상적이고 시민사회적인 삶의 전반에서 상호 존중과 인정의 원리를 안착시키고 관철하는 문화적 개혁이 이루어져야 하며, 다양한 수준과 차원의 법과 제도가 민주적 상호 인정 관계의 원칙을 표현하게끔 하는 등의 노력이 필요하다. 시민 개개인의 기본적인 물질적 안녕도 보장될 수 있도록 해야 한다.

한마디로 말해서 메리토크라시적 서열화나 지배의 관계로 전이되지 않을 민주적 상호 인정의 관계를 시민들이 아주 자연스럽게 경험할 수 있는 다양한 장(場)들과 구조적-제도적 틀을 만들어 내야 한다. 그러나 우선 비판적 주체로서 자존감을 갖춘 시민의 자기 형성을 돕고 시민으로서 필요한 다양한 역량을 갖출 수 있게 하는 교육, 곧 '(민주)시민교육'부터 활발하게 이루어져야 한다.

III. 단 한 명의 아이도 포기하지 않는 교육

: 교육에 대한 민주주의 패러다임

이제 교육 문제를 본격적으로 살펴보자. 우리 교육이 우리의 미래 시민들에게 각인시킨 메리토크라시적 학력위계주의는 시민들 사이의 불평등, 그리고 패자들에 대한 사회적 배제와 낙인을 노골적으로 정당화한다. 이런 식의 문화적 환경에서 메리토크라시적 가치인 '무임승차 혐오'를 속화시켜 기본 코드로 삼는다는 이른바 일베충 같은 극우 세력이 아주 자연스럽게 성장했다. 지금까지의 메리토크라시 패러다임 속에서는 모든 시민이 평등한 존엄성을 인정받기 어렵다. 우리 사회의 문제들을 제대로 해결할 수 있는 시민적 주체로 학생들을 키워 내야 한다는 발상도 설 자리가 없다. 이제 이 메리토크라시 패러다임의 병리들을 극복하기 위하여 완전히 새로운 교육 패러다임이 필요하다. 나는 이것을 '민주주의 패러다임'이라 이름 붙일 것이다.

위계화와 서열화를 특징으로 하는 메리토크라시 패러다임과는 달리, 민주주의 패러다임은 다른 무엇보다도 모든 학생 개개인의 인격적 불가침성을 존중하고 그들이 다양한 방향으로 성장할 수 있음을 인정하는 데서 출발한다. 그리하여 개개인의 독립성과 다양한 고유성을 존중하고 그 잠재력을 계발하는 데 초점을 둔다. 바로 '민주주의적 교육 정의'의 이념이다. 이 패러다임의 핵심 이념은 민주적 시민의 양성에 있지만, 그것이 학생들을 무턱대고 무슨 정치적 인간으로 만들어야 한다는 것은 아니다. 오직 자신의 잠재력을 제대로 계발시킨 개인만이 '좋은 시민'이 될 수 있다.

이러한 접근은 우리가 민주주의를 단순히 어떤 정부의 형식으로만 이해하면 무슨 수수께끼처럼 여겨질지도 모른다. 우리는 민주주의를 집합적 삶의 양식의 하나로 이해하는 데서부터 출발한다. 정부의 형식으로서 민주주의는 그러한 삶의 양식을 가진 사회적 연합체의 정치적 형식일 뿐이다. 그리고 학교는 그 삶의 양식의 가장 기초적인 단위로서 그리고 민주적 시민사회의 일부로서 이해되어야 한다.

민주주의적 교육 정의

메리토크라시적 교육 패러다임에 대해서는 그동안 그것이 낳은 너무도 고통스러운 병리들 때문에 숱한 비판들이 제기되었고 성찰의 깊이도 커지고 있다. 특히 세월호 대참사 이후, 메리토크라시 패러다임을 극복해야 한다는 당위는 이제 대부분의 사회 구성원들 사이에 거의 자명하게 수용되고 있는 것처럼 보인다. 세월호 사고 직후 2014년 지방 선거에서 전국의 13개 시도에서 진보교육감이 당선되었던 것은 바로 그런 사회적 자각의 한 표현이리라. 그러나 새로운 교육에 대한 대중들의 막연한 기대를 진보라 자처하는 우리 교육 주체들이 제대로 채워 왔는지는 아직 확실치 않다. 메리토크라시 패러다임의 구속력이 너무도 커서, 지금까지의 많은 대안적 노력이 그 틀을 충분히 제대로 극복해가고 있는지는 아직 확신할 수 없다.

메리토크라시는 교육보다 포괄적인 사회 전체의 차원에 걸쳐 작동하는 정의 이념이다. 그러나 이것은 무엇보다도 강력한 '교육 정의'의 이념으로 우리 사회를 지배하고 있다. 이 메리토크라시 패러다임에서 가장 중요한 교육 문제는 '교육의 분배' 문제다. 곧 '누가', '얼마만큼' 교육받을지의 문제 말이다. 예컨대 대학 입시에서 공정성과 변별력 같은 것이 늘 시비와 논란의 대상이 되는 까닭이 여기에 있다. 또 '교육에 따른 분배' 문제도 중요하다. 그러니까 사회적 지위나 재화를 '누구에게', '어떤 기준에 따라' 배분할지의 문제 말이다. 가령 여기서는 법조인의 선발 절차나 대졸자와 고졸자의 임금 격차 같은 것이 중요한 사회적 관심사가 된다. 또 법조인의 높은 소득이나 대졸자와 고졸자의 큰 임금 격차는 너무도 정의롭다고 수용된다. 개인 차원에서도 마찬가지다. 사람들은 교육을 사회적 생산 체계에서 특정 개인이 어떤 지위를 차지하여 얼마만큼의 혜택을 받을 수 있을 것인지의 문제로만 이해한다. 그래서 공교육조차도 근본적으로는 개인의 성공과 출세라는 사적인 틀 속에서만 바라보게 된다.

흔히 이야기되는 교육에서의 '진보'와 '보수'의 갈등은 기본적으로 메리토크라시적 분배 정의의 이념과 연결된 교육 기회의 균등(평등) 문제를 둘러싸고 이루어진다. 자사고와 특목고를 중심으로 한 고교서열화 정책과 고교평준화 정책의 대결, 다양화란 이름으로 추진된 대학 입시정책이 결국 부모의 경제력에 따라 교육 기회를 차등적으로 분배하는 결과를 낳지 않았느냐는 논란 같은 것이 대표적이다.

진보 교육을 추구하는 사람들은 일반적으로 앞장에서 살펴본 실질적 메리토크라시의 관점을 추구한다. 그리하여 능력에 따른 분배라는 메리토크라시 원리를 좀 더 철저하게 실현할 가능성을 확보하는 것,

곧 교육 기회의 균등이 좀 더 실질적으로 보장되도록 하는 데 주된 관심을 쏟는다. 그래서 부모의 경제력이 일정하게 뒷받침되지 않으면 선택하기 쉽지 않은 특목고나 자사고 같은 학교를 없애려 하고, 나아가 능력/성적 경쟁 이전에 학생들의 출발 조건을 평등하게 보장할 수 있어야 한다며 '교육 복지'를 강조하곤 한다. 그래서 소외계층 학생들에 대한 지원 강화를 강조하고 교육격차 해소에 관심을 쏟는다. 고등교육에서는 '반값 등록금' 같은 것을 요구하며 가정의 경제적 형편과 무관하게 학생들의 학업 성취가 보장될 수 있어야 한다고 주장한다.

어쩌면 지금 우리 사회처럼 '반칙'과 '특권'이 난무하는 상황에서는 일견 제대로 된 메리토크라시라도 실현될 수만 있다면 매우 다행이라고 여길 수 있을지도 모르겠다. 그러나 앞서 본 대로, 그런 이상이 자칫 이윤이나 부 같은 어떤 생산주의적인 기준만으로 평가된 능력을 제대로 발휘할 수 없는 사람들에 대한 사회적 배제와 무시 그리고 그들에 대한 자의적인 지배를 낳고 정당화할 수 있다는 점을 놓치면 안 된다. 우리는 실제로 메리토크라시의 이상이 기득권 질서의 부당함을 은폐하고 정당화하는 맥락에서 어떻게 이용되는지도 보았다. 실질적 메리토크라시 노선도 메리토크라시가 낳는 이런 문제들을 해결하지 못한다.

틀림없이 교육 기회의 불평등한 분배, 특히 부모의 경제력에 따른 교육 양극화 현상 같은 분배 상의 불의는 아주 심각한 문제이기는 하다. 그래서 그와 같은 불의를 교정하기 위한 진보적 노력은 아무리 많아도 지나치다고는 할 수 없다. 그러나 사실 교육에서, 존 롤스가 말한 '공정한 기회 균등'의 원칙을 실현하는 것이 무엇을 의미하는지 생각처럼 언제나 분명한 것은 아니다.

모든 학생이 평등한 교육 기회를 얻는다는 것은 도대체 무엇을 의미하는가? 공부를 좋아하든 아니든, 재능이 있든 없든, 모두가 일정 수준의 학력, 가령 대졸 학력을 가질 수 있게 보장해 주는 것인가? 그 어떤 진보적 정책으로도 균등하게 만들기 힘들 자연적 재능과 그에 따른 학생들 사이의 성적 차이와 거기에서 비롯하는 교육 기회 및 사회적 보상의 차이 문제는 어떻게 할 것인가? 그 밖에 경제적 문제로 환원되지 않을 무수히 많은 가족적 배경의 차이나 성장 과정에서 우연히 만들어진 차이는? 이런 식의 물음에 명쾌하게 답하기란 결코 쉬운 게 아니다.

더 중요한 문제는, 그와 같은 접근법으로는 민주주의적 정의의 우선성, 곧 극복하고자 하는 불의한 분배의 틀이 결국 정치적으로 규정되고 고착되었으며 그래서 그 교정도 민주적 정치 과정을 통해서만 가능하다는 점을 놓칠 우려가 있다는 것이다. 물론 우리는 교육 기회나 자원이 공정하게 분배되고 있는지를 살펴야 한다. 그러나 우리는 또한, 아니 그에 앞서, 공교육이 미래의 정치적 주체가 될 학생들에게 자신의 불리한 처지나 사회적 불의의 상태가 왜 생겨났는지를 알게 하고 또 그것을 어떻게 교정할 수 있는지도 배우게 해야 한다. 그러나 메리토크라시 패러다임은, 그 진보적 버전에서도, 이와 같은 초점을 자칫 놓쳐버릴 가능성이 크다.

새로운 교육 패러다임은 바로 이런 한계를 넘어설 수 있는 올바른 교육의 이념과 교육 정의 개념을 확립하는 데서부터 출발해야 한다.

우리는 능력지상주의적 서열화나 불평등의 정당화에 맞서, 단순한 기회 균등을 넘어 자라나는 모든 아이의 평등한 존엄성을 보호하고 실현할 수 있는 교육을 지향해야 한다. 그 핵심은 모든 학생 개개인의 고유한 인격적 불가침성과 독립성을 존중하고 그 가치를 인정하며 그들이 각기 다양한 방향으로 성장할 가능성을 지켜주어야 한다는 것이다. 우리의 공교육은 한마디로 모든 아이가 사회적으로 인정받는 저마다의 '좋은 삶'을 살아가는 데 필요한 준비를 할 수 있게 해야 한다. 단 한 명의 아이도 포기해서는 안 된다.

메리토크라시 패러다임은 좋은 삶에 대해 물질주의라는 획일적 기준을 세우고, 그것에 따라 사람들의 삶을 서열화하고 평가해서, 일정한 기준에 미치지 못하는 사람들을 배제하고 무시하며 모욕한다. 아니, 그것은 끔찍하게도, 아이들이 사람답게 사는 삶이나 좋은 삶을 문제로조차 삼을 기회도 주지 않고 그저 주어진 틀 안에서 맹목적인 생존에만 매달리도록 몰아세운다. 그러나 세월호 대참사는 그런 교육이 사실은, 은유적으로뿐만 아니라 실제로도, 아이들을 다 죽일 수 있음을 깨닫게 해주었다.

이제 우리는 아이들이 정말 사람답게 사는 삶이 무엇인지를 묻게 해야 한다. 지금까지처럼 좋은 삶에 대한 획일적인 물질주의적 지향만을 강요해서는 안 된다. 물론 좋은 삶에 관해 정해진 답이 있다고 접근해서도 안 된다. 그렇지만 각자가 좋은 삶이 무엇인지 문제 삼고 성찰하게 해야 한다. 그리고 그것의 다양한 지평을 열어젖혀 인간답게 살아갈 수 있는 수많은 길이 있음을 확인시켜야 한다. 우리가 추구해야 할 '좋은 삶'이란 삶에 대한 개인의 진정성 있는 자기 탐구와 자기 창조의 고유한 결과를 사회적으로 인정받음으로써 가능함을, 그리고 그러한 인정의 지평은 원칙적으로 무한할 수 있음을, 아이들이 깨닫도록 해야 한다.

나아가 우리는 교육의 과정이 더 이상 단순히 능력자를 추려내는 경연의 장이 되도록 내버려 두어서는 안 된다. 새 교육 패러다임에서 정의의 초점은 교육의 장이, 단지 특정 측면에서 뛰어난 재능을 발휘하는 아이들만이 아니라, 모든 아이가 장래의 사회에서 평등한 존엄성을 누리며 저마다의 좋은 삶을 살아갈 수 있는 준비를 하도록 돕는 장이 되어야 한다는 데 있다. 그래서 공교육은 모든 아이가, 다양한 방향으로 열려있는 자신만의 좋은 삶을 성찰하고 찾아내서 추구하게 하면서, 그러는 데 필요한 기본적인 역량만큼은 누구나 절대적으로 갖출 수 있도록 해야 한다.

그러한 역량에는 다양한 것이 포함될 수 있다. 아이들이 누구나 어떤 식으로든 자기 힘으로 위엄 있게 살아가기 위해 충분한 재화를 적절하고 정당한 방식으로 획득할 수 있도록 준비되는 것이 제일 중요할지 모른다. 그러나 아이들은 그 밖에도 자신들의 삶의 조건과 환경을 동료 시민들과 함께 스스로 민주적-정치적으로 통제할 수 있는 역량도 갖출 수 있어야 한다. 나아가 아이들은 이질적인 집단 속에서 타인들과 우애롭게 교류하려면 필요한 사회적 자질들이나 인간의 삶과 사회적 관계에 대한 도덕적 판단을 내릴 수 있는 능력도 갖춰야 할 것이다. 그 밖에 삶을 의미 있게 만드는 문화적-심미적 생활에도 참여할 수 있도록 준비되어야 할 것이다.

간단히 말해, 모든 아이가 그 어떤 차별도 없이 중요한 인간적 삶의 모든 차원에 참여하는 데 필요한 기본적인 역량을 획득할 수 있도록 해야 한다는 목표의 추구, 바로 이것이 새로운 교육 패러다임이 가진 정의 지향의 핵심이어야 할 것이다. 이런 지향은 교육적 성취의 결과에서 나타날 수 있는 불가피한 불평등 상태 같은 것은 그 자체로 문제 삼지 않는다. 가령 교육받은 모두가 모든 분야에서 좋은 성적을 얻어야 하거나 박사 학위를 가질 필요는 없다. 그러나 새 패러다임은 누구든 사회 속에서 저마다의 좋은 삶을 꾸리는 데 필요한 기본역량만큼은 반드시 갖춘 채 공교육의 장을 떠날 수 있도록 배려해야 한다고 단호하게 요구한다.

교육에 대한 민주주의 패러다임

그런데 이렇게 모든 아이가 존엄의 평등을 인정받으며 저마다의 좋은 삶을 위한 기본적인 역량을 계발할 수 있어야 한다는 교육 정의의 이념은 '민주공화국'의 공교육의 틀 안에서만 실현될 수 있다. 왜냐하면, 모든 시민의 존엄성을 평등하게 인정하고 보호하며 증진하는 것은 오로지 민주공화국이라는 정체의 고유한 도덕적 목적에 속한다고 할 수 있기 때문이다. 참된 의미의 민주공화국은 바로 그러한 도덕적 목적을 실현하기 위하여 구성원들이 함께 의지를 모아 이룩해 낸 특별한 종류의 정치공동체인 것이다. 여기서 모든 구성원은 자기실현을 이루기 위한 가능성을 평등하게 누릴 수 있어야 하고, 공교육은 이를 위한 가장 기본적인 토대라고 이해되어야 한다. 그래서 나는 이 새 교육 패러다임에다 민주주의라는 이름을 붙이는 것이다.

민주주의 패러다임에서 민주주의는 교육의 목적이자 대상이며 방법이기도 하다. 그러니까 민주주의를 위해 교육하고, 민주주의에 대해 교육하며, 민주주의를 통해 교육해야 한다.[47] 여기서 민주주의는, 단순히 어떤 특정한 교육 프로그램 같은 것이 아니라, 모든 교육의 비전과 원리와 교육적 일상 전체를 지배하는 근본적인 틀을 부르는 이름이다. 그리고 단순히 '기회의 균등' 같은 분배 정의의 이상이 아니라 민주주의가 이 새 교육 패러다임의 핵심축이다.

교육에서 이 패러다임의 가장 중요한 것은 당연히 학생들이 장차 민주공화국의 제대로 된 시민으로서 필요한 역량과 자질을 갖추도록 하는 것이다. 민주공화국은 그저 주어지는 것이 아니라 평등한 존엄성을 서로 존중하고 인정하는 사람들이 연대하여 함께 형성해 내야 한다. 그 과정에서 사람들은 단순한 인간이 아니라 민주공화국의 정당한 구성원이자 적극적인 주체인 시민이 되어야 한다. 그런데 그 시민은 하늘에서 뚝 떨어지지 않는다. 사람들은 비로소 시민으로 교육되어야 한다. 누구든 평등한 조건 속에서 시민의 민주적 자기 지배의 과정에 적극적으로 참여할 수 있는 기본적인 시민적 역량과 자질을 갖추어야 한다.

따라서 이 새로운 교육 패러다임에서 교육은 그 자체로 민주시민교육인바, 그렇게 시민들이 민주적 자기 지배를 위한 역량과 자질을 충분하게 갖추도록 교육하는 것은 민주공화국이 민주공화국답기 위한 필수 전제인 것이다. 시민들이 훌륭한 시민적 역량과 자질을 갖추고 또 그것을 제대로 발휘할 수 있을 때만 민주공화국의 이상도 제대로 실현될 것이기 때문이다.

물론 교육을 받는 이의 처지에서는, 우리 『교육기본법』이 표현한 '자주적 생활능력'을 갖추는 일에 우선적인 관심을 두는 것이 자연스러울지 모른다. 그와 같은 능력 없이는 누구도 당당하고 위엄 있는 삶의 주인이 될 수 없기 때문이다. 그러한 자기계발에 대한 개개인의 관심은 이 교육 패러다임에서도 핵심 관심사가 아닐 수 없다. 그러나 접근 방법과 초점이 다르다.

　교육에 대한 민주주의 패러다임의 정의 이념은 교육의 과정을 단순히 능력자를 추려내는 경연의 장으로서가 아니라 모든 사회 구성원이 자신의 존엄성을 평등하게 누릴 수 있는 토대로 삼아야 한다는 것이다. 여기서도 교육의 궁극적인 목적은 아이들이 자신들의 잠재력을 가능한 최대한으로 계발하여 자기실현을 이룰 기회를 실질적으로 얻도록 하는 것이다. 그러나 이 과정에서 누구도 배제되어서는 안 된다. 단 한 명의 예외가 있어서도 안 된다.

　나아가 이 패러다임에서는 어떤 아이도 단지 특정한 능력이 모자란다고 무시당하거나 모욕당해서는 안 된다. 그러므로 이 패러다임에서는 학업성적이나 학력 등에만 붙박인 좁은 메리토크라시적 '능력'의 개념을 넘어설 수 있어야 한다. 다시 말해 서열로 평가되는 지능이나 성적과 같은 좁은 의미의 능력이 아닌, 모든 사람이 각자 가진 나름의 잠재력을 포괄하는 넓은 의미의 능력을 모든 측면에서 존중하고 평가할 수 있어야 한다. 그리하여 개개인이 지닌 잠재력의 참된 가치를 인정하고 계발할 수 있도록 해야 한다.

　이것은 어떤 측면에서는 누구나 다른 사람들에 비해 내세울 수 있는 뛰어난 소질 같은 것을 가지고 있다는 식의 이야기가 아니다. 여기서 말하는 잠재력 평가의 초점은 인간의 존엄성이다. 가령 어떤 소아마비 장애인의 잠재력을 평가하면서 그와 비장애인 사이에 달리기 경주를 시켜 놓고 그 장애인을 재단하거나 그 장애인이 지적인 측면에서는 더 뛰어나다고 추켜세우는 그런 방식이 아니라, 그 장애인이 자신의 신체적 한계 안에서도 나름의 인간적 성취를 보이려고 하는 노력 그 자체의 가치를 인정하는 것이 그 초점이어야 한다. 앞 장에서 살펴본 호네트를 따라 말한다면, 이렇게 사회 성원들의 잠재력에 대한 사회적 가치평가는 원칙적으로 사회의 모든 성원을 '포용'하면서도 개개인의 다양한 처지와 차이가 모두 충분히 존중받을 수 있게끔 '개별(성)화'될 수 있어야 한다. 이런 측면에서 우리는 이러한 목적을 좇는 교육 패러다임을 마사 누스바움(Marta Nussbaum)과 아마티야 센(Amartya Sen)의 표현을 빌려 '인간 계발 패러다임(human development paradigm)'이라고도 규정할 수 있을 것이다.[48]

그런데 모든 구성원의 잠재력을 더 온전하게 계발하는 데에 관한 관심과 민주시민으로서의 역량과 자질을 함양하는 데에 관한 관심은 서로 별개의 것이 아니다.

모든 시민은 자신의 잠재력을 계발하면서 민주공화국을 생동하게 할 시민성도 함께 기를 수 있어야 한다. 시민들은 단지 자기를 우선하여 돌보는 능력이 있는 한 개인으로서만이 아니라 시민으로서 공적인 일과 공동의 관심사에도 관심을 가지고 참여할 수 있어야 한다. 그리하여 개인의 바람직한 자기실현은 궁극적으로 다른 사람들의 안녕을 포함하여 그것을 위한 사회적·정치적·경제적 조건과 전제 위에서만 비로소 온전하게 가능해짐을 깨달을 수 있어야 한다.

사실 그 어떤 인간적 좋은 삶도, 그것이 타인에 대한 지배와 억압을 전제하는 것이 아닌 한, 오로지 민주주의를 통해서만 충분히 보장될 수 있다. 비록 우리가 정치적 삶을 그 자체로 최고의 인간적 삶으로 여기지는 않는다 하더라도, 개인적 수준에서 온전한 시민적 역량과 자질을 갖는 것은 좋은 삶을 위한 필수적 전제라고 할 수 있다. 왜냐하면, 우리 인간은 오직 자기 삶의 사회적 조건을 형성하는 데 스스로 참여할 기회를 가질 수 있을 때만 낯선 힘에 끌려다니는 수동적이고 예속적인 존재가 되지 않기 때문이다. 사람들은 자신만의 좋은 삶을 성공적으로 살 수 있기 위해서도, 또 자신들이 처한 사회적 지위나 재화의 불의한 분배 상황을 교정할 수 있기 위해서도 충분한 시민적 역량을 지녀야 한다.

　이렇게 보면 개인의 잠재력 계발과 시민적 역량 및 자질의 함양이라는 목적은 서로서로 강화하고 보완하는 차원을 넘어 사실은 동전의 양면 같은 것이라고 해야 더 적절할 것 같다. 왜냐하면, 오직 제대로 된 민주공화국만이 모든 성원의 온전한 잠재력 계발과 실현을 그 도덕적 목적으로 삼을 것이고, 또 거꾸로 그러한 도덕적 목적을 실제로 실현할 수 있는 민주공화국의 시민이란 자신의 인간적 잠재력을 제대로 발휘할 수 있는 존재일 것이기 때문이다. 결국, 개인이 지니는 저마다의 잠재력을 제대로 계발할 수 있도록 하는 교육은 '좋은 시민(good citizen)'을 길러내는 교육일 수밖에 없고 그 반대도 마찬가지다. 오래전 칸트의 통찰에[49] 기대어 말한다면, 이런 좋은 시민들만이 민주공화국을 제대로 유지하고 발전시킬 수 있으며 제대로 된 민주공화국만이 온전한 좋은 시민의 양성에 관심을 가진다고 할 수 있다.

민주적 삶의 양식과 민주적 학교

　물론 이러한 접근은 우리가 민주주의를 단순히 다수결주의 같은 특정 절차나 정부의 어떤 형식으로만 이해하면 무슨 수수께끼처럼 여겨질지도 모른다. 그러나 민주주의는 단순히 정부 또는 지배의 형식이 아니다. 민주주의는 정치적이거나 경제적인 차원하고만 관련된 것이 아니라 개인의 정체성이나 인성, 사람들 사이의 다양한 사회적 관계 방식이나 교류 형식, 심지어 사람들의 삶을 이끄는 문화적-도덕적 가치의 문제와도 밀접하게 연결되어 있다. 존 듀이의 통찰[50]처럼, 민주주의는 정치적 지배의 형식이기 이전에 무엇보다도 하나의 인간적 삶의 양식, 곧 모든 성원이 인간적 잠재력을 실현할 수 있도록 그 평등한 존엄성을 보장해야 한다는 도덕적 목적을 중심에 둔 사람들의 공동생활 양식 그 자체로 이해되어야 한다.[51]

　모든 사회, 모든 공동체는 언제나 크고 작은 공동의 문제들이 있게 마련이다. 그것은 외부, 곧 외적 자연이나 다른 사회에서 주어지는 것일 수도 있고 내적인 차원에서 성원들의 관계가 만들어 내는 것일 수도 있다. 또 어떤 종류의 인간적 삶의 양식이든 반드시 해결해 내지 않으면 안 되는, 무엇보다도 인간적 삶의 물질적 재생산이라는 근본적 문제도 있다. 이런 다양한 수준의 문제들은 결국 사람들이 특정한 방식으로 공동체를 형성하고 조직화함으로써 해결할 수밖에 없다. 민주주의는 그 조직화의 특별한 한 형식, 그러니까 가장 도덕적일 뿐만 아니라 가장 효율적이기도 하며 가장 창조적이기도 한 형식이다. 왜냐하면, 민주주의는 모든 성원의 평등한 존엄성을 인정하기에 모든 성원의 자기실현을 위한 실천적 잠재력을 해방하고 역량을 강화해야 한다는 원칙에 기초하기 때문이다.

그러니까 민주주의는 인간적-도덕적이고자 하는 모든 사회적 삶의 가장 진화된 양식이라고 할 수 있다. 그 어떤 사회든, 그 어떤 공동체든, 적자생존이나 약육강식 같은 논리가 아니라 스스로 세운 도덕적 장치들과 정치적-법적 제도들을 통해 인간이 위협받고 상처 입을 수 있는 다양한 가능성에서 보호할 수 있는 그런 삶의 양식을 원한다면, 바로 그 열망 자체가 필연적으로 민주주의를 요구하고 낳을 수밖에 없다.

여기서 우리는 민주주의가 그 근본적 차원에서 같은 정치공동체에 속하는 모든 시민의 존엄의 평등을 보장하고 실현해야 한다는 도덕적 목적을 지향하는 연대적 삶의 형식임을 알 수 있다. 민주주의란 결국 모든 시민 개개인의 자기실현과 인간적 번영이 가능한 참된 조건을 서로 연대하여 스스로 창조해가는 과정이다. 본질적으로 사회적 존재인 인간이 다른 사람들과 함께하는 삶을 조직하는 특별한 방식으로서 말이다. 여기서 특별함의 핵심은 그 공동체적 삶의 양식이 모든 성원의 존엄의 평등이라는 토대 위에서 모든 성원 개개인이 자기실현을 이룰 가능성을 보장받게 하는 데 있다.

민주주의에서 결정적인 것은 바로 이런 윤리적 이상이지 단순히 다수결 원칙에 따른 선거나 이런저런 절차 같은 것이 아니다. 우리가 통상적으로 민주주의라고 부르는 통치 형식이나 정치 제도는 단지 그와 같은 이상을 실현하려 하는 특별한 종류의 공동체적 생활 양식의 정치적 차원일 뿐이다. 다르게 표현하면, 우리의 일상적이고 구체적인 삶의 모습 하나하나가 얼마나 그 윤리적 이상을 담아내고 표현하고 있느냐에 따라 좁은 의미의 정치적 지배형식으로서의 민주주의의 건강함도 좌우된다.

그러므로 민주주의는 근본적으로는 한 사회의 성원들이 모든 생활에서 자유롭고 주인다운 존엄한 삶과 자기실현을 이루는 구체적인 방식 전부와 관련된다. 그리하여 민주주의란 결국 가족 관계나 연애 및 교우 관계에서부터 문화적 향유나 경제생활을 거쳐 정치적 자율성의 표현에 이르기까지, 사회적 삶에서 중요한 여러 제도와 관행들이 개개인의 인간적 가능성을 실현하고 풍부하게 만들어준다고 경험하는 삶의 질서가 되어야 한다. 그렇다면 가족이나 학교나 직장 같은 곳에서 이루어지는 일상적 인간관계와 삶의 인간화, 사람다운 삶을 이해하고 꾸려가는 방식을 조직하는 문화의 인간화가 이루어지지 않고는 정치적 민주주의도 있을 수 없다는 점이 너무도 분명하다. 곧 일상적 삶과 문화의 가장 기초적인 수준에서부터 돈이나 권력 같은 가치보다 인간의 존엄성이 더 우선하고 중요하다는 점이 자명한 것으로 받아들여져야 한다. 지배의 형식으로서 민주주의는 일상적이고 사회적으로 뿌리를 박은 인간적-도덕적 주춧돌 위에 서야 한다.

위계적인 가부장제 질서가 일반화된 사회, 불평등한 남녀 관계가 당연한 것으로 인식되는 사회, 학교가 권위주의적인 훈육의 장소로서만 받아들여지는 사회가 민주적 절차에 필요한 문화적 전제나 그 절차를 운용할 수 있는 인격적 전제를 만들어 낼 리 만무하다. 가장 기본적인 경제생활이 이루어지는 직장 안에서 상사-부하의 관계가 일방적인 지배와 종속의 관계로 변질하도록 허용하는 사회, '갑-을 관계'에서처럼 경제적 관계에서 힘의 우위가 약자에게 인간적 모욕과 굴욕의 감수를 당연하게 여기도록 강요하는 사회가 민주주의에 필요한 시민들 사이의 평등한 관계를 형성해 낼 수는 없다.

그러므로 민주주의의 일차적인 존재 장소는 좁은 의미의 국가가 아니다. 민주주의는 가족이나 학교 및 회사, 각종 동호회나 동문회 등의 일상적 모임, 종교 생활 조직 같은 가장 기초적인 일상적 삶의 단위 전체, 한마디로 말해 '시민사회'에서부터 존재해야 한다. 가족, 학교, 회사, 일상적 모임, 종교 조직 같은 것들이 특정한 방식으로 정치화되어야만 민주주의가 가능하다는 이야기가 아니라 바로 그와 같은 시민사회적 삶의 지반들이 민주주의의 일상적 저수지라는 이야기다.

다르게 말하자면, 바로 그런 시민사회적 생활세계가 시민들이 차이의 인정, 관용, 연대 같은 민주적 가치와 시민적 예의나 상호 존중 같은 민주적 태도, 그리고 갈등을 비폭력적으로 해결할 수 있는 습관 등을 몸에 익힐 수 있는 토양이 되어야 한다는 것이다. 지금까지 우리의 근대성에서처럼 지위와 서열, 시장 관계에서의 우위, 심지어 나이나 선후배 관계 같은 것들이 다른 사람에 대한 지배와 굴종 강요를 허락하는 사회에서는 모든 시민의 평등한 존엄성에 기초한 민주적 절차들이 제대로 작동할 리가 없다. 그리고 그런 사회에서는 단지 평등한 인격적 관계의 전제 위에서만 가능한 합리적 대화나 타협의 문화도 제대로 발전할 수 없다.

이런 맥락에서 우리는 학교의 성격도 근본적으로 새롭게 이해해야 한다. 학교는 바로 그런 민주적 삶의 양식의 가장 기본적인 단위의 하나로 무엇보다도 그 민주적 삶의 양식의 훈련과 습성화를 위한 민주시민교육의 장으로 규정되어야 한다.[52] 학교는 단순히 개인들이 생존에 필요한 지식과 기능을 배우는 그런 장으로만 이해해서는 안 된다. 학교, 특히 민주공화국의 공적 교육 기관으로서 학교는 무엇보다도 미래의 시민들이 그 민주공화국을 제대로 운영하고 발전시킬 수 있는 민주적 시민성을 기르는 장으로 이해해야 한다. 그리고 그 자체로 민주적 시민사회의 일부로 자리매김 되어야 한다.

아이들 대부분은 학교 교육을 받는다. 그리고 일반 시민들도 대부분 학부모로서든 단순한 이웃으로서든 직접적으로나 간접적으로 학교와 관계를 맺고 있다. 이런 의미에서 학교는 한 사회의 가장 기초적인 제도라고 할 수 있다. 더구나 민주주의에서는 이 학교가 자라나는 세대의 민주적 사회화를 담당할 뿐만 아니라 학부모들과의 관계 속에서 지역 사회의 자치와 관련하여 중요한 역할을 수행하기 때문에 더 큰 의미가 있다. 학교가 그와 같이 주어진 역할을 충실히 수행할 때, 어떤 의미에서 학교는 '민주주의의 최후의 보루'가 될 수 있다.

물론 학교에 대한 이런 이해는 학생들의 배움이라는 목표를 결코 등한시하지 않는다. 여기서 요점은 학교를 민주적인 '탐구의 공동체'이자 '배움의 공동체'로 이해하자는 것이지 학생들의 배움이라는 목표를 무시하자는 것이 아니다. 민주공화국은 그 본성상 '창조적 협동의 공동체'일 수밖에 없는데[53], 그러한 민주공화국의 이념을 따르며 민주적인 방식과 내용을 갖는 교육은 많은 부분 주입식 사교육에 의지하는 메리토크라시적 교육보다 시민의 창조적 능력을 계발하는 데서도 훨씬 뛰어난 성과를 낼 수 있을 것이다.

메리토크라시적 교육의 문제는 단지 학생들에게 능력을 계발하라고 억지로 공부만 시키는 교육이라는 데 있는 것이 아니라 학생들이 필요로 하는 참된 역량 개발이라는 차원에서 너무도 무능한 교육이기도 하다는 데 있다. 여기서는 아이들을 공부시키는 방법이란 그저 주입하고 암기시키고 아침부터 밤늦게까지 책상에 앉혀놓는 고문뿐이었다. 비록 우리 학생들이 가령 국제학업성취도 평가 프로그램(PISA) 같은 데에서 뛰어난 성과를 보이는 것은 사실이지만, 그 성과는 바로 그러한 고문의 결과였다. 반면 예외가 없지는 않았지만 거의 언제나 우리와 비슷하거나 더 나은 결과를 보여주었던 핀란드 교육의 성취는 우리와는 비교도 안 될 정도로 적은 학습량 위에서 이루어진 것인데, 이는 민주주의적 교육의 방법적 우월성을 분명하게 보여준다.[54]

더구나 '알파고'가 상징하는 '제4차 산업혁명'이 도래할 것이라는 전망은 우리나라에서 이루어지고 있는 방식의 교육 일반의 효용과 가치를 근본적으로 의심하게 한다. 빠르게 변화하며 복잡하고 다양한 문제들이 끊임없이 새롭게 제기될 미래 세계에서 우리 시민들이 개인의 성공적인 삶과 좋은 사회를 실현하기 위해서는 지금까지의 교육 양식을 근본적으로 혁신하지 않으면 안 된다. 민주주의 패러다임에 따른 새로운 교육만이 그러한 도전에 제대로 응답할 수 있을 것이다.

국제학업성취도평가(PISA)의 바탕에 있는 경제협력개발기구(OECD)의 핵심 역량 정의 및 선정(DeSeCo: Definition and Selection of Key Competences) 프로젝트에 따르면[55], 오늘날의 개인화, 현대화, 합리화 등의 조건 속에서 개인은 1) 언어, 정보, 기술 등 도구를 상호작용에 효과적으로 사용하는 역량, 2) 이질적인 집단 속에서 상호작용하는 역량, 3) 자신의 삶을 넓은 사회적 맥락 속에서 자율적이고 책임감 있게 영위하는 역량이라는 세 범주의 핵심 역량을 길러야만 제 몫을 다하는 미래 사회의 성원이 될 수 있다.[56] 그리고 이 '핵심 역량의 틀'의 중심에는 개인이 성찰적으로 생각하고 행동해야 할 필요성, 곧 성찰성(reflexiveness)이 놓여 있다. 이것은 일정한 방식을 관례대로 적용하여 상황에 대응하는 능력만이 아니라 변화에 대처하는 능력, 경험에서 배우는 능력, 그리고 비판적인 자세로 생각하고 행동하는 능력도 포함한다.[57]

  이런 역량들은 기본적으로 민주적 학교와 교육을 통해서만 제대로 길러질 수 있을 것이다. 상호작용, 자율, 성찰성 등은 모두 민주 사회의 시민적 주체들이 잘 갖추어야 할 성향 또는 자질들이다. 그러나 그것들은 단지 좁은 의미의 정치적 차원의 민주주의만을 위해서가 아니라 역동적이고 창조적인 산업과 경제생활을 위해서도 꼭 필요할 것이다. 이렇게 볼 때 민주주의 패러다임 속에서 이루어지는 교육은 개인과 사회의 미래 생존과 지속 가능한 발전에 불가결한 기초이기도 하다.[58]

IV. 촛불혁명의 일상화

: 민주적 시민성을 위한 교육

민주공화국의 교육은 자라나는 세대가 훌륭한 인간이자 동시에 좋은 시민으로서 성장할 수 있게 돕는 데 초점을 둔다. 여기서 두 차원의 목적은 동전의 양면과 같다. 그런데 우리가 좋은 시민의 형성에 초점을 둘 때 그것은 민주시민교육이 된다고 볼 수 있다. 그것은 한마디로 '민주적 시민성'에 대한 교육이라고 할 수 있다. 나는 민주적 시민성을, 시민들이 민주주의를 지키고 운용하며 발전시키는 데 필요한 '시민적 역량'과 '민주적 가치(관) 및 태도'라는 차원으로 크게 나누어 이해할 수 있다고 본다. 핵심적으로 민주시민교육은 시민적 역량에 대한 교육이고 민주적인 가치(관) 및 태도에 대한 교육이다.

그러나 시민이라는 개념은 사실 악명 높게 혼란스럽다.[59] 우리 사회에서 시민은 아직도 서구 근대성의 발전 과정에서 민주주의적 틀을 확립시켰던 부르주아지(bourgeoisie), 곧 자산가 계급이나 중산층과 같은 개념으로 이해된다. 그러나 다른 시민 개념도 있다. 자산가 계급이나 중산층 같은 자유주의적 시민 개념과 달리, 공화주의 전통에서는 시민을 적극적인 정치적 참여와 책임감을 가진 정치적 주체인 '씨토와엥(citoyen)', 곧 '공민'으로 이해한다. 부르주아지로서의 시민 개념이 일차적으로 시장적 자유를 보호하고 그 이해관계를 정치적으로 실현하려는 과제에 초점을 맞춘다면, 시토와엥으로서의 시민 개념은 고대 서구 아테네의 민주주의에서 강조되었던 바와 같이 적극적인 정치적 참여 그 자체를 좋은 삶의 참된 지표로 여기는 '시민적 덕(성)'을 강조한다.

만약 우리가 중산층으로서의 시민 개념을 택한다면, 민주시민교육은 투표나 선거 교육 이상의 것이 되기 힘들지도 모른다. 덧붙일 수 있다면 기껏해야 시장 원리에 대한 교육이나 자신의 이해관계, 특히 경제적 이해관계를 더 잘 인식하여 정치적으로 관철하는 법 정도 될 것이다. 반면 공민으로서의 시민 개념을 따르자면, 민주시민교육은 아주 강한 시민적 덕성에 대한 교육이 되어야 할 것이다. 정치적 삶을 가장 값진 삶으로 이해하면서 공동체에 대한 헌신(충성)과 정치적 참여 및 정치적 일체감 같은 것을 강조할 것이다.

우리는 도대체 어떤 시민상을 바람직하다고 상정할 수 있을까? 나는 여기서 시민을 기본적으로 '공중(the public)'으로 이해하는 접근을 발전시키고자 한다. 이는 존 듀이의 영향을 받은 것으로, 간단히 말해 시민이란 기본적으로 민주적 공론장에서 자신의 삶에 영향을 미치는 사회적 행위의 결과를 성찰하며 공론을 형성하고 토론하는 주체다. 이 접근법은 한국의 민주주의가 발전해온 특별한 맥락을 성찰하며 공허한 자유주의적 시민 이해와 지나치게 정치화된 공화주의적 시민 이해를 모두 넘어서고자 하는 시도다.

우리는 그러한 공중이 갖추어야 할 자질이라는 관점에서 한국 민주시민교육이 초점을 두어야 할 시민적 역량과 민주적 가치(관) 및 태도에 대한 교육의 윤곽을 그려볼 수 있다. 한편 민주시민교육을 통해 메리토크라시 패러다임이 아이들에게 강요해 온 자존감의 상실과 모욕

상태를 극복하고 자존감을 갖춘 당당한 시민적 주체로서 아이들이 성장할 수 있도록 특별한 관심도 기울여야 한다.

민주적 시민성

우리나라에서 '시민'이라는 말은 여러 맥락에서 사용된다. 가장 흔하게는 '서울시에 사는 사람' 또는 '광주시에 사는 사람'처럼 특정한 도시에 거주하는 사람이라는 뜻으로 사용된다. 물론 우리의 논의 맥락에서 시민은 결코 그런 뜻이 아니다. 여기서 시민은 무엇보다도 '민주주의의 주체'라는 뜻이다. 민주주의가 사람들 자신이 자신을 지배하는 것, 곧 '인민의 자기 지배'[60]를 의미한다고 할 때, 우리는 시민을 바로 이 '지배의 주체이자 동시에 대상이 되는 사람들'이라고 간명하게 정의할 수 있다.

시민이라는 말은 종종 '인민'이라는 말과도 통한다.[61] 북한에서 애용된다는 이유로 우리나라에서는 정치적으로 자주 금기시되고 있다. 그러나 이 인민이라는 개념은 학문적 맥락에서 이미 국가를 이룬 이후에 국가에 종속되는 '국민'이라기보다는, 국민이 되기 전의, 국가를 만들어서 비로소 국민이 되는, 그래서 그 국가의 원래 주인인 사람들을 나타내는 말이다. 가령 링컨은 그 유명한 게티스버그 연설에서 민주주의를 'the government of the people, by the people, for the people'로 정의한 적이 있는데, 이때 people을 '국민'으로 옮기면 사실은 매우 이상하다.

그러나 시민이라는 개념은 그냥 막연한 인민이라는 말과는 달리 민주주의의 적극적 주체라는 점에 초점을 둔 표현이라고 할 수 있다. 우리나라의 헌법 제1조는 '대한민국은 민주공화국이다'라고 규정하고 있는데, 시민은 바로 그 민주공화국을 이루는 구성원이자 모든 권력의 원천인 주권자를 나타낸다. 그런 의미에서는 국민이라는 말과 같은 뜻으로 쓰일 수도 있으나, 국민이라는 말은 비민주적인 국가의 구성원에게도 쓰일 수 있다는 데서 결정적인 차이가 난다.

한편, 서구에서는 이런 시민의 속성을 '시티즌십(citizenship)'이라고 부른다. 이 말은 '시민권'으로 번역되기도 하고 '시민성'으로 번역되기도 한다. 시민권은 흔히 시민이 국가나 공동체에 요구할 수 있는 권리 또는 시민이 특정한 정치적 공동체에 귀속되는 자격(entitlement)과 관련지어 이해한다. 반면 시민성은 시민으로서 지녀야 할 시민적 덕성이나 자질 또는 성향(시민적 예의: civility)과 관련 있는 것으로, '시민의식'이나 '시민정신' 같은 개념과 통한다. 그런데 이 두 차원은 서구에서 민주주의 발전을 이끌었던 정치철학적 전통인 자유주의와 공화주의에서 나왔다. 자유주의가 시민들의 자율성과 권리로서의 시민권에 초점을 맞추었다면, 공화주의는 의무와 책임, 나아가 참여로서의 시민성에 초점을 맞추었다.

자유주의에서는 시민사회를 경제적 노동 및 교환의 영역, 그리고 여기에 바탕을 둔 시민의 자율적인 의견 형성의 영역으로 이해하며 국가보다 더 강조한다.[62] 여기서 시민사회는 국가에 앞서 있는, 자기만의 이익을 추구하는 다양한 개인들의 결사나 네트워크다. 바로 이 전통에서 시민은 흔히 중산층 또는 유산 계급의 성원, 곧 '부르주아지'로 이해했다. 그리고 국가는 상황에 따라 다양하게 결집하고 분산되는 그와 같은 개인들의 이해관계를 조정하고 처리하는 중립적인 행정적 기구가 되어야 한다.

여기서는 시민사회가 말하자면 '국가의 조건'이다. 시민사회의 민주적 의미는 국가와 정치가 기본적으로 시장의 논리를 따르는 다양한 사적 이익을 보호하고 관철할 수 있도록 감시하고 견인하는 데 있다. 시민사회의 모델은 시장이고, 그 민주적 역할은 시민들의 경제적 이해관계를 조정하고 타협하는 것이다.

반면 자유주의에 비해 '공화국'이라는 공동선 및 조화와 균형에 기초한 법치국가, 그리고 그것을 만들어 내는 시민의 적극적 역할을 강조하는 공화주의에서 시민사회는 시민의 자발적인 결사와 참여를 통해 민주주의의 확대가 이루어지는 공간이다. 그래서 시민사회를 시민들의 자발적인 결사와 조직의 전체 연결망이라는 관점에서 접근한다. 고대 그리스의 폴리스가 모델인데, 여기의 시민은 공적으로 활동하는 적극적인 민주적 주체라는 의미의 '공민(公民)', 곧 '씨또와엥'으로 이해한다. 그리고 민주적인 국가는 정치적으로 각성된 시민들의 자기 조직의 형식 그 자체다.

여기서 시민사회는 국가에 맞서 있는, 그러니까 정치권력의 일방적인 지배에 종속되지 않으려 하는 시민들의 활동장소로서, 말하자면 '국가의 대안'이다. 시민사회의 민주적 의미는 그저 사익만 탐닉하고 정치에 무관심한 채 살아가던 시민들이 각성하여 자발적으로 공동선 또는 공공의 복지와 안녕을 위해 정치에 참여하는 기반이라는 데 있다.

오늘날 민주주의에서 한 정치 공동체의 모든 성원이 그 공동체의 정치적 의사 결정 과정에 평등하게 참여할 수 있어야 한다는 것이 매우 중요하다. 그래서 우리는 공화주의의 핵심 이념을 이루는 인민의 자기-지배 이념, 곧 '인민주권'의 이념을 강조하지 않을 수 없다. 그것은 시민의 민주적인 의견 교환과 의지 형성의 과정이 중요함을 뜻한다. 그러나 고대 사회와는 달리 오늘날 민주주의는 국가와 사회의 적절한 분리라는 토대 위에 있으며, 개인에게 불가침의 권리를 보장하는 헌법과 같은 다양한 절차적 법치의 제도들이 없어서는 안 된다. 자유주의의 권리와 민주적 절차에 대한 강조도 중요하다. 앞으로 나는 시티즌십을 시민성이라고 번역하되, 이 두 차원의 의미 모두를 포괄하는 뜻으로 사용할 것이다. 시민성은 자율적 시민이 지닌 권리이자 시민으로서의 덕성과 책임 모두를 함축한다.

오늘날 민주주의에서 관건이 되는 문제 중의 하나는 바로, 그런 민주적 법치 제도들이 민주적으로 이루어지는 시민들의 의견 교환 및 의지 형성의 과정에서 분리되지 않고 어떻게 지속해서 연결될 수 있을 것인가이다. 최근 우리나라에서도 몇 번이고 확인되었지만, 예컨대 선거를 통한 정치지배의 정당화는 부분적으로만 민주적인 의미가 있다. 선거에서 승리했다고 해서 다수파가 모든 것을 마음대로 할 수 있다는 의미가 아니다. 다음 선거까지 가지 않더라도 행정 권력의 사용은 끊임없이 정당성을 확인받아야 하고, 그렇지 못할 때 시민들은 그 권력을 소환할 수도 있어야 한다. 그래서 시민사회는 언제나 참된 '주권의 장소'로서 민주주의에서 결정적인 의미를 지니는 것으로 이해해야 한다. 정치권력이 시민사회에 의해 인도되고 감시받을 때 건강하고 강한 민주주의가 가능하다. 2016년의 촛불혁명 과정은 이를 웅변적으로 보여주었다. 그리고 그런 과정은 예외적인 일이 아니라 일상적으로 되어야 한다.

이 시민사회를 활성화할 시민들과 그들의 '민주적 시민성'이 중요한 이유가 여기에 있다. 민주적 시민성은 시민성 개념에서 민주주의의 이념을 더 강조한 개념으로서, 민주주의의 유지와 강화를 위해 필요한 시민의 역할에 초점을 둔다. 여기서 중요한 것은 시민으로서 누려야 할 권리만이 아니다. 사회의 불의에 대한 단호한 거부와 정의에 대한 지향, 다른 시민들에 대한 존중과 포용과 연대를 지향하는 가치, 그리고 국가나 공동체에 관한 관심과 애정 위에서 이루어지는 적극적인 참여의 태도 등 시민의 실천도 마찬가지로 중요하다. 여기서 권리와 실천은 서로 전제하고 또 강화한다. 시민의 권리 주장과 보장 없이 실천은 쉽게 이루어질 수 없다. 반면 시민의 적극적인 실천만이 시민의 권리를 제대로 누릴 수 있게 한다. 실천을 많이 할수록 권리를 더 많이 더 확고하게 보장받을 수 있고, 이는 다시 더 일상적이고 더 적극적으로 실천할 수 있게 한다.

'공중'으로서의 시민

우리는 자유주의와 공화주의 두 전통 모두를 넘어서야 한다. 두 시민 개념의 장점은 포용하면서도 그 한계를 극복할 수 있는 새로운 시민 개념을 발전시킬 필요가 있다.[63]

자유주의적 시민 개념에서는 무엇보다도 개인의 이해관계나 권익만 강조되면서 공동체 전체와 관련된 공동선(the common good)이나 시민적 연대 같은 가치가 들어설 자리가 없을 것이다. 이런 접근법은 시민이 누리는 권리의 중요성을 정당하게 강조함에도 시민사회와 민주주의의 의미를 지나치게 축소한다는 비판에서 자유로울 수 없다. 게다가 시장적 가치를 넘어서는 사회 성원들의 연대와 공공성에 별다른 가치를 두지도 않는다.

반면 공화주의적 시민 개념은, 시민적 삶을 과잉 정치화하고 시민의 주체성을 지나치게 도덕화된 틀 속에서 바라보면서 정치에 무관심하거나 집합적 가치를 공유하지 않는 사람들을 전체주의식으로 배제할 우려가 있다. 그러니까 정치 참여를 무슨 절대적 선으로 강조하면서 시민들의 '반(反)-정치' 또는 '비(非)-정치'의 자유를 억압하거나 무시할 우려가 있다.

나아가 이 새로운 시민 개념은 무엇보다도 우리 사회에서 민주주의를 쟁취하고 또 지켜 온 정치적 근현대사의 경험을 잘 반영할 수 있어야 할 것이다. 우리 사회에서는 1987년 6월 항쟁 이후 비로소 본격적으로 시민이라는 개념이 단순한 도시 거주민이라는 행정적-지리적 범주가 아닌 민주주의의 주체라는 의미를 나타내기 시작했다.[64] 우리는 그 6월 항쟁을 때때로 '시민 혁명'이라고 명명하기도 하며, 시민 개념은 이후 2004년 노무현 대통령 탄핵 반대 시위와 2008년 미국산 쇠고기 수입 반대 촛불 시위 등을 거치며, 노무현 대통령의 묘비명에 새겨진 대로, '민주주의의 최후의 보루'라는 내용을 가지게 되었다. 2016년의 촛불혁명은 또 하나의 시민 혁명으로서 시민들이 가진 주권성을 다시 한번 분명하게 해 주었다.

이러한 정치적 근현대사의 경험은, 우리 시민들이 공동체에 대한 일정한 자기 책무감에 따라 자발적으로 참여하여 자신들의 다양한 권리를 쟁취해 내고 동료 시민들과 함께 공동선을 모색하며 드러난 공동체의 여러 문제에 대해 해법을 찾으려고 노력해 왔음을 보여준다. 그러니까 거기에는 자유주의적 계기와 공화주의적 계기 모두가 들어 있다. 정치적 참여는 억압된 권리를 획득하고 침해된 권리를 보호하며 새로운 권리의 지평을 여는 것으로 귀결되었다. 두 계기는 말하자면 동전의 양면이지 서로 대립적인 것이 아니었다.

나는 바로 이런 맥락에서 공중으로서의 시민 개념을 제안하고자 한다. 이 개념은 애초 존 듀이가 발전시켰던 것으로, 사회적 행위가 미치는 결과들이 지니는 공공적 의미를 인식하고 그 결과들과 거기에서 파생되는 다른 문제들을 토론, 설득, 논쟁 등의 과정으로 제어하고 해결하려는 집합적 주체를 나타낸다.

듀이의 시민 개념은 민주주의에서 시민들의 적극적인 정치적 참여와 주체화를 강조하면서도 그것을 그저 도덕적 당위로 보지 않고, 주체인 시민들이 자신의 삶에 영향을 미치는 사회적 행위의 결과를 성찰하여 자신들의 이해관계와도 연결할 수 있게 한다. 그리고 그 정치적 참여가 일차적으로는 공론장에서 토론이나 논쟁의 방식으로 일어나기에 개인의 이해관계를 공공성의 빛에 비추어 성찰할 줄 아는 주체를 포착할 수 있게 해준다. 이렇게 되면 우리는 공허한 자유주의적 시민 개념이나 지나치게 정치화된 공화주의적 시민 개념 너머에서 민주적 시민성의 윤곽을 그릴 수 있게 될 것이다.

민주적 숙의가 이루어지는 민주적 공론장은 시민적 주권이 실현되는 핵심 장소라 할 수 있다. 그곳은 시민들이 사회의 여러 문제를 두고 토론하고 논쟁하며 성찰하는 가운데 가장 설득력 있는 해법을 찾아내어 사회의 정치적 결정 과정을 그 해법의 틀 안에 묶어 두는 역할을 하는 민주주의의 공간이다. 시민들은 이 공간을 통해 단순한 투표권의 행사를 넘어서는 자기-지배적인 주권을 실질적으로 행사할 수 있다. 바로 이 민주적 공론장 안에서 그러한 토론과 논쟁과 성찰의 과정에 함께 참여하여 '공적인 일'(res publica)을 어떻게 다루어야 할지에 대해 다른 성원들의 광범위한 동의를 얻을 수 있는 의견, 곧 공론을 형성해 내는 주체가 공중이라 할 수 있다. 이 공중은 사적 삶에 뿌리를 두는 개인들이 공론장을 통해 사회의 기본 방향과 정치적 의사결정 전반을 일정하게 통제할 수 있는 무정형의 집합적 주체로 변모함으로써 비로소 형성된다.

이때 민주적 공론장에서 시민들이 의견이나 의지를 형성하는 과정은 무엇보다도, 드러난 사회적 문제와 과제를 협업하여 창조적으로 해결해 가는 과정이다. 또 그 과정은 시민이 다른 동료 시민과 평등한 관계에 있는 사회적 삶의 주인으로 인정받는 과정이기도 하다.[65] 따라서 시민은 그 과정에서 "이익의 합리적 추구, 도덕적 헌신, 그리고 창조적인 자기실현을 상호 분리되지 않은 방식으로 체험"[66]할 수 있다. 이것은 기본적으로 시민들 사이의 '소통'의 결과라고 할 수 있다.

그러니까 시민들은 공론장에 참여함으로써 자신만이 아니라 많은 동료 시민들도 역시 사회정치적 문제들에 관해 인식하고 있음을 서로 확인하고 공론이나 직접행동을 통해 스스로 그 문제 해결 과정에 영향을 미칠 수 있음을 자각한다. 그러니까 공론장에서 이루어지는 소통을 매개로 말하자면 어떤 '공(共)-주체감', 또는 함께 주체임을 느끼면서 민주주의의 당당한 주체가 될 수 있는 것이다.

이때 우리는 소통의 의미를 단순히 이성을 통한 합리적 의사소통에만 한정시킬 필요는 없다. 우리가 합리적 성찰과 토론의 근본성을 잊어서는 안 되겠지만, 그런 성찰과 토론은 시민들이 동료 시민들과 상호 교감하고 다른 동료 시민들을 포용하며 문제의식과 도덕적 분노와 공감을 나누고 확인하는 훨씬 폭넓은 차원의 교호작용을 나눌 수 있을 때만 가능함을 놓쳐서는 안 될 것이다. 민주주의는 어떤 식으로든 서로 얽혀있고 의존하며 공동으로 짊어져야 할 운명을 지닌 하나의 삶의 양식 안에 있음을 확인하는 시민들 사이의 연대 의식을 바탕으로 하기 때문이다.

나아가 시민들은 그러한 소통을 통해 좁은 개인적 관점과 저마다 다른 이해관계를 극복할 수 있는 계기도 얻을 수 있다. 여기서 각 개인이 지닌 가치와 이해관계와 인식 틀의 다원성은 불가피한 출발점이자 소통의 자극제다. 시민들은 소통의 과정에서 자신의 것을 무조건 고집하지 않고 동료 시민들의 처지를 '역지사지'하고 합리적인 논증에 귀 기울임으로써 자신들이 처음에 했던 선택과 지향을 바꿀 수도 있다.

이 소통의 과정에는 '공적 도덕(public moral)'이라고 부를 수 있을 내적 규범성이 필요하다. 이것은 민주주의에서 필요한 어떤 시민적 예의나 공화주의에서 강조하는 시민적 덕성의 개념과 일정한 방식으로 연결되겠지만, 어떤 개인적 인성의 차원이 아니라 민주주의적 소통에서 반드시 갖추어야 하는 도덕적 요청이라 할 수 있다.

소통은 단순히 한 개인이 자기 과시나 개인적 이해관계의 관철을 위한 것이어서는 절대 안 된다. 그러한 차원을 넘어서 공동체 전체의 정당한 규범적 질서와 바람직한 지향, 곧 공동선의 관점에서 문제를 바라보아야 한다. 어떤 주장이나 이해관계나 개별적 가치관 등은 바로 이 공동선의 관점에서 정당화될 수 있어야 한다.

나아가 소통에 내재한 공적 도덕으로 말미암아 무엇보다도 동료 시민을 나와 똑같이 가치 있고 소중하며 그래서 자기-지배의 방식으로 한 사회의 정치적 의사 결정에 참여할 수 있는 평등한 권리를 지닌 한 사람의 시민으로 인정하게 된다. 우리는 이것을 모든 시민에 대한 '보편적인 민주적 상호 인정의 원칙'이라 규정할 수 있을 것이다. 곧 민주적 공론장에서 모든 시민은 누구든 똑같은 정도의 무게를 가지고 목소리를 내는 동등한 권리를 가진 한 사람으로 서로가 서로를 인정해야 한다는 것이다.[67] 이 원칙은 그 자체로 민주주의적 정의의 원칙이라 할 수 있다.

다른 관점에서 보면 그것은 이런저런 사회적 행위에 영향을 받는 모든 사회 성원이 그 행위를 통제하고 조정하는 정치적 의사 결정에 참여할 수 있어야 한다는 '포용의 원칙'[68]이다. 민주적 정치공동체에서는 어느 누구도 자기-지배의 권리를 행사하는 과정에서 배제되어서는 안 된다. 포용의 원칙은 시민들에게 모든 종류의 부당한 지배와 억압, 배제에 저항하고 극복하려고 노력할 수 있어야 한다는 도덕적 요청을 담고 있다. 이러한 요청이 민주주의를 실질화하고 인권을 확대하기 위한 사회정치적 동력이 될 수 있을 것이다.

시민적 역량

이제 문제는 우리의 자라나는 세대가 어떻게 제대로 된 민주적 시민성을 갖춘 훌륭한 공중으로서의 시민이 되도록 할 수 있을 것인가이다. 우리 『교육기본법』 제2조에서는 교육의 목적을 '민주시민으로서 필요한 자질의 함양'이라고 규정하였다. 그런데 아이들은 어떤 자질을 갖추어야 민주주의의 건강한 주권자 또는 당당한 주체로서 민주주의를 제대로 운영하고 지키며 발전시킬 수 있는 좋은 시민이 될 수 있는가?

바람직한 시민은 민주주의와 인권의 개념이나 그 밖에 관련된 다양한 지식도 갖추어야 하고 민주적 가치 지향과 태도도 갖추어야 하며 다른 시민들과 소통하며 자신의 정치적 관심사를 표현하고 관철할 수 있는 능력 같은 것도 함양해야 할 것이다. 그러나 이런 방식으로 일반적인 수준에서 바람직한 시민상과 필요한 시민의 자질을 나열해서는 교육의 틀 안에서 구체적으로 어떤 교육을 해야 할지 알 수 있는 지침을 얻기 힘들다. 우리는 민주주의를 지키고 운용하는 데 필요한 시민적 역량과 시민으로서 지향해야 할 가치(관) 및 지녀야 할 태도라는 두 차원으로 나누어서 이 문제에 접근할 수 있을 것 같다. 우선 시민적 역량부터 살펴보자.

앞에서부터 우리는 계속 역량 개념을 사용해 왔는데, 이 개념은 통상적인 지식 교육을 넘어서는 데 그 초점이 있다. 앞에서도 잠시 살펴보았지만, 전 세계적으로 역량 중심의 교육 개혁 혹은 교육 과정 개혁의 이론적 기반을 제공하는 경제협력개발기구(OECD)의 소위 핵심 역량 정의 및 선정(DeSeCo) 프로젝트는 역량을 지식, 기술, 태도 및 가치를 포괄하는 개념으로 설명한다. 역량은 지식이나 기술 이상의 것이다. 그것은 특정한 맥락에서 기술과 태도를 포함한 심리사회적 자원을 끌어와 활용함으로써 복잡한 문제를 해결하는 능력을 의미한다.

개인의 전체 삶에서 필요한 역량은 무수히 많을 수 있다. 따라서 교육에서 길러야 할 역량을 확인하기 위해서는, 수많은 역량을 목록으로 나열하기보다는, 개인과 사회를 위해 가치 있는 성과를 가져올 수 있고 개인의 다양한 요구를 충족할 수 있으며 전문가뿐만 아니라 모든 이들에게 중요하다고 판단되는 역량을 '핵심 역량(key competence)'으로 규정할 필요가 있다. 그러니까 핵심 역량이란 그것을 체계적으로 습득함으로써 살아가면서 직면하게 될 무수한 상황에서 나타나는 문제들을 해결할 능력을 다질 수 있는 역량이라 할 수 있다. 교육은 핵심 역량을 함양하는 데 집중하는 것이 효율적이다.

경제협력개발기구의 많은 학자, 전문가, 관련 기관이 수년간에 걸쳐 협동 작업을 한 결과로 산출해 낸 핵심 역량은 '공존을 위한 상호작용 역량', '자율적 행위 역량', '방법론적 역량'이었다. 우리는 이미 이 역량들이 무엇보다도 개인의 비판적, 성찰적 사유 및 행위 능력에 기초하기에 민주적 교육을 통해서만 그러한 역량 일반이 함양될 수 있음을 확인했다. 그러나 우리는 민주시민교육이라는 맥락에서, 교육 일반의 핵심 역량에 관한 규정을 넘어서, 좀 더 구체적으로 특별하게 관심을 가져야 할 핵심 역량을 규정해 보는 시도를 해 볼 수도 있지 싶다.

학교 민주시민교육은 사회가 바람직하다고 상정하는 시민상에 따라 이루어져야 할 것이다. 만약 우리가 앞서 보았던 공중으로서의 시민상을 큰 틀에서 합의한다면, 우리의 학교 민주시민교육은 그런 시민을 양성하는 교육이어야 한다. 이런 맥락에서 우리는 공중으로서의 시민의 역할을 제대로 수행할 수 있는 핵심 역량에 주목할 필요가 있다. 다시 말해 민주시민교육은 미래의 시민들이 공중으로서 민주주의의 원리와 가치에 기초하여 판단하고 행동하며 이를 위해 유용한 방법을 활용할 줄 알고 그리하여 제대로 된 민주주의를 운영하고 실현할 수 있는 시민적 역량을 배양하는 교육이어야 한다.

오래전부터 '정치 교육(Politische Bildung)'이라고 하는 민주시민교육을 체계적으로 실시해 왔던 독일에서는 민주시민교육이 발전시켜야 할 핵심 역량으로 1) 정치적 판단 능력, 2) 정치적 행동 능력, 3) 방법론적 활용 능력을 규정하는데[69], 우리가 참조할 만하다. 이 역량들은 따로따로 분리하여 이해할 수 있는 것이 아니라 상호연관 지어 이해되어야만 한다고 한다. 제대로 된 역량을 갖춘 시민은 예를 들어 민주주의 사회의 정치에 관한 대화에서 자기 입장을 옹호하기 위해 이에 적합한 정보를 제시할 수 있거나(행동능력과 방법론적 능력) 다른 관점에 맞서 자신의 독자적인 판단을 내릴 수 있어야 한다(판단 능력). 그러나 때때로 그 모두를 동시에 할 수도 있어야 한다. 아래에서 나는 독일의 '청소년과 성인을 위한 정치 교육과 교수법 협회'(GPJE; Gesellschaft für Politikdidaktik und politische Jugend-und Erwachsenenbildung)의 지침을 우리나라 맥락을 고려해서 약간만 다듬어 그대로 소개하고자 한다.

출발점은 지식 교육일 수밖에 없다. 그러나 민주시민교육은 아무것도 없는 상태에서 출발하는 것이 아니라 학생들이 가진 지식, 관점, 해석과 관련해서 진행해야 한다. 따라서 민주시민교육에서 학생들의 역량을 발전시킨다는 것은 학생들이 이미 가지고 있는 능력을 기초로 그 능력을 확대하고 질적으로 개선하는 것을 목표로 삼아야 한다. 역량은 정치, 경제, 사회, 법, 환경, 문화, 대중매체 등 넓은 의미의 정치에 관한 지식과 관련되어야 한다. 민주시민교육에서 지식은 습득 자체가 목적이 아니라 역량의 발전으로 이어가야 한다. 거꾸로 말하자면, 역량의 발전은 학생이 이미 습득한 지식의 확장과 개선이 필요하다.

따라서 새로운 지식은 학생이 해당 과목의 학습 대상에 관해 이미 가진 사전 이해에 연결되어야 하며, 이러한 사전 이해를 질적으로 개선하는 데 적합해야 한다. 즉 민주시민교육에서는 일차적으로 정치, 경제, 사회, 법, 환경, 문화, 대중매체 등에 대한 근본적인 인식 틀을 개선할 수 있는 지식을 다루어야 한다. 그러니까 지식습득의 핵심은 정치, 경제, 사회, 법, 환경, 문화, 대중매체의 어떤 특정한 측면이 아니라 그런 제도, 질서 모델, 사고방식의 본질적인 의미와 내적 논리를 아는 데에 있어야 한다. 예를 들어 국회의원 정수가 몇 명이고 각 정당에 국회의원이 몇 명 있는지를 아는 것보다 대의민주주의에서 의회가 하는 일이 무엇인지, 왜 여러 정당이 존재하는지, 어떤 정당은 왜 대의민주주의 모델을 반대하는지를 이해하는 것이 더 중요하다는 것이다.

민주시민교육을 통해 학생들은 민주주의의 개념, 원리, 역사 등에 대한 기본적인 지식을 갖추는 것 말고도 대략 다음과 같은 역량을 함양할 수 있어야 한다.

민주시민으로서의 판단 능력

이것은 시민으로서 '공공의 사건, 문제, 논쟁 등을 사실과 가치의 측면에서 분석하고 성찰적으로 판단할 수 있는 능력'이라고 정의할 수 있다.

일반적으로 판단은 확인하거나 분석하는 '사실 판단'과 자격을 부여하거나 규범적으로 평가하는 '가치 판단'으로 구분된다. 여기서 사실 판단은 공적 영역에서 일어나는 갈등, 문제, 현상, 의문들에 대해 해석하고 추론하며 확증하는 것이다. 가치 판단은 공적 영역의 갈등, 문제, 현상, 의문들에 대해 윤리적-도덕적 관점에 따라 평가하는 것이다. 대개 학생들은 민주시민교육에서 다룰 주제들에 대해 막연한 정치적 판단을 하고 수업에 참여할 것이다. 민주시민교육은 그런 판단이 다양한 관점이나 사회과학적 인식과 관점과 마주하며 더욱 확장되고 세분화되고, 그 판단의 근거들이 더욱 정교해질 수 있도록 도와야 할 것이다. 다음과 같은 정도의 판단 능력을 교육해야 한다. 결코 손쉽게 접근할 수 있는 과제는 아니지만, 일종의 실천을 위한 참조 준거로서 분명히 해 둘 필요가 있다.

- 공적 결정이 자신의 삶에 주는 의미를 인식할 수 있다.
- 복잡한 정치적 사태를 구조화해서 설명할 수 있고, 그 핵심을 밝힐 수 있다.
- 공적 현상을 다양한 차원에서 고찰할 수 있다. 특히 목표와 대상(policy: 내용)의 측면, 제도적이고 법적인 조건(polity: 제도)의 측면, 권

력 관계와 다양한 입장에서 본 관철 가능성(politics: 과정)이라는 측면
에서 고찰할 수 있다.

· 공적 결정의 결과와 부차적 결과를 성찰할 수 있다. 즉 가능한, 특히 의
도하지 않았던 결과의 맥락에 관해서도 질문할 수 있다.

· 시사적인 공적 논쟁을 중장기적인 정치·경제·사회 발전, 그리고 환경보
호의 측면에서 분석할 수 있다.

· 공적 결정과 그 결정의 대안들을 사회체제, 특히 국내외의 정치·경제·
사회·환경 영역과의 관련성 속에서 파악할 수 있다.

· 공적 사태, 문제, 결정 등을 민주적 시스템의 기본 가치와 연결하여 비
판적으로 성찰할 수 있다.

· 공적 갈등과 관련된 문제에 관해 근원적인 가치와 갈등의 핵심을 판별
해 내고 그 문제를 평가할 수 있다.

· 공동체 의식을 가지고 공적 문제 해결을 위한 대안을 모색할 수 있다.

민주시민으로서의 행동 능력

이 능력은 '자신의 견해, 확신, 관심을 정리하여 다른 사람 앞에서
적절하게 내세울 수 있고, 합의 과정을 이끌어나가며 타협할 수 있는
능력'이라고 정의할 수 있다.

민주시민교육은 학생들이 시민으로서 정치적 공론장이나 경제생활
에 적극적이고 당당하게 참여할 수 있으며 다양한 사회활동에서 안
정감 있게 등장할 수 있게 하는 실질적인 능력을 계발시키고 훈련할

수 있어야 한다. 민주시민으로서 필요한 행동능력을 다음과 같이 정리할 수 있다.

- ·자신의 정치적 견해와 판단을—소수자의 입장이더라도—객관적으로 확신하고 주장할 수 있다.
- ·정치적 대립에서 논쟁할 수 있을 뿐만 아니라 타협하기도 한다.
- ·소비자로서 자신의 경제적 결정에서 성찰적으로 행동한다.
- ·다른 사람의 사고방식, 관심, 상황을 자신의 처지로 놓고 생각할 수 있다.
- ·문화적·사회적·성적 차이를 성찰하며 다룰 수 있다.
- ·정치적·경제적·사회적 행위에서 환경문제에 끼칠 영향을 고려할 수 있다.
- ·자신의 직업적 전망을 전체 사회와 정치적·사회적 발전 과정을 고려하여 계획할 수 있다
- ·소속된 조직체 안이나 밖에서 정당하게 내려진 결정이 잘 지켜지도록 영향력을 행사할 수 있다.
- ·갈등을 합리적이고 평화적으로 해결할 수 있다.

방법론적 활용 능력

이 능력은 '경제적·법적·사회적 문제와 같은 시사적인 정치 문제에 대해 독자적으로 파악하고, 전문적인 주제를 여러 가지 방법으로 다룰 줄 알며, 자신만의 심화 학습을 조직할 수 있는 능력'이라고 규정할 수 있다.

이 능력을 함양하는 교육을 통해 실천적인 민주시민으로 성장한 학

생들은 실제로 민주적인 정치 과정을 통해 사회의 문제들을 해결할 수 있게 될 것이다. 아래와 같이 정리할 수 있다.

- 공적 문제에 대해 대중매체에 독자투고를 할 수 있을 뿐만 아니라 웹사이트 만들기나 복잡한 미디어 제작에 이르기까지 다양한 참여를 실천할 수 있다.
- 미디어에서 이루어지는 정치 연출의 메커니즘과 논리를 파악할 수 있다.
- 공적 문제에 관하여 적절한 정보를 선택하고, 그것을 앞서 제시된 해결책과 논리적으로 연관시킬 수 있다.
- 정보의 다양한 출처에 대해 신뢰도를 판단할 수 있다.
- 비판적인 글을 독해하는 능력
- 시간 계획 세우기와 자기 조직화 능력
- 집단작업이나 파트너작업 등 여러 협동 작업과 도표, 캐리커처 해석, 발표 기술, 온라인 조사 등의 작업 기술을 활용하고, 소모임 단위로 복잡한 프로젝트 형태의 작업을 진행할 줄 알며, 미디어를 목적대로 사용할 줄 한다.
- 대중매체에서 나온 글이나 기타 미디어 제작물을 전문적으로 해석하고, 관찰, 인터뷰, 설문 조사를 진행할 수 있다.

전체적으로 이러한 능력들은 시민들이 공중으로서 사회적 행위의 결과가 지닌 공공적 의미를 인식하고 그 결과와 거기에서 파생되는 다른 문제들을 토론, 설득, 논쟁 등과 같은 수단들을 통해 제어하고 해결할 수 있어야 한다는 요구에 부응할 수 있게 해 줄 것이다.

민주적 가치(관) 및 태도

민주주의의 시민이 된다는 것은 민주주의 제도들의 작동 방식을 안다거나 투표를 할 수 있다거나 하는 능력보다는 훨씬 많은 것을 갖추어야 한다는 것을 의미한다. 민주주의는 사람들 사이의 자유롭고 평등한 관계 맺기라는 토대 위에서만 가능하다. 그래서 예를 들어 이기주의, 독단주의, 자기 과시, 타인에 대한 지배, 사적 공간 속의 침잠 등의 성향에 사로잡힌 사람들은 민주주의를 실천하기 힘들다. 또 민주주의의 시민이 되기 위해서는 공동의 목적을 협동의 방식으로 해결하려 하면서 비폭력, 시민적 예의, 공정성, 상호 인정, 존중, 관용 등의 가치와 태도를 내면화할 수 있어야 한다. 공감과 배려의 태도나 소통의 능력도 필요하다. 그 밖에 사회적 불의에 맞설 수 있는 용기, 사회적 약자에 대한 공감 능력, 국가 전체의 공동선을 지향하는 민주적 애국심 같은 것들도 필요하다.

이러한 민주적 가치들은 서로 밀접하게 연결되어 있다. 앞에서 본 대로, 공중으로서 시민은 참된 소통을 위해 공적 도덕을 일정하게 내면화하고 실천해야 한다. 그런데 시민들 사이에 보편적인 민주적 상호 인정이라는 전제가 없으면 참된 소통은 불가능하다. 보편적인 민주적 상호 인정은 다시 인간의 존엄성, 자유, 평등, 타인에 대한 존중, 차이에 대한 관용, 정의, 연대 등과 같은 일반적인 민주적 가치 지향과 연결된다. 나아가 공중으로서 시민이 되기 위해서는 공동의 삶에 기꺼이 참여하여 자유롭게 의견을 개진하며 문제를 제기하고 이견을 제출할 수 있는 자세를 갖추어야 한다. 그리고 민주적 공동체의 성원들은 공동의 문제를 함께 해결하기 위해 새로운 아이디어나 발상 같은 것에 언제나 열려있어야 한다. 타인에게서 기꺼이 배우고 자신의 잘못을 성찰하며 협동할 수 있는 자세와 태도를 갖추어야 한다.

위에서 살핀 시민적 역량 함양을 위한 교육은 민주주의적 가치들을 학생들이 어떻게 내면화하는가와 밀접하게 관련되어 있다. 앞서 언급한 대로, 역량 개념은 가치 개념을 내포한다. 하지만, 민주시민교육을 위한 핵심 역량을 따로 규정해 보았던 것처럼, 민주시민교육이 지향하는 근본 가치들도 독립적으로 분명히 해 둘 필요가 있다. 이것은 민주시민교육을 권위주의적인 시민교육과 구분해주는 핵심 지표가 될 수 있다.

우리의 학교 민주시민교육이 지향해야 할 근본 가치가 무엇인가에 대해서는 다양한 접근법이 있을 수 있다. 가령 자유를 더 강조한다거나 평등을 더 강조한다거나 하는 차이가 있을 수 있고, 개인의 권리 존중을 우선해야 한다거나 공동선에 대한 지향을 우선해야 한다거나 하는 식의 다툼 같은 것이 있을 수 있다. 그래서 그와 같은 다양한 시각들의 가치를 존중하되, 그 너머에서 보편적이고 중첩적으로, 곧 여러 접근법들이 각자의 관점에서 나름의 방식으로 함께 지지할 수 있는 가치의 기준과 목록이 필요하다.

이런 맥락에서 '인권'이 중요하다. 왜냐하면, 인권은 규범적으로나 현실 정치적으로나 전 세계적인 보편타당성을 가진 민주적인 규범일 뿐만 아니라 우리 헌법에서 가장 근본적인 이념이기 때문이다. 이 이념에는 어떤 민주주의 모델이나 이념에서도 보편적으로 수용될 수 있는 핵심적인 민주적 가치들이, 예를 들어 '인간의 존엄성'이라는 가장 근본적인 가치를 비롯하여 자유, 평등, 관용, 연대, 평화, 정의 등과 같은 가치들이, 직접적이든 함축적이든 포괄적으로 들어 있다고 할 수 있기 때문이다.

민주주의는 단순히 정부의 형식이 아니라 사람들이 서로를 존중하고 포용하며 관용하는 상호적 삶의 양식이기도 한바, 인권 증진은 민주주의의 중요한 목적이고 인권문화가 꽃피는 곳에서만 민주주의도 살아 있을 수 있다. 반대로 자유, 평등, 연대 등과 같은 민주적 가치에 대한 이해 없이 인권을 올바로 이해할 수는 없으며, 민주적인 의사소통의 과정에 꼭 필요한 이해 및 소통 능력이나 비판적 사고 능력은 그 자체로 인권을 옹호하고 강화하기 위해 꼭 필요한 능력이라고 할 수 있다. 그래서 인권 교육은 그 자체로 민주시민교육이라고 할 수 있고, 그 반대도 마찬가지다.

그러나 인권 교육은 개인의 권리만을 일면적으로 강조하는 좁은 자유주의적 틀 안에서만 이해되어서는 안 된다. 앞에서도 강조했던 것처럼 민주적 시민성 교육에서 권리와 시민적 실천은 서로가 서로를 전제하고 또 강화한다는 점을 놓쳐서는 안 된다. 또 추상적으로 인권적 가치 자체를 강조하는 방식의 접근법으로는 부족하다. 특별히 한국적인 상황과 맥락 속에서 인권의 의미를 더 분명하게 드러내고 학생들이 그 가치를 더 잘 내면화할 수 있게끔 인권 교육을 설계해야 할 것이다.

여기서 가장 큰 문제는 아마도 한국적 상황에서는 인권 이념이나 그것에 내포된 민주적 가치들의 보편성이 때때로 의문에 부딪히기도 한다는 사실일 것이다. 가령 우리나라는 일찍부터 유엔의 아동권리협약(United Nations Convention on the Rights of the Child, UNCRC)을 비준했지만, 머리 모양이나 복장의 자유 같은 '학생 인권'은 한국 학교 대부분에서 아직도 충분히 보장받지 못한다. '학생인권조례'에 대한 시비도 여전하다. 이런 상황에서 많은 민주적 가치들이 추상적인 수준에서만 받아들여지면서 구체적인 생활세계의 인식이나 관행과 모순을 일으키곤 한다. 실제로는 인권이 부정되는 것이다.

이런 사정은 무엇보다도 우리의 전통, 특히 유교 전통이 인권 이념이나 민주적 가치들과 충돌하는 요소들을 온존시키기 때문에 생겨났다. 가령 인권 이념의 '도덕적 개인주의'보다는 공동체나 집단을 우선시한다거나 권리보다는 의무를 더 강조한다거나 하는 일상적인 문화적 관행 같은 것이 학교에서나 학교 바깥에서나 여전히 강력하다. 따라서 한국적 맥락 속에서 그와 같은 보편적인 가치에 대한 해석 작업이 절대적으로 필요하다.[70] 바로 그러한 관행과 인권 이념 사이의 비판적 대결이나 논쟁을 포함하는 교육이 이루어져야 추상적인 인권 교육이 아닌 실천적인 인권 교육이 될 수 있다.

「세계인권선언」의 가장 큰 의의는, 인권 이념이 비록 서구의 자유주의 사회에서 시작되었다 해도 그 규범적 내용은 전 세계에서 타당함을 사실적-경험적으로 확인한 데에 있다. 인권은 모든 인간에 대한 보편적 존중이라는 도덕적 원칙을 법이라는 수단을 통해 효율적으로 관철하고 보호하려 할 때 필연적으로 도출될 사회적 규제원리다. 이런 인권은 문화적 차이를 초월하는 보편적 타당성을 가진다는 점을 학생들이 잘 인식하도록 해야 한다.

그런데 많은 이들은 인권 이념의 보편성을 인권 이념이 시작된 때의 자연권이나 천부인권 사상을 토대로 정당화하곤 한다. 그러나 사실 그런 접근법 때문에 인권은 서구의 도덕적-문화적 전제 위에서만 충분히 꽃필 수 있다거나, 인권 이념이 너무 서구 중심적이고 기독교적이며 너무 서구 근대의 도덕적 경험 지평 안에만 갇혀 있다는 투의 비판을 불러일으킨다. 그런 접근법으로는 서구와는 다른 문화적 전통을 가진 우리나라 같은 곳에서는 서구적인 것을 부당하게 보편화하는 것이라서 쉽게 수용되기 힘들 것 같다는 식의 의심을 물리치기가 힘들다.

그래서 우리는 인권을 이 세계에 존재하는 다양한 문화, 종교, 세계관 등에 대해 어떤 치우침도 없이 철학적으로 해명하고 정당화할 수 있어야 한다. 인권의 근본이념은 모든 사람을 인간 그 자체로서, 곧 어떤 목적을 위한 단순한 수단이나 도구가 아니라 또는 어떤 국가나 공동체, 조직 등의 한 부속품으로서가 아니라 목적으로서 존중받아야 한다는, 모든 사람에 대한 보편적 존중의 이념이다. 인권 이념은 특정한 종교의 관점이 아니라 모든 사람을 예외 없이 그리고 공평하게 대우하자는 보편적 상호 존중과 상호 인정의 원리에서 도출되는 것임을 분명히 할 필요가 있다. 결국, 모든 사람에 대한 보편적 존중의 문화를 확립하는 것이 중요하지, 인권을 수용하기 위해 특별히 서구적인 도덕관념이나 문화를 수용해야 하는 것은 아니다.

인간을 존중한다는 이념에서 무엇보다도 중요한 것은 인간이 살아가면서 입을 수 있는 이런저런 상처나 위해로부터 인간의 존엄성을 보호하는 것이다. 인간은 때때로 위대하기도 하지만, 기본적으로 보잘것없는 존재다. 인간은 죽을 수밖에 없는 존재이고, 죽게 되면 삶의 모든 것이 무의미해질 수밖에 없는 존재이며, 그것도 매우 쉽게 죽을 수밖에 없는 존재다. 정신적으로나 육체적으로 인간은 쉽게 상처를 입을 수 있고 고통을 당할 수 있다. 폭행이나 폭언, 고문이나 감금, 자연적인 재난이나 착취, 또 이런저런 위해를 통해 인간은 언제든지 존재의 위기를 겪을 수밖에 없다. 인권은 인간의 이러한 본원적 나약함 또는 상처 입을 가능성에서 인간을 보호하기 위해 사람들이 역사적으로 구성해 낸 도덕적-법적 장치라고 이해할 수 있다.

그리고 이렇게 인간이 상처 입을 가능성의 보편적 경험, 곧 사람이라면 누구든지 비슷한 방식으로 상처 입을 가능성에 노출될 수 있다는 경험이 「세계인권선언」의 토대라고 이해할 수 있다. 힘센 사람이나 집단의 부당한 억압, 국가 권력의 남용, 감당할 수 없는 자연재해나 사회적으로 야기된 경제적 곤궁 등에 노출될 가능성은 누구에게나 아주 크다. 누구든 그런 가능성에서 벗어난, 그래서 소중하고 가치 있는 존재로서 보호받는 삶을 원할 것이라고 큰 어려움 없이 이야기할 수 있을 것이다. 인권은 바로 그런 목적을 위해, 다시 말해 인간으로서 존엄성을 실질적으로 보호하기 위해 사람들이 역사적으로 발명해 낸 도덕적-법적 장치라고 이해할 수 있다.

그런 상처 입을 가능성이 우리나라라고 없거나 적은 것은 아닐 것이다. 그리고 그 가능성을 막기 위한 도덕적-법적 장치가 우리나라라고 필요 없는 것도 아닐 것이다. 시민적, 정치적 권리와 관련된 자유권이 필요한 상황, 곧 개인에 대한 국가의 부당한 간섭과 폭력은 민주화 이전 시기까지 우리나라의 일상이었으며, 노동, 교육, 건강, 주거 등과 관련된 사회권이 필요한 상황, 곧 시장에 내맡겨진 경제생활의 압박이나 경쟁에서의 실패에 따른 경제적 곤궁은 우리나라를 포함한 모든 현대 자본주의 사회의 일반적 상황이다. 인권 교육은 바로 이런 종류의 인식을 전달할 수 있어야 할 것이다.

인권 개념의 범위와 관련된 논란도 중요하다. 일반적으로 인권은, 1966년 유엔에서 채택된 두 개의 규약, 곧 시민적 및 정치적 권리에 관한 국제 규약(B 규약)과 경제적, 사회적 및 문화적 권리에 관한 국제 규약(A 규약)에 따라, '자유권'과 '사회권' 두 부류로 나누어 이해한다. 자유권(시민적 및 정치적 권리)은 모든 사람들이 가능한 한 최대한으로 행동의 자유를 평등하게 누릴 권리로서, 생명권, 사상과 양심의 자유, 종교의 자유, 표현의 자유, 집회 및 결사의 자유 등과 같은 권리를 의미한다. 반면 사회권(경제적, 사회적 및 문화적 권리)은 모든 사람이 최소한의 인간다운 삶의 조건을 보장받을 권리로서, 노동권, 주거권, 건강권, 교육권, 사회보장권(적절한 생활수준을 누릴 권리) 등을 의미한다. 그러나 우리나라에서 사회권은 그 개념도 잘 알려지지 않았을 뿐만 아니라 인권으로서의 지위가 의심되기도 한다.

그러나 사회권에 대한 무시나 폄훼는 어떤 정당한 이론적, 실천적 근거도 없다. 자유권과 사회권은 서로 '불가분적(indivisible)'이고 '상호 의존적(interdependent)'이다. 인권은 단지 개인을 자유의 훼손에서만 보호하기 위한 사회적 장치가 아니며, 자유보다 더 많고 폭넓은 규범적 차원에서 훼손되기 쉬운 인간의 존엄성을 보호하고 증진하는 것을 지향한다. 사람들은 자유가 박탈당했을 때도 존엄하게 살 수 없지만, 극단적 궁핍 속에 살기를 강요당하거나 병들었는데 치료받지 못할 때도 존엄하게 살 수 없고, 또 자신들의 문화적 정체성이 부정당해도 마찬가지이다. 사회권에도 근본적인 인권의 지위를 부여하는 균형 잡힌 인권 교육이 이루어져야 한다.

나아가 인권의 도덕적 본성을 올바르게 인식하는 것도 중요하다. 예를 들어 우리나라에서는 아직도 학생 인권을 강조하면 교권이 침해되거나 약화된다는 식의 인식이 심지어 주류 언론을 통해 유포된다. 그러나 이것은 인권의 도덕적 본성을 완전히 오해한 데서 비롯된다. 학생 인권과 교권은 어떤 거래 관계(trade-off)에 있지 않다. 인권은 인간의 존엄성에 대한 보편적 존중이라는 도덕적 원칙을 바탕에 깔고 있으며, 따라서 학생 인권의 강화에 대한 요구와 실현은 또한 교권의 강화에 대한 요구 및 실현과 함께한다. 인권적 관점에서 요구하는 특권적 교권에 대한 제한, 가령 체벌 금지는 교사의 관점에서도 인권의 강화이지 교권에 대한 침해가 아니다. 교사는 체벌을 가하지 않음으로써 아동에 대한 자의적 학대라는 반인권적 행위 가능성에서 벗어날 수 있고, 그럼으로써 인권이 요구하는 도덕적 책무에 더 충실할 수 있게 된다. 현실적으로 교권의 진짜 침해 주체는 고용주인 국가나 사학재단이다. 가령 우리나라에서 교사들은 정당 가입의 자유 같은 기본적인 인권을 침해당하고 있는데, 이런 것이 교권에서 진짜 문제라고 해야 한다.

그 밖에 우리나라처럼 민주주의가 어떤 다수결주의로 쉽게 등치되어 인식되는 곳에서는, 인권이 다수결의 원칙으로도 쉽사리 훼손되어서는 안 되는 개인의 권리 공간을 표현한다는 점을 분명히 해야 한다. 예를 들어 사상과 표현의 자유를 제한하는 어떤 법이 다수결로 민주적인 과정을 통해 통과되었다 하더라도 그 법이 인권을 침해하면 정당성이 없다고 볼 수밖에 없다. 개인의 권리 및 자율은, 타인의 권리 및 자율과 조화를 이루고 공동체의 기능과 갈등을 일으키지 않는다면, 최대한 존중되어야 한다. 이것이 민주주의의 근본적인 도덕적 전제임을 분명히 인식해야 한다. 그리하여 민주주의가 바로 이러한 인권의 존중과 실현을 통하여 사람들을 단순히 경제적으로 풍요롭게 해 주기 때문이 아니라 좀 더 인간답고 존엄하게 살 수 있게 해 주기 때문에 독재 체제보다 더 우월한 정치체제임을 뚜렷하게 인식해야 할 것이다.

민주적 인성

이런 민주적 가치 교육이나 인권 교육은 그 자체로 학생들의 '민주적 인성'에 대한 교육이라고 할 수 있다. 민주시민교육은 민주적 가치의 내면화 교육이라고 할 수 있고, 그것은 다시 시민 개개인의 성향이나 태도나 덕성 등으로 가장 잘 표현될 것이기 때문이다. 학생들은 이런 교육을 통해 실질적인 민주적 가치와 태도를 내면화하고 습관화, 일상화할 수 있어야 한다. 차별에 반대하고 모든 종류의 지배에 저항하며 모든 시민의 존엄의 평등이라는 가치를 몸으로 또 언어로 표현할 수 있어야 한다. 관용과 이질적인 것에 대한 포용, 민주적 상호 존중 등의 자세와 태도에서 파생되는 시민적 예의를 익혀야 한다. 그런 것들은 민주적 시민 개개인의 인격적 특질로도 표현될 것이다.

아도르노(Th. W. Adorno) 등은 '권위주의적 인성(Authoritarian Personality)'이라는 개념으로 나치 시대 독일인들의 평균적인 인격 구조 또는 성격을 분석해 보려 한 적이 있다.[71] 권위주의적 인성을 가진 사람들은 일반적으로 통용되는 가치관에 대한 완고한 집착, 도덕적 권위에 대한 무비판적이고 복종적인 태도, 이질성에 대한 적대, 권력자에 대한 동일시 등의 성향을 보인다고 한다. 바로 그런 사람들이 나치 지배를 지지하고 강화했다.

우리 사회의 상당수 성원도 오랜 식민지 지배와 독재 속에서 자라고 교육받으면서 그와 같은 권위주의적 인성을 가지고 있다. 또 덕분에 그런 인성을 가진 사람들이 주도적으로 형성한 일상적인 문화 속에서 자라나는 세대도 자연스럽게 반민주적이고 반인권적이며 전체주의적인 태도나 인격적 속성을 체득하기도 한다. 특히 모든 청년 남성이 피해갈 수 없는 '군대 문화'의 반민주성의 문제는 아주 심각하다. 이런 것들에 맞서 민주적이고 인권 친화적인 인성을 획득할 수 있도록 다양한 교육적 노력을 기울일 필요가 있다.

안타깝게도 지금 우리나라의 교육은 거꾸로 가고 있다. 우리나라에서는 전 세계에 비슷한 유례가 없이 특이하게도 정치권이 나서 『인성교육진흥법』을 제정해서 발효 중이다. 내가 볼 때 이 법은 하나의 역사적 스캔들일 뿐이다. 그 법 제1조에는 법의 목적이 "건전하고 올바른 인성(人性)을 갖춘 국민을 육성하여 국가사회의 발전에 이바지"하는 것이라고 규정하였는데, 이런 목적 규정부터 기본적인 인권적 가치와 어긋난다고 할 수 있다. 「세계인권선언」에서 "교육은 인격의 충분한 발전과 인권 및 기본적 자유의 존중을 강화할 것을 목적으로 하여야 한다."고 규정(제26조 2항)하는바, 개인이 교육을 받아 국가사회의 발전에 이바지하게 하는 게 아니라 거꾸로 개인의 인격 발달과 인권 강화가 교육, 특히 공교육의 목적이어야 한다. 국가와 사회도 그런 목적을 위해서 존재하게끔 해야 한다고 보는 것이 올바른 인권적 관점이다.

『인성교육진흥법』으로 강요하는 인성 교육은 무엇보다도 국가주의적 편향의 위험에서 벗어날 수 없다. 법에 따르면 결국 국가가 주도하여 인성 교육을 해야 한다. 개인이 지닌 내면의 바르고 건전함의 잣대도 국가가 정하고, 인간다운 성품의 기준도 국가가 마련하여 교육하게 되는 셈이다. 그러나 우리 사회는 이미 가치 다원주의 사회일 뿐만 아니라 다양성에 대한 존중과 포용 없이는 민주주의적 질서는 결코 유지될 수 없다. 그런 접근은 자칫 개인의 내면과 성품과 역량을 국가가 정한 기준에 따라 평가하려는 전체주의의 함정에 빠질 우려가 크다. 그 법은 예(禮)나 효(孝) 같은 수직적 인간관계에 적용되는 전통적 가치를 중심으로 하는 핵심 가치와 덕목을 앞세우는데, 그러한 가치와 덕목들이 과연 우리 사회 성원들의 가치 지향의 다양성을 넘어 보편적으로 수용 가능한지 그리고 그것들을 해석하고 교육적으로 전수하는 데서 민주적 다원성과 개방성이 어떻게 보장될 수 있을지가 불투명하다. 그래서 그런 인성 교육은 자칫 일제강점기의 '수신(修身)' 교육이나 유신 이래의 '국민윤리' 교육을 연상시킨다는 비판을 받을 우려가 크다.

이런 우려를 불식시키기 위해서라도 인성 교육 안에 또는 인성 교육의 핵심으로 인권 교육의 요소를 반드시 포함시키는 노력이 필요하다. 인권 교육은 각 개인이 권리의 주체라는 인식을 강화함으로써 인성 교육을 '민주적 인성 교육'으로 머무르게 하는 핵심 요소가 될 수 있다. 인권이 가장 보편적인 도덕적 가치에 기반을 두는 만큼, 인권 친화적 인성 교육은 인성 교육이 자칫 특수주의적이고 국가주의적인 가치 교화(indoctrination) 교육이 될 위험을 막아준다고 할 수 있다.

그런데 여기서 우리가 결코 놓쳐서 안 되는 것은 민주적 가치의 내면화와 그를 통한 민주적 인성의 형성은 훈화나 훈계(exhortation)의 방식으로는 이루어질 수 없다는 점이다. 학생들이 민주적 가치를 내면화할 수 있으려면 그러한 가치를 일상 속에서 자연스럽게 체험하여 습관으로 몸에 배게 해야 한다. 무턱대고 인성 교육을 강화하자고 외치고 이런저런 프로그램을 만들어 시행한다고 미래 시민들의 인성이 바르게 되리라고 기대하는 것은 한마디로 어불성설이다.[72] 지금 같은 형식적-메리토크라시적 분배체계나 교육제도 등은 그대로 둔 채 그리고 정치인들을 포함한 기성세대와 부모와 교사부터 물질주의와 입신출세주의에 사로잡혀 공동선이나 시민적 연대 같은 가치를 내팽개치고 있는 현실에서 아이들한테만 올바른 인성을 갖추라고 윽박지르는 꼴이니, 참으로 어처구니가 없다. 그런 교육으로는 청소년들의 냉소만 불러일으킬 것이다.

물론 우리 사회 전체의 문제를 하루아침에 해결할 수는 없다. 그리고 잘못된 사회 속에서도 교육은 옳은 방향에 대한 지향을 잃어서는 안 될 것이다. 확실히 개인의 인성 형성 과정, 좀 더 표준적인 학술 개념을 쓰자면, 개인의 정체성 형성 과정은 오로지 외부 환경이나 사회관계가 일방적으로 개인을 규정하는 방식으로 이루어지지는 않는다. 사회화 과정에서는 사회 또는 환경과 개인 사이의 적극적인 상호작용도 일어난다. 우리는 바로 교육을 통해 그 과정이 좀 더 이성적이고 성찰적으로 이루어지게 시도할 수 있다. 그러니까 우리는 올바른 교육을 통해 청소년들이, 사회의 가치나 규범을 단지 수동적으로 내면화하고 기존의 질서나 규범에 일방적으로 순응하게 하는 것이 아니라, 그 과정 전체를 주체적으로 성찰하고 사회의 비도덕성에도 불구하고 스스로 올바른 도덕의식을 발전시킬 수 있도록 도와야 한다.[73]

그러나 그런 교육은 '착하게 살라'는 명령을 전달하는 식의 수직적인 인성이나 가치관 교육 같은 것이 아니라 청소년들이 스스로 올바른 도덕적 성숙을 위한 비판적 성찰을 할 수 있도록 해주는 교육이어야 한다. 그런 성찰은 성원들 사이의 상호 존중과 상호 인정, 관용, 대화, 협동 등의 가치를 실현하는 민주적 교육 양식을 통해서만 제대로 촉진된다.[74] 성적이나 외모 또는 집안 배경 등에 따라 누군가를 무시하고 배제하며 모욕하는 것이 일상화되고 당연시되는 지금 같은 사회 및 교육 환경에서 이루어지는 권위주의적인 양식의 교육은 오히려 청소년들의 올바른 도덕 판단 능력 및 비판적 사고 능력의 형성에 심각한 방해가 될 뿐이다.

시민적 자존감: 한국 민주시민교육의 특별한 초점

그런데 나는 한국적 상황에서 민주시민교육은 특별한 초점을 가져야 한다고 생각한다. 한국에서 민주시민교육은 앞서 살펴본바 한국 근대성의 문법이 만들어 놓은 거대한 문화적 장벽부터 넘어설 수 있어야 하기 때문이다. 한국에서 민주시민교육은, 유교적 근대성에서 메리토크라시가 체계적으로 강요하는 모멸감과 자존감의 상실에 시달리며 습관화한 사회적–정치적 무기력과 정치적 무관심에서 우리 시민들, 특히 미래 세대를 어떻게 벗어나게 할지의 문제에 대한 해답부터 찾아내야 한다.

한마디로 한국에서 민주시민교육은 미래의 시민들이 자존감을 제대로 형성할 수 있도록 돕는 데에 그 궁극적 초점을 두어야 한다. 어쩌면 그것이 민주주의에 대한 지식을 전달하고 시민적 판단 능력 및 행동 능력이나 민주적 가치관을 기르는 것보다 더 중요할지도 모른다. 왜냐하면, 그러한 자존감이야말로 개인의 인간적 삶의 근본 틀을 규정한다고 할 수 있기 때문이다. 민주시민교육은 궁극적으로 자존감을 가진 시민적 주체의 형성을 지향해야 한다. 이런 '시민적 자존감'의 정립은 민주시민교육의 전제이자 최종적 결과라고 할 수 있다.

이런 차원에서 우리가 무엇보다 유의해야 하는 것은 민주시민교육이 특정한 정치적 인식이나 시각을 시민들에게 '주입'하는 일방적인 '교화'가 아니므로 시민들이 스스로 성숙하는 '자기 형성'[75]을 위하여 보조적 매개 이상의 것이 되게 해서는 안 된다는 점이다. 민주적 시민성을 아이들에게 강제로 이식시킨다는 식의 발상은 그 자체로 형용모순이다. 아이들은 궁극적으로 비판적인 시민적 주체로서 스스로 우뚝 설 수 있어야 한다.

이런 접근은 민주시민교육을 어떤 편향된 이념적 공격에서 지켜내기 위해서도 필요한 출발점이지만, 규범적으로나 정치적으로나 가장 올바르기도 하다. 사실 민주시민교육은 자존감을 갖춘 당당한 시민적 주체를 형성한다는 것 이상의 목표를 설정하기도 힘들다. 여기서 제일 중요한 것은 시민들이 서로에게 긍정적 자기 관계와 자존감을 누릴 수 있게 할 민주적 상호 인정 관계의 경험 공간을 확대하는 것이다.

우리는 민주시민교육에 대한 주지주의적 접근에서 벗어나야 한다. 민주시민교육의 초점은 민주주의나 정치 과정 등에 대한 단순한 앎의 매개가 아니라 삶의 일상적 과정에서 그리고 전인격적 수준에서 얻을 수 있는 평등한 시민적 존엄의 자각이어야 한다. 사람들은 민주적 상호 인정의 관계를 바탕으로 시민적 삶의 가치를 제대로 확인하는 경험을 통해서만 당당한 시민적 주체로 설 수 있는 기반을 갖출 수 있다. 민주시민교육을 위한 프로그램들은 우선적으로 그와 같은 경험의 실천적 매개를 지향해야 할 것이다. 그런 경험은 아이들이 메리토크라시가 체계적으로 강요하는 모멸감과 자존감의 상실에 시달리며 습관화한 사회적-정치적 무기력과 정치적 무관심에서 벗어나게 할 중요한 지렛대 역할을 할 것이다.

민주시민교육은 무엇보다도 아이들이, 제한된 조건 속에서나마, 다양한 방식의 시민적-정치적 참여와 실천 속에서 평등한 시민적 주체성에 대한 실질적 경험을 쌓아나가게 하는 데에 특별한 초점을 두어야 한다. 아마도 자신의 관심사에 따라 동아리를 만들고 프로젝트를 수행하며 학교의 의사 결정 과정에 직접 참여하는 등의 경험이 출발점이 될 수 있을 것이다. 촛불 시위 같은 데 직접 참여해 보는 경험도 좋다. 그러한 경험의 축적은 지금과 같은 모욕 사회 속에서도 시민 개개인이 올바른 자존감을 정립하기 위한, 유일하지는 않더라도, 아주 중요한 기반이 될 수 있기 때문이다.[76]

자존감의 형성은 타인과의 상호 존중 관계의 함수다. 메리토크라시적 비교와 서열화는 바로 그런 상호 존중 관계의 건강함을 파괴한다. 언제나 승패나 우열의 잣대가 작동하기 때문이다. 그러나 시민적 연대성과 민주적 상호 인정의 원칙 위에서만 가능한 시민적 실천의 경험은 시민의 자존감이 위축되지 않을 수 있는 건강한 바탕이 될 것이다. 여기서는 누구든 평등하게, 가령 빈부나 학식의 차이와 무관하게, 존엄성을 상호 존중하고 존중받는 것이 그 기본적인 출발점이자 지속적으로 실천하게 할 토대이기 때문이다. 나아가 시민으로서 정의와 공동선을 추구함으로써 무시와 경멸로 귀결될 수 있는 사회적 가치평가 체계 너머에서 자신의 존재 가치를 확인할 수 있기 때문이다.

이런 민주적 상호 인정의 경험을 통해 획득한 시민적 자존감은 자라나는 아이들이 자신의 가치와 역량에 대한 자기 신뢰 위에서 공동체나 사회의 일에 기꺼이 참여하도록 동기를 부여할 수 있을 것이고, 타인에 대한 깊은 공감과 소통의 능력도 기르게 할 것이다. 그리고 바로 이런 것들이 기성의 질서에 대한 맹목적 복종을 거부하게 하고 사회적 불의를 비판하게 하며 정의로운 사회관계를 만들기 위한 실천에 나서게 하는 용기도 가지게 할 것이다.

II. 정치 교육이 어떻다고?

: 한국 민주시민교육의 기본원칙들

민주주의자인 시민을 길러내겠다는 민주시민교육 프로젝트는 커다란 위기에 처한 우리 사회의 민주주의에 생명력을 불어넣고 헬조선으로 전락한 삶의 현실을 사람 사는 세상으로 바꾸어 보려는 원대한 사회개혁 프로그램의 형성적 기획이다. 민주시민교육은 자라나는 세대의 아이들이 자존감 있는 당당한 주체로서 성장해서 자신들이 처한 현실의 문제를 스스로의 힘으로 변화시킬 수 있는 적극적이고 비판적인 시민으로 성장할 수 있도록 도와야 한다. 또 우리 사회의 일상적 삶의 풍경을 더 인간적이고 민주적으로 만들 수 있는 풍부한 민주적 인성을 갖춘 시민으로 성장하게 하려 한다. 그러나 한국에서 민주시민교육은 여러 차원에서 커다란 장애들에 막혀 있다.

우리 사회에서 민주시민교육을 실천적으로 활성화해 보려는 여러 노력은 앞서 살펴본 메리토크라시적 입시 위주의 교육 말고도 또 다른 심각한 장애 하나를 극복하지 않으면 안 된다. 다름 아니라 우리 사회의 극심한 이념 대립이다. 바로 그 대립 때문에 우리 사회에서는, 특히 학교에서 실질적인 내용을 갖춘 민주시민교육을 시행해 보려는 시도가 그 자체로 심각한 사회정치적 갈등의 대상이 되고 말 우려가 크다. 우리 사회의 교육 현장에서는 정치적으로 민감하다는 이유로 중요한 사회정치적 이슈들을 교실에서 아예 다루지 않으려 한다. 그런 식으로 접근하면 학교는 평온해질 수 있을지 모른다. 그러나 그런 환경에서는 학생들이 미래의 시민으로서 제대로 된 준비를 할 수 없을 것이다.

이런 현실은 무엇보다도 우리 헌법에 명시된 '교육의 정치적 중립성 원칙'을 통해 정당화되곤 한다. 그래서 한국에서 제대로 된 민주시민교육이 가능하기 위해서는, 교육의 정치적 중립성 원칙이 왜 교실에서 정치적 주제를 회피하기 위한 알리바이로 이해되어서는 안 되는지를 분명히 하고, 민주시민교육이 심각한 정치적 양극화의 현실을 교육 현장에서 어떻게 에둘러갈 수 있는지부터 명확히 해야 한다. 나는 이런 맥락에서 우선 민주시민교육의 근본적인 규범적 지향과 그 정당성을 '헌법애국주의'라는 관점에서 접근해 볼 것이다. 그 핵심은 한마디로 우리 대한민국의 정체인 '민주공화국'의 이념과 가치와 제도에 대한 헌신이다. 또 나는 우리나라와 같이 이념 대립의 골이 깊은 곳에서는 사회와 정치에서 논쟁적인 것은 교실에서도 논쟁적으로 드러나게 해야 한다는 '논쟁성의 원칙'이 민주시민교육이 정착되기 위한 결정적인 안내자 역할을 할 것임을 보여 줄 것이다. 나아가 나는 '실천성의 원칙'도 함께 제시할 것인데, 이것은 민주시민교육이 단순한 이론 교육이나 훈화 같은 것이 아니라 학생들이 민주주의를 직접 체험하고 살아내는 경험을 할 수 있도록 해야 한다는 점을 강조한다.

교육의 정치적 중립성 원칙 다시 보기

  내 생각에 교육에서 이념 대립의 문제는, 근본적으로는 우리 사회의 정치적 양극화의 현실 그 자체로부터 기인하는 것이긴 하지만, 우리 사회에 아직도 만연한 퇴행적인 지식 중심적 교육의 이해와도 깊이 관련되어 있다. 우리나라에서 교육은 흔히 '진리'로 표상되는 어떤 완결된 지식을 전수하는 것이고, 또 그 지식, 특히 교과서적 지식이란 그 근본 속성에서 학생들로서는 무조건 수용해야 할 일방적인 전수 대상으로 이해된다. 더구나 이때 학생들은 그 지식을 전수하는 상황에 수동적으로 종속되는 교화의 대상으로만 여겨진다. 그래서 어떤 교과서를 선택하고 어떤 교사가 가르치느냐에 따라 그 지식의 내용 및 의미도 달라지는 것으로 이해한다. 최근 우리 사회에서 역사교과서를 둘러싸고 불거진 갈등만 보더라도 이를 단적으로 알 수 있다.

  이런 식의 교화 교육은 불가침의 존엄성을 존중받는 자기-지배의 주체로서의 시민의 상과는 정면으로 충돌한다. 여기서는 학생들이 아직 미숙하기는 해도 온전하게 존엄한 시민으로 대우받아야 한다는 점이 완전히 무시된다. 학생들을 저마다 불가침의 존엄성을 지닌 인간으로 대우하지 않는다. 학생들이 자신의 삶과 생각의 참된 주인이 되고, 그리하여 참된 시민이 되는 것을 허용하지 않는다. 이런 비민주적인 전제 위에서는 민주주의 교육은 물론 창의적인 역량 교육도 이루어질 수 없다.

  그리고 바로 이런 접근이 교육 현장에서 이념 갈등을 증폭시킨다. 교과서, 특히 도덕과 및 사회과 교과서가 사회가 학생들에게 일방적으로 전수해야 할 이념이나 가치의 정수를 담고 있다고 이해하고 또 학생들이 그것을 무조건 수용해야 할 교화의 내용으로 취급하면, 역사 교과서 갈등에서 보듯이, 교과서에 어떤 내용을 담는가 하는 것이 심각한 사회적 쟁투의 대상이 되지 않을 수 없다. 게다가 어떤 정치적 성향이 있는 교사들이 교육하는가도 늘 갈등의 대상이 된다.

이런 상황은 전체적으로 우리 민주주의의 결손성이나 위기의 결과이지만 또한 그것을 심화시키는 원인이기도 하다. 우리는 민주시민교육에서 때때로 냉전적인 극한성을 드러내곤 하는 이런 종류의 갈등과 대립을 어떻게 에둘러 갈 수 있을까? 이 문제에 대해 설득력 있고 사회적으로 합의 가능한 답이 마련되지 않고는 우리나라 같은 상황에서 민주시민교육은 출발조차 쉽지 않을 것이다.

우리 헌법에는 명백히 교육의 정치적 중립성에 관한 조항이 있다.[77] 그러나 실제로 우리 사회에서 교육은, 사실 다른 사회들에서도 마찬가지지만, 너무도 강하게 정치적이다. 당장 중앙 정부의 정치적 색깔이 어떠냐에 따라 그리고 교육자치단체의 장이 누가 되느냐에 따라 우리 사회의 교육은 그 기본 지향과 정책에서 엄청난 차이를 드러낸다. 교사들도 전교조다 교총이다 서로 다른 정치적 지향에 따라 다르게 조직되어 교육 현장에서 대립하고 있다. 어쩌면 교육의 정치적 중립성에 대한 헌법적 지향은 터무니없이 비현실적인지도 모른다. 교육은 어떤 식으로든 정치적이기를 회피하기 힘들 것 같고 그래서 그 본성상 정치적이지 않을 수 없을 것 같기 때문이다.

어쩌면 우리 헌법이 교육의 정치적 중립성에 대한 원칙을 명문화해 놓은 것은 역설적으로 그만큼 교육이 정치적 논리나 이해관계에 따라 흔들릴 가능성이 큰 탓일지도 모른다. 사실 아직 충분히 자주적인 주체가 되지 못한 상태의 청소년들은 기성세대의 의지, 특히 정치적 교화의 시도에 아주 쉽게 영향을 받을 수밖에 없다. 그래서 교육에서는 정말로 철저하게 교육적 관점이 정치적 이해관계나 특정한 당파나 정파의 관점보다 언제나 우선할 수 있도록 해야 한다. 교육은 어떤 경우에도 특정한 정치적 진영이나 목적의 도구가 되어서는 안 된다.

아직 미성숙한 상태라 해도 청소년들이 불가침의 인간적 존엄성을 지니고 있음을 인정하고 그 존엄성을 보호받으며 성장할 수 있도록 도와야 한다는 교육의 근본 목적을 따르는 데서는 진짜로 보수와 진보, 좌와 우가 따로 있어서는 안 될 것이다. 한국 정치 전체가 이런 근본적인 수준에서부터 진영 논리의 소용돌이에서 벗어나야 하지만, 특히 교육 정치에서는 그 극복이 너무도 절실한 과제다. 우리 청소년들의 올바른 성장이 정치적 진영 논리에 희생되어서는 안 되기 때문이다.

그러나 교육은 그 본성상 정치적일 수밖에 없다. 칸트[78]에 따르면 정치와 교육은 성격에서 비슷한 데가 있을 뿐만 아니라 본성상 서로 떼려야 뗄 수가 없다. 우선, 정치와 교육은 일종의 '예술'이라는 점에서 같다. 정치는 미성숙한 신민들을 자유의 상태로 이끌고 교육은 본성의 충동을 따르는 어린이들을 자유인으로 성장시키는데, 그 과정이 모두 그야말로 예술적이다. 아주 정교한 수단과 방법이 동원되어야 하기 때문이다. 그러나 단지 그 예술적 외양의 비슷함만이 둘을 연결시키는 것은 아니다. 앞에서도 간단히 소개했지만, 칸트에 따르면 좋은 교육과 공화국의 국가질서는 서로 의존하는 관계이기도 하다. 다시 말해 사람들이 제대로 교육받지 않고는 자유로운 공화국의 시민이 될 수 없고, 반대로 공화국의 자유로운 시민만이 자신의 자녀들을 정치적으로 성숙한 시민으로 성장시키기 위한 공적 교육을 올바르게 제도화하려 한다는 것이다. 자유로운 공화국의 공교육은 이렇게 좋은 시민을 위한 교육일 수밖에 없다. 우리 『교육기본법』에 민주시민으로서 필요한 자질의 함양이 교육의 근본 목적이라고 명토 박아 둔 것도 우리나라가 민주공화국을 표방하는 한 적어도 법적으로는 좋은 시민을 위한 교육의 당위를 에둘러 갈 수가 없었던 탓이리라.

그렇다면 우리는 교육의 정치적 중립성 원칙을 오해해서는 안 된다. 그 원칙은 우리 청소년들이 우리 민주공화국의 헌법을 실현하고 보호하기 위한 자질과 능력을 기르지 못하도록 막기까지 하는 소극적인 '정치 회피'의 원칙으로 이해되어서는 안 된다. 어떤 경우에도 민주공화국의 공교육은 청소년들이, 부모의 정치적 성향이나 이해관계 그리고 자녀의 성공에 대한 일방적인 열망 등에 의해서만 지배당하지 않게끔 하면서, 우리 민주공화국의 존립과 유지 그리고 발전을 위해 필요한 능력과 자질을 갖추도록 교육해야 한다. 우리 사회가 미래 세대를 공적인 제도로 교육하고자 결정했을 때, 그 속에는 그와 같은 불가피한 교육의 정치성이 이미 어떤 식으로든 표현되어 있고 또 그것은 헌법적으로나 법률적으로나 승인된 것이라고 보아야 한다.

그 원칙은 교육에서 모든 종류와 성격의 정치적 내용을 소극적으로 배제해야만 한다는 것이 아니다. 사실 어떤 경우에도 그리고 지금도 교육 과정 안에 정치적인 주제들이 자리 잡는 것을 완전히 회피하는 것은 원천적으로 불가능하다. 게다가 학생들은 진공 속이 아니라 늘 정치적 갈등으로 소란스러운 사회 속에서 자라날 수밖에 없다. 무엇보다도 민주공화국의 공교육은, 우리 『교육기본법』에도 명시하고 있듯이, 민주시민의 양성이라는 고도의 정치적 목적을 가장 근본적인 수준에서 추구하지 않으면 안 된다. 교육은 그 본성상 정치적일 수밖에 없는 것이다.

교육의 정치적 중립성 원칙은 <u>교육이 특정한 정파나 진영의 정치적 이해관계나 정략 등으로부터 독립적이고 중립적일 수 있어야 한다</u>는 것을 의미하지, 공적 교육 체계가 지향해야 할 건강한 시민의 육성이라는 근본적인 정치적 목적마저 망각해도 좋다는 것을 말하는 것이 아니다. 그 원칙은 교육에서의 정치적 진공 상태에 대한 추구를 요구하는 것이 아니다. 교육에서는 정치적 목적보다 교육적 목적을 더 우선시해야 한다는 원칙일 뿐, 교육을 정치와 완전히 떼 놓으라는 의미로 이해해서는 안 된다. 교육은 특히 우리의 민주적 헌정 체제 전체의 수호라는 과제와 관련해서는 철저하게 당파적이어야 하고, 그 체제의 근간이 되는 헌법과 보편적 인권을 철저하게 옹호해야 한다.

헌법애국주의

교육의 민주적-정치적 지향은 하버마스의 개념을 빌려 '헌법애국주의(Verfassungspatriotismus; Constitutional Patriotism)'[79] 또는 '민주적 애국주의'[80]에 대한 지향이라고 할 수 있다. 이 애국주의는 한마디로 '민주적 헌정질서의 가치와 원리 및 제도들에 대한 사랑과 충성'[81]에 대한 지향이라고 할 수 있는데, 이것은 우리가 통상적으로 이해하는 애국주의, 곧 '민족주의적 애국주의'와는 근본적으로 다르다.

통상적인 민족주의적 애국주의는 개인에 대해 절대적인 우위를 지니는 국가라는 가치 실체를 가정한다. 그리하여 그 국가의 이익을 위해 개인의 희생을 강요하고 당연시한다. 나아가 개인이나 집단의 차이와 다양성을 무시하고 억압하며 '우리' 아닌 '남'을 배제하도록 이끈다. 심지어 국가와 민족에 대한 충성은 지고한 도덕적 의무로까지 여긴다.

이와 같은 전체주의적이고 국가주의적인 애국주의와는 전혀 다른 헌법애국주의 또는 민주적 애국주의는 우리가 나라를 사랑해야 하는 이유를, 단순히 그 나라가 자신이 태어나고 자라난 곳이어서가 아니라, 모든 시민의 자유와 존엄을 보호하고 실현하려는 그 나라의 민주적 정체성을 지지하는 데에서 찾는다.

여기서 애국심은 혈통이나 민족 같은 것하고는 아무런 관련이 없다. 그것은 민주공화국이라는 나의 '조국', 곧 내 삶을 자유롭게 하고 인간으로서 나의 존엄성을 보호하고 실현하게 해 주는 특별한 삶의 양식에 대한 일체감일 뿐이다. 그리고 그렇게 나라 사랑과 자기실현이 내적으로 결합되어 있기 때문에 여기에는 그 어떤 국가주의나 전체주의도 들어설 자리가 없다.

헌법애국주의에서는 국가의 신성화나 절대화를 거부한다. 당연히 '국익' 같은 것이 처음부터 분명하게 주어져 있을 것이라는 믿음도 받아들이지 않는다. 민주공화국의 공동선은 모든 시민이 평등하게 참여하는 숙의 과정을 통해 비로소 찾아내고 구성해 내어야 하기 때문이다. 나아가 자신의 조국을 무조건 우월하다고 치켜세우거나 다른 나라를 깔보거나 하지도 않는다.

물론 이 애국주의와 그에 대한 교육을 지금의 헌정 질서 그 자체에 대한 절대적이고 무조건적인 충성을 요구하는 것으로 오해해서는 안 된다. 민주공화국의 이상은 아직 우리의 현실이 아니다. 이미 살펴 본 대로 우리 민주주의는 여러모로 일그러져 있다. 그러나 그 사실은 우리 시민에게 민주공화국의 이상을 제대로 실현할 수 있도록 최선의 노력을 다해야 한다는 책무를 부여하고, 그 이상을 실현해 온 민주적 전통과 성취의 가치를 이어가도록 요구하는 것으로 이해해야 한다.

이런 관점에서 보면 우리 시민에게는 자신의 나라가 시민의 평등한 자유와 존엄을 보호하고 실현하는 데서 잘못하는 것은 없는지, 권력자들이 부패하고 타락하지는 않는지, 사회의 다수가 소수에 대해 부당한 횡포를 부리지는 않는지 끊임없이 감시하고 견제해야 하는 책무가 있다. 필요하다면 '시민 불복종'도 감행해야 한다. 그렇게 하는 것이 강요된 의무여서가 아니다. 그것은 모든 시민의 평등한 자유와 존엄을 보호하고 실현하는 민주공화국은 어떤 은총의 산물이 아니라 시민들 스스로 참여하고 헌신한 결과로만 비로소 성취할 수 있기 때문이다. 시민적 책무를 자발적으로 받아들이거나 어떤 시민 정신을 발휘하는 것이야말로 민주공화국에 어울리는 참된 애국심이라 할 수 있다. 헌법애국주의적 민주시민교육은 바로 이런 차원의 교육을 포함한다.

진보든 보수든 교실에서 결코 편향된 정치 수업을 해서는 안 된다. 교사 개인의 정치적 성향을 학생들에게 주입시키려 하는 것은 더욱 곤란하다. 그러나 교실은 우리의 헌법적 원칙과 규범과 가치를 우리 사회에 뿌리내리게 하고 지키기 위한 가장 기본적인 장소여야 한다. 진보와 보수도 헌법 안의 진보와 보수다. 진보와 보수가 어떤 특정한 사안에 대해서 서로 다른 견해를 가지고 대립할 수는 있지만, 진보나 보수가 존립가능하게 하는 민주적-헌법적 틀 그 자체에 대해서는 모두가 함께 나서 가꾸고 지켜내야 한다. 그렇지 않고는 진보든 보수든 아무런 의미가 없을 것이기 때문이다.

'민주적 사회통합'의 이념과 논쟁으로서 민주주의

모든 정치 진영이나 세력은 자신의 정치적 가치관이나 세계관 등을 자라나는 세대에게 전수하고 싶어할지 모른다. 역사교과서를 둘러싼 최근의 갈등은 정확히 이런 배경에서 일어났다. 그러나 정치적 지향과 이해관계의 다원성이 불가피한 현대 사회에서 그와 같은 접근은 필연적으로 심각한 사회적, 정치적 갈등과 분란을 조장할 수밖에 없다. 그래서는 민주주의도 위협받을 뿐만 아니라 민주시민교육을 포함한 모든 종류의 정치적 성격을 가진 교육은 사회에서든 학교 안에서든 정상적으로 안착하기 어렵다.

그러니까 갈등 당사자들이 강제 없이 합의할 수 있게끔, '민주적 사회통합'을 지향하고 또 그에 따른 원칙과 방법과 내용을 가진 민주시민교육만이 우리 민주주의의 유지와 발전을 위한 전제들을 마련할 수 있을 것이다. 오직 그런 민주시민교육만이, 정치적으로 또 이념적으로 심각하게 분열된 우리 사회와 같은 곳에서 학교 교육이나 사회 속에 제대로 뿌리내릴 수 있게 할 것이다. 그러려면 민주시민교육이 특정한 정치적 진영이나 이념적 정파의 전유물이 되지 않도록 해야 한다. 그 형식과 내용 모두에서 민주시민교육이, 정치적 이념의 차이나 의견 및 이해관계의 다양함과 상충을 떠나, 민주적 지향을 가진 모든 정치 세력과 진영이 다 같이 수용할 수 있도록 만들어야 한다.

사실 민주시민교육의 가장 중요한 목표 중의 하나는 정치적 이념과 의견이 서로 다른 시민들이 서로 존중하며 평화롭게 공생하는 관용의 질서를 어떻게 만들어낼 수 있는지를 시민들이 배우고 익히게 하는 것이다. 상호 간의 이질성과 차이를 감내하면서 함께 살아갈 수 있는 자세와 태도를 갖춘 시민들이 없다면 민주주의는 건강하게 유지될 수 없기 때문이다. 또 그런 시민들이 없다면 오늘날과 같이 정치적으로든 세계관적으로든 종교적으로든 시민들 사이의 차이와 다양성이 불가피한 상황에서 한 사회의 유지를 위해 꼭 필요한 연대와 상호 결속은 불가능할 것이기 때문이다.

그런데 그와 같은 민주적 사회통합은 도대체 어떤 것이고 또 어떻게 가능한가?

민주적 사회통합은 한마디로 한 사회의 여러 구성원 사이의 다양성과 차이를 인정하고 존중하는 것을 넘어 심지어 갈등이나 대립마저도 평화적으로 포용하고 생산적으로 승화시킬 수 있는 사회의 결속 상태라 할 수 있겠다. 여기서는 구성원들 사이의 갈등이나 대립은 단순히 억눌러야 할 사회적 악이 아니다. 그것들은 오히려 자연스럽고 불가피한 것이기에 문화적으로 또 정치적으로 적절하게 관리되면 사회의 발전을 위한 동력이 될 수 있는 대상일 뿐이다. 이와 같은 민주적 사회통합의 이상은 사회 갈등과 민주주의에 대한 우리의 통상적인 인식틀 너머에서만 올바르게 이해될 수 있다.

우리 사회에서는 사회적이고 정치적인 갈등을 백안시하면서 그와 같은 갈등 자체가 아예 존재하지 않는 어떤 '정적주의(靜寂主義)적 사회통합'의 상태를 이상화하는 정치 문화가 지배적이다. 아마도 '당쟁'을 조선의 미개성과 연결하며 식민 지배를 정당화했던 일제의 영향과 오랜 전체주의적 통치의 유산 때문일 것이다. 어쨌든 그와 같은 정치 문화는 우리 사회에 실제로 존재하며 사회를 혼란에 몰아넣는 다층적인 사회적 균열, 곧 이념, 지역, 세대, 소득 등에 따른 균열과 정면으로 충돌할 뿐만 아니라 그에 따른 사회적 갈등을 오히려 증폭시키기까지 한다. 왜냐하면, 그와 같은 문화에서는 사회적 갈등 자체가 부정적으로 여겨지기 때문에 기존의 질서를 흔들고 갈등을 유발한다고 여기는 상대를 절멸시켜야 할 적으로 간주하는 경향이 커지기 때문이다. 실제로 우리 사회에서는 사회경제적 균열을 극복해 보려는 시도만이 아니라 지역이나 세대 같은 차원의 정치적 균열도 아주 극한적인 냉전적-이데올로기적 대립의 형식으로 나타나고 있다.[82]

그러나 우리는 갈등 자체를 무조건 부정적인 것으로만 바라보아서는 안 된다.[83] 물론 명백히 부정적인 갈등이 있기는 하다. 냉전적-이데올로기적 대립 같은 것이 전형적인 예다. 이런 갈등은 과거 우리나라에서 전쟁까지 치르며 분단을 낳았고, 지금도 우리 사회를 결국은 해체로 이끌 가능성이 크다. 이런 갈등은 억제되어야 마땅하다. 그러나 사회의 생산적 발전을 이끌며 긍정적인 효과를 발휘하는 갈등도 있다. 마키아벨리의 구분을 빌리자면, 앞의 경우처럼 무장 대립까지 불러일으키는 부정적 갈등은 단순한 '투쟁(combattendo)'이고 이런 생산적이고 평화적인 갈등은 '논쟁(disputando)'이다. 그에 따르면, 투쟁은 한 집단만의 지배를 보장하는 법으로 귀결되지만, 논쟁은 분쟁하는 두 집단의 요구를 통합해서 공동선을 보장하는 법으로 귀결된다.[84] 만약 사회가 결코 회피할 수 없는 집단들 사이의 갈등이 이렇게 마키아벨리적 의미에서 논쟁으로 승화될 수 있다면 그 갈등은 오히려 사회를 통합시키고 발전시키는 적극적인 동력이 될 것이다.[85]

현대 민주 사회 대부분은 어떤 의미에서 투쟁으로 비화될 수 있는 사회적 갈등을 논쟁의 방식으로 승화시키는 데 얼마간 성공한 사회들이라 할 수 있다. 민주주의에 대한 일반적인 인식 자체가 서로 경쟁하는 이해관계들의 갈등을 인정하고 협상과 타협을 통해 그 갈등을 관리하는 절차에 초점을 둔다. 여기서 민주주의란, 불가피하게 서로 다를 수밖에 없는 개인들의 이해관계나 지향의 집적을 통해 잠정적으로 다수를 형성한 사람들이 지배하는 체제다. 그리고 정치는 기본적으로 일정한 규칙과 절차에 따라 서로 다른 이해관계나 지향을 조율하는 데 그 요체가 있다. '투표' 같은 절차를 통해 잠정적인 다수가 확인되면 소수는 그 결과에 승복하고 나중에 스스로 다수가 될 기회를 모색하는 방식으로 말이다.

최장집은 현대 민주주의 사회들이 갈등을 활용하고 관리하는 데서 발전과 안정의 동력을 어떻게 제대로 찾아 왔는지를 보여주면서, 우리가 갈등에 기초하고 갈등을 활용하는 민주주의를 발전시켜야 함을 역설한다. 그에 따르면 우리 사회는 민주화는 이루었으나 "그 제도적 실천의 주요한 동력이 되는 갈등을 이해하고 다루는 데서는 그리 익숙하지도 합리적이지도 못"하다.[86] 특히 균열과 갈등에 기초하지도 또 그것을 이용하지도 못하는 정당 정치의 미발전 상태가 심각하다. 그런 만큼 우리 민주주의의 성숙을 위해서는 앞으로 정당들 사이의 타협과 갈등의 경쟁 체제, 다수의 지지를 얻기 위해 경쟁적으로 노력하는 과정에서 시민사회의 이익과 갈등을 더 효과적으로 조율할 수 있는 정당 시스템의 발전이 절실하다.[87]

그러나 우리는 여기서 좀 더 나아갈 필요도 있다. 최장집의 이런 정당 중심주의적 문제 인식의 바탕에는 다수결주의적, 선호 집약적 민주주의 모델이 깔려 있는 것처럼 보인다. 물론 우리 사회에서는 이런 정도의 민주주의 모델도 제대로 정착시켜내지 못했고, 따라서 그와 같은 방식의 '절차적 사회통합'에 대한 추구는 그것대로 충분한 의미를 가질 수 있을 것이다. 그러나 이런 정도의 모델만으로는 우리 사회에서와 같은 극심한 이념 갈등과 진영 대립을 극복하기 힘들어 보인다.

이 모델에서 사회적 갈등은 말하자면 봉합될 수 있을 뿐이다. 선거 등의 의사 결정 과정에서 '패배한' 소수는 그저 '승리한' 다수의 뜻에 승복하고 다음번에는 다수가 되기 위해 절치부심할 수 있을 따름이지 달리 민주주의적 과정에 참여할 수 없다. 기본권의 보장을 위한 헌정주의적 제한이 없다면, 여기서 '다수의 전횡'은 예외가 아니라 오히려 경향적이다. 그래서 이러한 과정을 통해 이루어지는 사회통합은 불안정하고 소극적일 수밖에 없다. 곧 사회적 갈등은 제대로 논쟁으로 승화되지 못한다.

이 민주주의 모델에서는 단지 '숫자'가 사회의 중요한 문제를 결정한다. 투표는 다수와 소수, 승자와 패자에 대한 냉정한 판단은 잘 내릴 수 있다. 그러나 숫자는 그 결정이 옳은지 그른지, 사회를 정의롭게 만드는지 아닌지, 사회의 미래를 위해 좋은지 아닌지 등의 문제에 대한 좋은 판관이 될 수는 없다. 사회의 문제들에 대해 '유일하게 올바른' 판단이라는 가정은 그 자체가 성립할 수 없다고 하더라도, 어쨌든 숫자 다툼이 제대로 된 논쟁이 될 수는 없다. 대개 정책 논쟁 같은 것보다는 진실과는 아주 다르게도 대중매체에 드러나는 후보자의 이미지 같은 것이 선거 결과를 좌우하는 일이 자주 벌어지는 것만 보아도, 이 모델의 논쟁적 성격은 의심스러울 수밖에 없다.

사실 오늘날 민주주의에서 선거는 그 자체만으로는 논쟁보다는 투쟁에 가깝다. 비록 선거에서 패한 쪽이 승리한 쪽에게 승복한다 하더라도 그것은 올바른 근거에 따라 설득당한 것이 아니기 때문에 대립적 구도 자체는 변하지 않는다. 패배한 진영에서는 단지 숫자가 모자라서 졌다고 생각하면서 선거 결과의 정당성 자체를 의심할 수도 있다. 이런 민주주의 모델에서 정치적 양극화는, 비록 그 필연적 결과는 아닐지 몰라도, 좀처럼 극복하기 힘들다. 폭력적 투쟁까지는 아니더라도 다수가 되고자 하는 진영 사이의 극한적 투쟁이 일상화되어도 이상할 것은 없다. 이는 미국 같은 오래된 민주주의 국가에서도 피할 수 없음이 확인되었고,[88] 민주주의의 역사가 짧은 우리나라 같은 데서는 선거가 늘 사회의 분열을 더욱더 심화시키는 쪽으로 귀결되곤 했다.

바로 이런 배경 위에서 오늘날 전 세계적으로 민주주의를 이해하는 데서 사회적 갈등 자체를 단순히 소극적으로 용인하는 정도를 넘어 '토론'이나 '쟁론(contestation)'의 형식으로 이루어지는 사회 구성원들 사이의 차이의 표명과 의견 대립을 민주주의적 과정의 핵심 요소로 인정하는 '숙의(심의)적 전환(deliberative turn)[89]이 일어나고 있다. 여기서 민주주의는 '숙의(심의) 민주주의(deliberative democracy)', 곧 "자유롭고 평등한 시민들이 (그리고 그 대표자들이) 누구나 수용할 수 있고 일반적으로 접근 가능한 근거들을 서로 주고받는 과정에서 결정을 정당화하는 정부의 형식"이다.[90] 여기서 민주주의는 '공적인 이성적 추리(public reason)' 그 자체다.[91]

이 민주주의 모델에서 민주적 정당성의 핵심은 단순히 투표를 통한 다수의 확인에 있는 것이 아니라 시민들이 집합적 의사 결정을 위한 사회적 숙고의 과정에 참여하는 데 있다. 한 사회의 구속력 있는 집합적 결정은 시민들이 그 근거들을 스스로 성찰하여 받아들일 만하다고 여길 수 있을 때만 정당화될 수 있다고 보기 때문이다.[92] 사회적 숙고의 과정에 참여할 수 있다는 것은 시민의 주권성을 존중받는 가장 확실한 방법일 것이고 또 그럼으로써 시민은 자신의 정치 공동체와 더 큰 일체감을 느낄 것이다.

투표 중심의 민주주의 모델은 말하자면 평화적인 힘겨루기 모델이다. 어떤 식이든 다수의 선택만이 정당하다. 그래서 잘못된 사회적 욕망이나 편견조차도 다수의 세를 이루기만 하면 그만이다. 그러나 숙의 민주주의 모델에서는 정당한 민주적 결정은 합리적 성찰이라는 필터를 통과해야만 한다. 이 합리적 성찰의 의미는 매우 중요하다. 왜냐하면, 시민들은 사회적 숙고의 과정에서 이루어지는 성찰을 통해 자신들이 애초 가지고 있던 판단이나 선호나 견해를 바꿀 가능성이 있기 때문이다.[93] 투표 중심의 민주주의에서는 시민들의 선호나 이해관계는 미리 고정되어 있고 변하지 않는 것으로 이해된다. 그러나 숙의 민주주의 모델에서는 다른 시민들을 합리적 논증을 통해 설득하

여 그 선호와 이해관계에 대한 판단을 변화시킬 가능성이 열려있다고 본다.[94]

이렇게 되면 어떤 사안에 대한 견해차나 대립은 더 나은 해법을 찾기 위한 아주 좋은 방편이 될 수 있다. 설령 사회적으로 숙고할 시간이 없거나 물리적인 제약 때문에 투표 같은 것으로 어떤 사안의 최종적인 결정을 내릴지라도, 공동의 숙고 과정이 있었고 상대가 설득될 가능성을 열어 두고 논쟁했다면 구성원들은 투표로 내리는 의사 결정의 불가피성과 그 결정의 합리성에 대해 선호 집약적 민주주의에서보다 더 많은 기대를 할 수 있다.

이 민주주의 모델은 갈등하는 사회 구성원들의 통합을 더 단단하게 만들 수 있고 정치적 양극화의 문제를 극복할 가능성을 열어준다. 여기서는 사회적 갈등 그 자체가 문제인 것이 아니라 갈등 해결을 위해 토론하지 않고 사회적으로 숙고하지 않는 것이 문제다. 논쟁으로 승화된 사회적 갈등은 정상적인 민주적 질서의 일부이며 사회적 진화의 핵심 동력이다. 정치적 상대는 단순히 절멸시켜야 할 적이 아니다. 여기서는 하버마스가 말하는 바와 같은 '더 나은 논증의 힘'이 작용하여 지금은 나와 다른 견해를 가지고 있지만 내가 잘 설득할 수만 있다면 상대가 나의 편이 될 가능성이 있다고 가정된다. 설사 어떤 사안에 대한 의견 합의가 완전히 이루어지지 않는다 하더라도 논쟁의 상대자는 문제를 해결하기 위하여 함께 참여하는 일종의 '탐구 공동체' 일원으로서 존중의 대상으로 정중히 받아들여진다. 힘이 약하고 큰 세력을 형성하지 못해 상대에게 이익을 조율하도록 압박할 수 없는 소수자도 배제되지 않는다.[95] 숙의하는 민주주의는 그 본성상 관용의 체제가 아닐 수 없다.

물론 참여자들이 아무런 권력의 차이도 존재하지 않는 서로 평등한 지반 위에서 오로지 합리적인 논증만을 주고받는 하버마스식의 '이상적 언어 상황'에 대한 가정은 반-사실적(counter-factual)이다. 그러나 이성적 토론을 민주주의의 핵심으로 간주하면, 현실의 사회적 갈등과 대립에서 모든 종류의 억압과 배제, 권력 남용과 조작 등은 정당하지 못한 것으로 규정되고 비판될 수 있다. 따라서 그와 같은 이성적 '토론을 통한 통치(government by discussion)'[96]의 이상은 반드시 비현실적(unreal)이지는 않다. 그것은 일정하게 현실을 실제로 구성하는 비판적 동력으로 작용할 수 있기 때문이다.

그러나 이 숙의 민주주의 모델의 이상을 서구의 계약론적 전통에서처럼 어떤 공적인 집합적 결정에 대한 모든 시민의 동의 또는 합의를 지향하는 것으로 이해하면, 이 모델은 지나친 낭만주의나 이상주의에 빠져있다는 비난에서 벗어날 수 없다. 어떤 공적 사안에 대해 모든 시민이 동의하는 것은 원칙적으로 불가능할 것 같고 또 실제로 바람직하지 않을 수도 있기 때문이다. 그 동의 여부를 확인할 수 있는 현실적인 방법도 없다. 여기서 진짜로 중요한 것은 공적인 의사 결정에 대한 쟁론 가능성(contestability)[97]의 보장이다.

이 민주주의 모델이 강한 사회 통합적 효과를 발휘할 수 있는 것은, 이 모델에서 공적 의사 결정이 논쟁을 통해 언제나 구성원들 사이의 완전한 동의를 끌어낼 수 있을 것이라는 비현실적이고 낭만적인 가정 때문이 아니다. 오히려 시민들이 원칙적으로 공적 의사 결정이 이루어지는 모든 과정과 공간에서 언제든지 문제와 결정을 위한 근거, 고려사항 들을 검토할 수 있고 필요하다면 이의를 제기할 수 있도록 하는 항시적 가능성을 보장받기 때문이다.[98] 모든 시민이 모든 중요한 공적 의사 결정 과정에 참여할 수도 없고 또 명시적이든 암묵적이든 동의 여부를 언제나 표명할 수도 없다. 그러나 그런 처지에 있지 못한 시민이라도 언제든지 어떤 결정에 대해서든 이의를 제기하고 논쟁을 벌일 기회는 가질 수 있다.[99] 이렇게 되면 시민들은 충분한 견제력을 가지게 되고, 공적 의사 결정 과정은 참여하지 않는 시민들의 반응을 의식하면서 좀 더 합리적이어야 하고 좀 더 포용적이야 한다는 압박 하에서 진행될 수 있을 것이다. 페팃은 이런 민주주의를 '쟁론적 민주주의'(contestatory democracy)라고 이름 붙였다.[100]

지금 한국 사회와 같은 극한적인 냉전적-이데올로기적 진영 대립을 극복하기 위해서는 하루빨리 그 투쟁적 갈등상태를 논쟁적 갈등상태로 승화시킬 수 있는 길을 모색해야 한다. 그러기 위해서는 입법, 행정, 사법, 나아가 공론장 등 집합적 의사 결정을 위한 사회의 모든 층위에서 쟁론의 공간이 더 개방적이고 더 자유롭게 확보될 수 있도록 제도화하고 재구조화해야 한다. 가령 승자독식의 원리에 따른 단순 다수결주의에 기초한 우리 민주주의의 절차들을 숙의 민주주의의 방향으로 개혁해 내야 한다. 어쩌면 의회제(내각제)로의 개헌도 고려해 볼 필요가 있고 비례대표제도 틀림없이 확대해야 할 것이다.[101] 보통 시민들이 심층적인 숙의 과정을 통해 공적 결정을 내리는 제도적 토대로서 '시민의회'[102]를 도입하는 것도 검토해 볼 필요가 있다.

그러나 이 모든 제도적 개혁의 노력과 함께, 시민사회 수준에서 숙의 민주주의의 발전을 위한 사회 도덕적 토대를 마련하고 공고히 하기 위한 사회적 노력도 절실하다. 그 노력은 무엇보다도 우리 시민사회 속에 관용과 상호 존중에 기초한 민주적인 쟁론 문화를 뿌리내리게 하고 확산하는 데 초점을 두어야 한다.[103] 시민사회적 수준에서 쟁론 문화가 제대로 활성화되지 않고서는 공론장에서든 정치사회에서든 제대로 된 숙의 민주주의의 발전은 불가능할 것이기 때문이다. 여기서 학교에서 이루어지는 민주시민교육은 아주 중요한 출발점이 될 수 있다.[104]

'논쟁성의 원칙'

이제 새롭게 이해된 민주주의 모델을 따라 서로 다르고 때로는 다투더라도, 민주주의라는 근본 틀을 벗어나고자 하지는 않는 모든 갈등하는 세력들이 강제 없이 합의할 수밖에 없는 원칙과 방법과 내용을 가진 민주시민교육의 모델을 찾아보자. 제일 중요한 것은 민주시민교육이 특정한 정치적 진영이나 이념적 정파의 전유물이 되지 않도록 해야 한다는 것이다. 그 형식과 내용 모두에서 민주시민교육을, 정치적 이념의 좌우나 의견 및 이해관계의 다양함과 상충을 떠나, 민주적 지향을 가진 모든 정치 세력과 진영이 다 같이 수용할 수 있도록 만들어야 한다.

지금까지 우리 사회에서는 극심한 냉전적 형식의 이념 대립이 지배하는 바람에 학교 교육에서 효과적인 민주시민교육을 수행해오지 못했다. 아무런 사회적 합의 없이 시도하는 민주시민교육은 '의식화 교육'이나 '우민화 교육'으로 공격받기 일쑤다. 그 결과 우리 사회에서는 정치적 성격을 갖는 학교 교육은 곧잘 회피의 대상이나 어떤 정치적 우격다짐의 대상이 되고 말았다. 공교육의 틀 안에서 이루어지는 민주시민교육은 원칙적으로 민주적 지향을 가진 모든 정파가 수용할 수 있는 형식과 내용을 갖추어야 할 것인데, 지금껏 제대로 된 공통의 지반을 찾지 못한 것이다.

여기서 우리의 수수께끼를 풀기 위한 가장 결정적인 관건은 교육의 본성적인 정치성과 민주시민의 양성이라는 근본 목적을 무시하지 않으면서도 교육이 정치적으로 중립적일 수 있는 방법을 찾아내는 데 있다. 일견 모순적으로 보이지만, 만약 그렇게만 될 수 있다면 서로 대립하고 갈등하는 이념 진영 모두가 흔쾌히 수용할 수 있는 민주시민교육의 모델을 확립할 수 있으리라는 기대를 걸 수 있다. 그리고 그러한 모델 확립으로 우리는 우리나라의 학교 교육 과정에 민주시민교육 과정을 적극적으로 도입할 수 있는 결정적 기반을 확보하게 될 것이다.

여기서 앞서 살펴본 민주주의에 대한 논쟁 모델과 그에 따른 민주적 사회통합에 대한 비전은 좋은 대안을 제시한다. 우리는 민주시민교육의 원칙과 방향을 둘러싸고 진행되는 우리 사회의 투쟁적 대립을 논쟁으로 전환하는 데서 문제에 대한 해법을 찾을 수 있다는 것이다. 답은 어찌 보면 너무도 간명하다. 그것은 바로 민주시민교육 자체를 논쟁적으로 만드는 것이다. 그러니까 학교에서 다룰 정치적 내용과 성격을 갖는 교육을 모든 정파에 중립적인, 곧 공정한 논쟁의 모델에 따른 교육으로 조직해 보자는 것이다. 만약 그렇게 될 수 있다면, 서로 대립하는 정파들이 모두 그러한 교육에 동의할 수 있을 것이다.

우리는 이것을 민주시민교육의 '논쟁성의 원칙'이라고 부르기로 하자. 이 원칙에 따르면, 사회적이고 정치적이며 학문적인 현안에 다양한 의견, 특히 논쟁적으로 대립하는 의견이 있을 때 교육 현장에서도 그 다양성과 대립을 그대로 드러나게 할 수 있어야 한다.

논쟁성의 원칙은 교육의 본성적인 정치성과 민주시민의 양성을 지향해야 한다는 근본 목적을 무시하지 않으면서도 교육이 정치적으로 중립적일 수 있는 방법을 제시한다. 이 원칙은 교육의 정치적 중립성 원칙에 어긋나지 않는다. 오히려 그 중립성 원칙을 적극적으로 해석할 수 있게 한다. 다시 말해 중립성 원칙은 논쟁성 원칙을 통해 정치적인 것이 교육 과정 안으로 들어오는 것을 회피하지 않으면서도 정치적 내용과 성격을 갖는 교육에서 수단화되어서는 안 될 학습자의 존엄성과 주제 처리의 공정성 및 객관성을 잃지 않아야 한다는 요청을 담은 것으로 해석된다. 정치적인 주제들을 흔쾌히 가르치되 그 교육이 일방적인 교화가 되지 않게 하는 적극적인 해법이다.

이 논쟁성의 원칙은 매우 단순하지만, 사실은 매우 풍부한 내용을 함축한다.

우선, 이 원칙은 민주적 지향을 가진 모든 정파가 수용해야 할 규범적 의무를 담았다. 설사 민주주의에 대한 논쟁 모델을 지지하지 않는 정파라 하더라도 이 논쟁성의 원칙을 수용하지 않을 수는 없다. 어떤 정파든 우리 헌법에서 규정한 바와 같이 민주주의라는 공통의 지반을 떠나기를 원하지 않는다면, 그래서 우리의 민주공화국이 전쟁이나 무장 투쟁과 같은 폭력의 사용 없이 다양한 이해관계와 지향을 가진 세력들이 평화롭게 공존하는 삶의 틀이 되어야만 한다는 점을 인정하기만 한다면, 민주적 논쟁의 장 안으로 들어와야 할 의무가 있다. 논쟁성 원칙의 부정은, 어떤 모델에 따라 이해되든, 민주주의에 대한 부정이 될 것이다.

다음으로 논쟁성의 원칙은 학생들의 인간적 존엄성에 대한 존중을 함축한다. 그 원칙은 논쟁하는 서로 다른 견해의 올바름에 대한 최종 판단은 결국 학생들이 스스로 내려야 함을 가리킨다. 교사는 학생들이 스스로 올바른 결론을 내리고 또 스스로 정치적 주체가 되도록 돕는 역할에 머물러야 한다. 특정한 정치적 목적을 위해 학생들을 선동하거나 학생들에게 자신의 정치적 세계관을 주입하려 해서는 절대 안된다. 아직 미성숙한 상태라 하더라도 궁극적으로는 학생 자신이 자기 삶의 주인이며 주권자임을 존중해야 한다. 민주주의는 개인이 지닌 존엄성을 바탕으로 이루어진 삶의 양식이다. 개인이 지향해야 할 가치나 세계관을 특정한 집단이나 개인이 주입하거나 강요하는 행위는 근본적으로 민주주의를 부정하는 행위일 수밖에 없다. 논쟁을 통한 교육은 학생들이 내면화해야 할 가치와 관점을 스스로 확인하고 성찰하는 과정을 거치며 학생 스스로 자신의 세계관을 형성하게 한다.

바로 이런 차원에서 이 논쟁성의 원칙은 민주시민교육의 주제 처리 방식 또한 지시한다. 그러니까 민주주의와 인권이라는 헌법적 규범과 가치에 관련된 민주시민교육의 여러 주제를 다룰 때 그리고 공론장과 사회에서 논란이 되는 중요한 이슈들을 다룰 때, 이 원칙은 교사가 수업에서 자신의 고유한 정치적 견해를 괄호치고 공론장과 사회에서 벌어지는 의견 차이와 대립을 냉정하게 따져 보는 방식으로 가르치게끔 한다. 말하자면 교사는 논쟁에서 공정한 제삼자 또는 사회자와 같은 역할을 맡아야 한다.[105] 현실적으로 언제나 쉽지는 않겠지만, 이 원칙은 정치적 내용과 성격을 갖는 수업에서 추구해야 할 모범을 제시하는 '규제적 이상(regulative ideal)'으로서 작용할 수 있을 것이다.

또 이 원칙은 학생들이 미래의 민주 사회의 시민으로서 지녀야 할 가장 핵심적인 역량을 함양할 수 있게 해 준다. 토의와 논쟁 중심으로 진행될 수업에서 학생들은 자료를 비판적으로 분석하고 해석하는 능력과 경쟁하는 다른 사람의 견해를 주의 깊게 듣고 새로운 근거나 주장에 열린 태도로 접근하는 습관을 함양할 수 있다. 또 논증적으로 사고하고 말하는 능력도 기를 수 있다. 한마디로 민주 시민으로서 지녀야 할 가장 중요한 자질인 비판적 사고 및 표현 능력을 기를 수 있다.

나아가 논쟁성의 원칙에 따른 민주시민교육은 학생들이 핵심적인 민주적 가치들을 내면화하고 시민적 예의를 지키는 태도를 습관화하게 해 줄 것이다. 누구든지 자신의 견해를 가질 수 있음을 인정하고 또 의견이 다른 상대를 자신과 똑같은 존엄성을 지닌 평등한 존재로 존중하고 관용하는 것이 논쟁에 참여하기 위한 필수적 전제인 까닭이다. 따라서 이 원칙은 대화와 타협을 통한 문제의 해결이라는 가장 기본적인 민주적 태도를 길러준다. 민주주의는 다른 의견을 지닌 사람들과의 갈등을 평화적인 방법으로 해결하기를 지향한다. 그렇게 하기 위해서는 시민은 생각이나 가치 지향에서 다른 시민들과 어떤 면에서 같고 또 어떤 면에서 다른지를 토론과 논쟁을 통해 확인하는 습관을 기를 수 있어야 한다.

이 논쟁성의 원칙은 우리보다 더 앞서고 오래된 민주주의의 경험을 가진 국가들에서 민주시민교육을 도입하고 시행하면서 핵심적으로 견지하는 원칙이기도 하다. 무엇보다도 독일의 민주시민교육인 '정치교육'이 교육의 원칙으로 따르고 있는 '보이텔스바흐 합의(Beutelsbacher Konsens)'가 주목할 만하다.[106] 과거 분단국가였던 독일에서도 심각한 좌우 대립 때문에 학교와 사회에서 제대로 된 정치 교육이 이루어지지 못한 채 사회적 갈등이 고조되었더랬다. 그런데 1976년 독일의 좌우 정치 교육 책임자들과 학자들은 보이텔스바흐라는 소도시에 모여 집중적인 토론 끝에 정치 교육의 원칙에 대해 합의에 이르게 되었는데 완전한 합의에 이르기까지 더 많은 시간이 걸리기는 했지만, 거기서 다름 아닌 논쟁성의 원칙이 핵심을 차지했다. 독일은 이 합의에 따라 정치 교육 현장에서 좌우갈등을 극복하고 전 국가적인 차원에서 체계적인 민주시민교육 시스템을 만들어 내는 데 성공했다. 이 합의로 독일은 통일 이후 오늘날까지 성공적인 사회통합과 민주주의에 기반을 둔 번영의 토대를 구축할 수 있었다고 평가된다.

보이텔스바흐 합의는 다음의 세 가지 원칙을 담고 있다.

1) 강제 또는 교화의 금지: "어떤 수단을 통해서든 학생들에게 특정한 견해를 주입하고 그럼으로써 그들이 독립적인 의견을 형성하지 못하게 해서는 안 된다. 다름 아닌 바로 여기에 정치 교육과 교화의 경계가 있다. 반면에 교화는 민주사회의 교사가 할 역할도 아니고, 민주사회에서 널리 받아들여지는 학생의 성숙이라는 목표에도 적합하지 않다."

2) 논쟁성에 대한 요청: "학문과 정치에서 논쟁적인 것은 수업에서

도 역시 논쟁적으로 드러나야 한다. 이 요청은 첫 번째 원칙과 밀접하게 연결된다. 왜냐하면, 교화는 다양한 관점들을 숨기고 다른 선택지들을 내팽개치며 대안들을 해명하지 않을 때 일어나는 것이기 때문이다."

　3) 이해관계의 인지: "학생들은 특정한 정치적 상황과 자신의 이해관계의 상태를 분석할 수 있어야 할 뿐만 아니라 자신의 이해관계에 비추어 주어진 정치 상황에 영향력을 행사할 수 있는 수단과 방법을 찾을 수 있어야 한다."

　이렇게 논쟁성의 원칙을 핵심으로 하는 보이텔스바흐 합의는 그 핵심에서 일방적인 주입식 정치 교육을 지양하고, 정치 교육을 통해 학생 스스로가 판단하고 결정하며 행동할 수 있는 능력을 갖추게끔 성장시키겠다는 교육적 관점을 철저하게 견지하려는 데서 나온 것이다. 그것은 '정치에 대한 교육의 우선성의 원칙'을 지키려는 것으로 한마디로 '정치 교육의 교육화(Pädagogisierung der politischen Bildung)'[107]의 시도라 할 만하다. 교육의 정치적 중립성에 대한 우리 헌법의 원칙은 바로 이런 원칙 이상을 의미하지는 않는다.

　독일만이 아니다. 영국도 토니 블레어의 노동당 집권 시절 버나드 크릭(Bernard Crick) 교수를 위원장으로 하는 '시민교육자문위원회'에서 1997년에 나온 일명 '크릭 보고서(Crick's Report)'에 기초하여 시민교육을 학교 교육에 전면적으로 도입했다. 이 보고서에서도 논쟁성의 원칙은 결정적이다. 보고서는 말한다. "학교는 아이들을 첨예하게 대립하는 성인들의 주제로부터 보호하고자 해서는 안 된다. 오히려 그런 문제들을 의연하고, 정확하고, 균형감각 있게 다루는 법을 가르쳐야 한다. 이것들을 가르친다고 해서 교사들의 생각을 주입해서는 절대 안 된다. 그러나 무조건적인 중립 또한 옳은 것이 아니다. 인권과 같은 주제를 다룰 때는 중립적인 것이 오히려 나쁠 수 있다. 민감한 주제를 다루면서, 학생들은 편파적이라는 말이 무슨 뜻인지, 제출된 증거를 어떻게 평가할 것인지, 다른 식의 해석·견해·증거는 어떻게 고려할 것인지, 그리고 무엇보다도 어떤 주장을 하건 합리적인 근거를 제시하는 태도, 다른 사람의 주장도 합리적인 경우에는 받아들이는 자세 등을 배워야 한다."[108] 영국은 아예 교육법 안에 교사가 학생들에게 정치적 사안이나 민감한 주제를 가르칠 때는 반드시 양쪽 견해를 골고루 소개하도록 규정하였다.[109]

시민사회가 주도하여 자율적으로 시민교육을 수행하는 미국에서도,[110] 독일이나 영국처럼 국가적 차원에서 적용된다고 할 수는 없어도, 논쟁을 통한 숙의적 접근법이 시민교육을 위한 주요한 흐름으로 자리 잡고 있다.[111] 그런 접근법만이 미국에서도 뚜렷해지고 있는 '정치적 양극화' 문제를 에둘러 시민교육을 제대로 실천할 수 있게 하고 또 궁극적으로 그 문제를 극복하는 데도 기여할 수 있다는 것이다. 이런 세계적인 흐름은 결코 우연이 아니다.

'살아 있는 민주주의'를 위한 실천성의 원칙

우리는 제대로 된 역량을 갖춘 시민 없이는 민주주의가 존립할 수도 작동할 수도 없다는 데서 출발했다. 민주주의에는 민주주의자인 시민이 필요하다. 민주시민교육은 학생들을 민주주의를 지키고 가꾸고 운영할 수 있는 민주주의자로 기르기 위한 교육이라고 할 수 있다. 그렇다면 민주시민교육을 어떻게 해야 학생들이 민주주의를 신념화하고 그 가치를 내면화하며 민주주의를 운영하고 발전시키는 데 필요한 역량을 기르게 할 수 있게 할까?

민주시민교육으로 학생들은 도대체 민주주의가 무엇인지, 그것은 어떻게 작동하고 어떤 원리나 규칙을 가지는지, 그것은 어떻게 형성되었고 왜 우리에게 중요한지, 시민들은 어떻게 해야 민주주의를 더 잘 발전시키고 운용할 수 있을지 등을 알 수 있어야 한다. 그러나 계속 강조해 왔지만, 민주시민교육은 이런 목적을 가진 교육을 단순히 지식의 전수라는 차원에서만 접근해서는 안 된다.

지식 교육이 아예 불필요하다는 이야기가 아니다. 민주시민교육은 지식 교육을 하더라도 학생들이 비판적이고 독립적이며 주체적인 사유 능력을 갖출 수 있게 하는 데 초점을 두어야 한다. 이 능력은 세상을 더 잘 살아가기 위해서도, 가령 정보 사회에서 쏟아지는 정보들을 제대로 평가하고 취사선택을 하기 위해서도 절대적으로 필요하다. 하지만, 각성한 시민으로서 구체적인 정치 공동체 속에서 정치적 과정과 민주적-숙의적 과정에서 자신의 삶에 영향을 미치는 제도적 틀이나 정책을 만드는 데 참여하고 시민으로서 견제력을 제대로 행사할 수 있기 위해서도 비판적 사유 능력은 결정적으로 중요하다. 그러나 민주시민교육은 그 본성상 단순히 지적인 능력에만 초점을 둔 교육일 수는 없다.

민주시민교육에서 더 중요한 것은 학생들이 다른 사람에 대한 공감과 배려의 태도나 소통의 능력을 함께 갖추도록 하는 것이다. 학생들은 교육을 통해 상호 존중과 인정, 관용, 연대 등과 같은 가치 지향과 태도를 길러야 한다. 그리하여 민주주의의 참된 의미와 가치를 확인하고 그것을 유지하고 발전시키는 데 필요한, 개개인의 인격에 깊숙이 뿌리내릴 '마음의 습관'(habits of heart)을 형성할 수 있어야 한다.

그러니까 교육을 통해 모든 시민은, 다른 시민과 함께 살아간다는 것이 무엇을 의미하는지, 자신이 정치 공동체 속에서 다른 시민과 책임과 부담을 나누는 상호적 연결망 속에서 어떻게 살아가고 있는지에 대해, 단순한 지식으로가 아니라 실질적인 체험으로, 풍부한 도덕적 인식을 형성하고 경험할 수 있도록 해야 한다. 그런 인식을 통해 시민들은 자신의 개인적 이해관계를 다른 시민들의 그것과 어떻게 조율하고 조화시켜야 하는지 그리고 왜 공동의 이해관계에 비추어 그것에 적절하게 자기 제한을 가해야 하는지 등을 일상적 삶 속에서 체득해 낼 수 있어야 한다.

이런 맥락에서 우리는 말하자면 '실천성'을 민주시민교육에서 결정적으로 중요한 또 다른 원칙이라고 할 수 있다. 이 원칙에 따르면, 민주시민교육은 실질적인 민주적 실천 역량과 가치관의 함양에 초점을 둔 교육이어야 한다. 민주주의를 학생들에게 어떤 추상적인 이상으로만 가르쳐서는 안 된다. 학생들은 '살아 있는 민주주의'를 경험하고 배울 수 있어야 한다. 민주주의가 가장 기본적인 삶의 양식으로 어린 시절부터 자연스럽게 경험되어야 한다. 그리고 민주주의를 실천하기 위한 역량과 가치관을 자연스럽게 길러야 한다.

이 실천성의 원칙은 학생들이 민주주의에 대한 지식, 가치, 태도의 실질적 의미를 이해하게 하고 현실의 민주주의 본성을 직접 체감하게 하자는 데 초점이 있다. 곧 학생들이 민주시민으로서 필요한 자질을 기르는 실천 과정을 통해 민주주의가 추구하는 이념이 실질적으로 무엇을 의미하는지, 어떠한 가치를 지향하고 있는지, 민주적 시민은 어떤 태도를 길러야 하는지에 대해 '체화된 인지(embodied cognition)'가 형성되도록 하자는 것이다. 학생들은 실천 행위를 통해 지식, 가치, 태도를 동시적이며 통일적으로 획득할 수 있게 될 것이다.

그래서 학생들은 자신들의 삶의 공간 안에서 민주주의가 기본적으로 공동생활의 문제를 창조적으로 해결하기 위한 공동체적 삶의 양식임을 일상적으로 체험할 수 있어야 한다. 이때 학생들은 학교에서 또 사회에서 스스로 해결해야 할 것으로 감지하는 문제들을, 제한된 수준과 범위 안에서나마, 직접 해결해 가면서 그런 해결 과정을 삶의 일부로 자연스럽게 여길 수 있어야 한다. 특히 구성원들 사이의 갈등이나 구성원들이 겪는 일상적 곤란을 학생들 스스로 해결해 가는 경험을 일상화할 수 있어야 한다.

이 실천성의 원칙은 무엇보다도 학생을 단지 '미래의 시민'이기만 한 것이 아니라 '현재의 시민'으로도 인정한다는 데서 출발한다. 민주시민교육을 하자면서도 우리는 자칫 그것을 학생들이 미래의 좋은 시민이 되기 위해 시민으로서 필요한 자질을 갖추도록 준비시킨다는 식으로만 생각하기 쉽다. 그러나 학생들이 지금 당장 학교 안팎의 삶에서 시민으로서 스스로 민주주의를 경험하고 '살아내지' 않으면, 미래에도 제대로 된 시민이 될 수 없다고 해야 한다. 말하자면 학생들은, 조희연 교육감이 명명한 것처럼, '교복 입은 시민'으로 현재의 학교라는 민주적 공간의 주체로 인정되어야 한다.

이런 맥락에서 학교는 단순히 미래의 시민인 학생들에게 민주주의에 대한 지식을 전승하거나 그들이 민주주의를 '체험'하게 하는 정도를 넘어 그들이 민주주의를 직접 실천하고 몸소 '살아내는' 경험을 할 수 있는 공간이 되어야 한다. 역시 듀이가 늘 강조했듯이, 학교는 그 자체로 하나의 작은 민주적 공동체가 되어야 한다. 여기서 학생들은 '학교-시민'으로서 배움과 성장의 과정에서 필연적으로나 우연하게 만날 수밖에 없는 다양한 문제들을 협동적이고 연대적인 방식으로 스스로 해결해 나갈 수 있도록 해야 한다. 여기서 상호 존중, 이질적인 것에 대한 포용과 관용, 타인에 대한 배려, 권리의 보호와 실현 등과 같은 민주적 가치들이 자연스럽게 체화되고 내면화되도록 해야 한다. 학교에서 민주주의를 살아보지 못한 학생들이 성장하여 제대로 된 시민으로서 사회와 국가 단위의 민주주의를 살아내기는 힘들 것이다.

이미 잠시 언급한 대로 독일은 모범적인 민주주의 국가일 뿐만 아니라 나치 시대에 대한 반성의 일환으로 오래전부터 학교에서 정치교육이라는 필수 교과를 통해 민주시민교육을 의무화했다. 지금 독일에서는 그동안 진행되어 온 정치 교육을 비판적으로 성찰하면서 '민주주의 교육(Demokratiepädagogik)' 운동을 전개하고 있다. 이 운동은 독일의 정치 교육이 독일에서 다시는 나치 같은 문명 파괴 세력이 등장하지 못하게 하겠다는 목표 아래 오랫동안 체계적으로 이루어져 왔음에도 통일을 전후로 해서 많은 청년들이 외국인 혐오 등을 앞세우는 신나치주의에 경도되는 충격적인 사회 현상에 대한 성찰에서 출발했다.

그 성찰의 핵심은 그동안의 정치 교육이 지나치게 분과 학문적 접근에 매몰되어 있었고 무엇보다도 지식 전달에만 초점을 두었지 역량과 행위의 문제를 소홀히 다루었다는 데 있다.[112] 그리하여 정치 교육의 초점을 민주주의 교육에 두고, 그것을 하나의 분과 교육이 아니라 교육 전반 그리고 수업을 넘어서는 학교 전체와 관련시키려는 일련의 노력을 진행한다. 여기서는 단순히 아는 것이 아니라 무엇보다도 살아내고 행동해야 하는 것으로서 민주주의 개념을 발전시켰으며, 지식 전달이 아니라 역량과 행위에 초점을 두는 민주주의 교육 모델을 모색하였다.

정치 교육의 새로운 초점에 대한 이러한 인식 전환은 2005년 연방-주-협의회(Bund–Länder–Kommission)가 주최한 '민주주의 배우기와 살아가기(Demokratie lernen & leben)'라는 프로그램에 채택된 민주주의 교육을 위한 「마그데부르크 선언(Magdeburger Manifest)」[113]에 압축적으로 표현되어 있다. 이 선언은 우리나라의 민주시민교육의 방향을 설정하는 데에도 큰 도움을 줄 것으로 보이는바, 여기 그 전부를 소개한다.

「마그데부르크 선언」

1. 민주주의는 역사적 성취다. 그것은 자연법칙도 우연도 아니며, 인간의 행위와 교육의 결과다. 따라서 민주주의는 학교와 청소년 교육의 중심 과제다. 민주주의는 개인적으로나 사회적으로 가르쳐질 수 있고 또 그

래야만 한다. 민주주의는 인권의 실현을 위해 결정적인 중요성을 가진
다. 따라서 민주적 관계의 발전과 지속적인 혁신은 국가, 사회, 교육이
계속해서 맡아야 할 과제다. 반인간적인 국가사회주의(나치) 정권의 경
험은 국가와 사회의 민주주의가 얼마나 빠르게 파괴될 수 있는지를 보
여준다. 따라서 이 문명 파괴에 대한 적극적인 상기는 민주적 교육의 필
수 구성 요소이다.

2. 역사를 살펴보면, 그리고 극우주의, 외국인 혐오, 폭력, 반유대주의를
통해 일어나고 있는 지금의 발전과 위협을 볼 때, 민주주의를 지키고 살
아있게 하기 위해서는 국가와 헌법의 민주화만으로는 충분하지 않다는
것이 분명하다. 민주주의를 지키고 살아있게 하기 위해서는 민주주의를
헌법의 선언이나 정부의 형식으로서만이 아니라 사회의 형식이자 삶의
양식으로 정착시키는 것이 필요하다.

3. 민주주의가 사회의 형식이라는 것은 민주주의를 시민사회적 공동체나 결
사체나 제도를 발전시키고 형성하는 데에서 실천적으로 작용하는 준거로
존중하고, 타당하게 하며, 공적으로 드러나게 한다는 것을 의미한다.

4. 민주주의가 삶의 양식이라는 것은 민주주의의 원리들을 일상적 삶에서
이루어지는 인간적 교제와 행위의 토대이자 목적으로 삼고 또 그것들
을 이런 실천 속에서 끊임없이 새롭게 한다는 것을 의미한다. 민주적 관
계의 토대는, 출신, 성, 나이, 종족적 귀속성, 종교, 사회적 지위와는 무
관하게, 사람들 사이의 상호 인정에 기초하는 존중과 연대이다.

5. 정치적으로나 교육적으로나 민주적 방법은, 모든 관련자를 포괄하고(포
용과 참여), 정의의 원칙을 지향하는 숙고된 결정 과정을 가능하게 하며
(숙의), 수단을 목적에 맞게 그리고 효과적으로 이용하고(효율), 공론장

을 형성하며(투명성), 행위와 제도를 법과 도덕이라는 준거에 따라 비판적으로 검토하는(정당성), 확고하고 모두가 공유하는 의지를 형성하는 데 기초한다.

6. 민주주의를 배운다는 것은 곧 민주주의를 살아가는 것이다. 민주적 관계 속에서 성장하고 서로 존중하면서 관계를 맺는 것을 자명한 것으로 경험하는 것은 확고한 민주적 태도와 행위 습관을 형성하기 위한 본질적인 토대다. 그에 덧붙여 민주적 행위 역량을 발전시키기 위해서는 원칙과 규칙, 사실과 모델, 제도와 역사적 연관에 대한 지식이 필요하다.

7. 민주주의를 배우는 것은 일생에 걸친 과제다. 모든 새로운 사회적이고 정치적인 상황은 새로운 능력과 새로운 민주적 해결책을 요구한다. 민주주의를 배우는 것은 특히 학교와 청소년 교육의 근본적인 목적이다. 이는 우선 모든 미래 세대의 배움과 발전을 촉진해야 한다는 과제에서 드러난다. 학교에서 포용과 배제, 지원과 선발, 인정과 모욕, 투명성과 책임이 어떻게 드러나는가 하는 것이 청소년들이 민주주의에 대해 어떤 태도를 발전시키는지 또 청소년들이 민주주의를 자신의 삶에 얼마나 의미 있고 자명하며 유용하게 다가오게 하는지를 결정한다.

8. 민주주의는 소속감, 함께하기, 인정과 책임을 통해 경험된다. 이러한 경험들이야말로 폭력에 대한 대안을 인지하여 선택하고, 자신의 행위 능력을 신뢰하며(자기 효용감), 공동체의 일에 기꺼이 참여하려는 준비된 자세를 기르게 할 토대다. 이러한 경험에서, 다른 사람들과 분리되면서도 함께하는 것을 민주적인 근본 상황으로 이해하고 그 상황에 대해 맹목적인 복종이나 타인을 폄훼하거나 혐오하며 접근하지 않게 하는 능력이 형성된다. 청소년들 사이에서 나타나는 폭력, 극우주의, 외국인 혐

오는 그들이 소속감을 경험하지 못하고 인정받지 못하며 제대로 계몽되지 못한 탓이다.

9. 학교에서 민주주의 배우기와 민주주의 살아가기를 함께 결합해야 한다는 요청은 수업, 평가의 목적, 내용, 방법 및 관계 맺기의 형식 모두에 대해 함의를 가진다. 이로부터 프로젝트 학습이 민주주의를 지향하는 기본적인 교육적 형식으로 그 의미를 지니게 된다. 학교에서 민주주의 배우기와 민주주의 살아가기는, 학교나 학교 관련 위원들의 다양한 형식과 다양한 수준에서 지원, 함께하기, 참여를 시도하고 확대할 것을 요구하며, 학교 바깥에 있는 공동체의 과제와 문제 해결을 위해 학생과 교사가 참여한 활동과 성과에 대한 인정과 평가를 요구한다.

10. 민주주의 교육과 정치 교육은 학교, 특히 교사들이 맡아야 하는, 점증하는 사회적 중요성을 가진 과제다. 국가와 시민사회의 모든 세력은 이 영역에서 이루어지는 교육적 노력을 지원하고, 충분한 자원을 제공하며, 그에 대한 공적인 인식을 강화하기 위해 노력해야 한다.

2005년 2월 26일, 마그데부르크

VI. 민주주의를 통해 성장하기

: 민주시민교육의 실천 모델

민주주의는 맞춤법이나 구구단처럼 가르칠 수는 없다. 계속 강조해 온 대로, 자라나는 세대는 민주주의 속에서 민주주의적으로 살아가는 것을 직접 경험하고 체험함으로써만 민주주의를 배울 수 있다. 학생들은 민주주의를 단지 어떤 추상적인 이상으로만 배워서는 안 된다. '살아 있는 민주주의'를 경험하고 배울 수 있어야 한다. 민주주의가 가장 기본적인 삶의 양식이 되게끔 어린 시절부터 자연스럽게 민주주의를 경험해야 한다. 그리고 민주주의를 실천하기 위한 역량을 자연스럽게 길러야 한다.

그러나 지금까지 우리나라의 학교 교육 현장에서는 민주시민교육의 중요성과 필요성 그 자체도 제대로 인식하지 못했지만, 설사 얼마간 인식하는 경우에도, 그러한 인식을 제대로 구현할 실천적 도구나 수단 같은 것이 없거나 부족했다. 민주주의에 대한 지식 교육이야 어느 정도 이루어졌지만, 실천적인 수준에서는 기껏해야 선거를 통해 학생 대표를 선출하는 정도가 거의 전부였다고 해도 과언이 아니다. 학교 교육이 민주시민으로서 필요한 가치관과 역량을 함양할 수 있어야 한다는 목표 설정은 추상적인 당위의 수준을 벗어나지 못했다. 이런 상황을 벗어나려면 학생들이 민주주의를 배우고 민주적 경험을 할 수 있는 구체적 도구 또는 방법이 될 교육 활동 모형 또는 살아 있는 민주주의 교육을 위한 실천 모델이 필요해 보인다.

물론 민주시민교육은 학교라는 제도 전반과 관련되어야 마땅하다. 그래서 우리는 공식적인 교육 과정은 물론 학교 문화의 차원에서도, 나아가 학교가 속해 있는 지역 사회의 맥락도 고려하면서 학생들이 민주시민으로서 성장하기 위한 교육적 배려를 해야 한다. 그러나 아직 민주시민교육의 의미와 필요에 대한 인식조차 충분히 확립되거나 공유되지 못한 우리나라의 교육 현실에서, 이 모든 차원에 걸쳐 민주시민교육을 위한 구체적인 실천 방안을 하나하나 살펴보는 것은 지나치게 방대할 뿐만 아니라 교육 현장에서 바로 수용되기에는 너무 부담스러울 수도 있다. 이에 우리는 민주시민교육의 세 차원 모두를 염두에 두되, 학생들에게 민주적 삶의 양식을 전수할 학교 문화에 초점을 두고 개별 학교의 교육 현장에서 손쉽게 참고하고 모범으로 삼을 수 있는 핵심적인 실천 모델 몇 가지를 살펴보기로 하자.

민주시민교육의 세 차원

학교는 민주시민을 길러내기 위한 모판이 되어야 한다. 그래서 민주시민교육은 학교라는 제도 전반과 관련되어야 마땅하다. 그것은 학생들의 학교 및 일상생활 전반에 걸쳐 이루어져야 한다. 그러기 위해서 학교는 공식적이고 정규적인 교육 과정뿐만 아니라 그것을 넘어 학생들의 일상적 생활과 관련된 비공식적이고 잠재적인 교육 과정, 나아가 학교 바깥의 일상적인 지역 사회 수준의 삶을 포괄하는 민주시민교육을 실천할 수 있어야 한다.[114] 곧 교육 과정(Curriculum), 학교 문화(Culture), 지역 사회(Community)라는 세 차원 모두(3C)에서 학생들이 민주시민으로서 성장할 수 있게 하는 교육적 배려가 있어야 한다.

학교는 일차적으로 정규적인 교육 과정에서 학생들이 민주주의의 의미와 가치 그리고 내용 등에 대해 체계적으로 알 수 있게 해야 한다. 학생은 교육을 통해 도대체 민주주의가 무엇인지, 그것은 어떻게 작동하고 어떤 원리나 규칙을 가졌는지, 그것은 어떻게 형성되었고 왜 우리에게 중요한지, 시민은 어떻게 해야 그것을 더 잘 발전시키고 운용할 수 있을지 등을 알 수 있어야 한다. 이런 차원의 교육은 학생의 '시민적 또는 정치적 문해력(civil or political literacy)', 곧 시민적 역량 함양을 위해 절대적으로 중요하다. 논쟁성의 원칙에 따른 여러 민감한 현안들에 대한 민주시민교육도 바로 이런 차원에 자리를 잡아야 할 것이다.

그러나 민주시민교육은 단순히 좁은 의미의, 그러니까 단순히 하나의 분과 같은 것으로 이해되는 '정치 교육'이나 민주주의에 대한 지식 교육에 머물 수 없다. 중요한 것은 원칙적으로 모든 교육 과정이 학생들에게 민주적 소통과 협동의 능력 및 감수성 그리고 민주적 참여의 습관을 기를 수 있게 하려고 그 형식과 내용을 갖추는 것이다. 따라서 민주시민의 육성을 위한 교육 과정을 단순히 통상적인 사회과나 도덕과 교과에 한정시켜 이해해서는 안 된다. 거의 모든 교과에서 적용할 수 있는 협동 학습이나 토론식 교육, 프로젝트 수업 등은 음악이나 미술 과목은 물론이고, 심지어 수학이나 과학 같은 교과에서도 학생들의 시민적 역량 향상에 기여할 수 있다. 예술을 포함한 '인문 교양 교육'은 민주주의를 위해 꼭 필요한 시민적 자질이라 할 수 있는 능력, 예를 들어 전통의 맹목적 지배나 권위에 대한 비판적 사고나 타인의 처지에 대한 상상력과 공감 능력 등을 함양할 수 있게 한다는 점에서 민주시민교육의 중요한 핵심을 이룬다고 할 수 있다.[115]

나아가 민주시민교육을 위해서는 교과목별 접근을 넘어서는 것도 중요하다. 최근 우리나라의 혁신학교 등에서 많이 도입하는 것처럼, 가능한 대로 교과 간의 벽을 허물고 교육 과정을 재구성하여 통합적 관점에서 접근할 필요가 있다.[116] 교사들의 협업을 통한 팀티칭의 형식일 수도 있고, 교과별로 서로 연결되고 중첩되는 공통 주제들을 여러 교과의 관점에서 동시에 다루는 방식도 가능할 것이다.

그뿐만이 아니다. 공식적 교육 과정은 물론 비공식적인 교육 과정, 곧 일상적 학교생활 전체가 학생들이 민주적 삶의 양식을 경험할 수 있도록 형성되고 조직화할 수 있어야 한다. 왜냐하면, 민주주의 속에서 민주주의적으로 살아가는 것을 경험하는 것이 민주주의를 배우는 가장 확실한 길이기 때문이다. 그래서 민주적 학교 문화와 학교 민주주의가[117] 아주 중요한 교육적 관심사가 아닐 수 없다. 학교 전체가 민주적으로 구조화되어야 하고 교사들 사이의 관계에서나 교사와 학생 사이의 관계에서 그리고 학생들 사이의 관계에서 민주적인 문화가 확립될 수 있어야 한다. 학교가 민주적 시민사회의 일부가 되기 위해서는 이 학교 문화의 차원이 결정적으로 중요하다.

나아가 학교의 민주시민교육은 아이들이 그 가족과 더불어 일상적으로 살아가는 지역 사회 차원의 삶과도 연결될 수 있어야 한다. 지역 사회는 아이들의 정체성을 형성하는 데 중요한 역할을 하는 교육의 장이다. 학교는 아이들이 지역 사회의 자연스러운 구성원으로 자라나면서 그 지역 사회에서 일상의 삶과 자치의 과정에 참여할 수 있도록 교육적으로 배려할 필요가 있다. 그러한 참여를 통해 학생들은 실제 시민의 삶에 좀 더 깊이 들어갈 수 있을 것이다.

이제 개별 학교의 교육 현장에서 손쉽게 참고하고 모범으로 삼을 수 있는 핵심적인 실천 모델 몇 가지를 살펴보자.

독일의 학급평의회

우선 독일의 '학급평의회(Klassenrat)'를 소개하려 한다. 이것은 최근 독일에서 살아 있는 민주주의 교육을 위해 고안되어 보급되는 구체적 실천 모델로 우리에게는 아주 중요한 본보기가 될 수 있다고 여겨져서다. 이 학급평의회는 교과 수업 밖에서 체험적 민주주의 교육을 수행하기 위해 고안되고 보급되는 실천 모델로서, 비교적 체계적인 이론적 토대를 가지고 있을 뿐만 아니라 그동안 독일에서 실천한 민주시민교육의 오랜 경험에 기초한 것이라 할 수 있다. 비록 우리나라의 민주시민교육이 이런 모델을 그대로 모방할 필요도 없고 또 그러한 모방이 쉽게 가능하지도 않겠지만, 이 학급평의회 모델은 이론적이고 실천적인 비교 준거로서 커다란 의미가 있을 것이다.

학급평의회는 앞장에서 살펴본 마그데부르크 선언에서 제시된 바와 같은 인식과 원리들을 효과적으로 구현할 수 있는 민주주의 교육을 위한 핵심적인 방법으로 개발되었다고 한다.[118] 이 학급평의회의 조직 원리는 매우 단순하다. 학급평의회는 한 학급의 학생들이 매주 모두 빙 둘러앉는 데서 시작한다. 여기서 학생들은 자신들이 함께 선택한 주제들, 배움의 내용과 형식, 학급 및 학교생활, 학생들 사이의 현안이나 갈등, 공동의 프로젝트 등에 대해 협의하고 토론하며 결정한다. 학생들은 여기서, 일정 기간 그리고 돌아가면서, '사회자'나 '기록자' 등과 같이 분명한 권한과 요구 및 의무를 진 직책을 수행한다. 그리고 이 회의의 토론과 결정 과정은 분명한 절차에 따라 구조화된다. 여기서 교사는 지시자가 아니라 학생들과 똑같은 지위와 권한을 가지고 참여한다.

학급평의회는 사회자나 회의록을 작성하는 기록자 외에, '의제 관리자', '시간 관리자', '발언 순서 관리자', '피드백 관리자' 등의 직책이 있어야 하는 것으로 설계되어 있다. 또 학급별로 창의적으로 바꿔나갈 수 있지만, 다음과 같은 순서가 권장된다.

> 인사 – 인정(칭찬)의 시간 – (이전 회의의) 합의 사항 점검 – 의제 제시와 결정 – 사안에 관한 토론 – 합의 또는 결정 내리기 – 피드백 시간 – 종료

이때 다수결을 통한 결정은 가능한 한 피하고 타협에 이르거나 좀 더 완전한 합의에 이르도록 노력하기를 권장한다. 또 모든 학생이 빠짐없이 참여하도록 배려해야 한다고 한다. 나아가 특정한 구성원이 피드백을 관리하는 역할을 맡아 결정 사항의 이행이나 학급평의회를 통한 개선 사항들을 점검하게 하는 것도 권장된다. 그래야 학생들이 자기효능감을 제대로 가질 수 있기 때문이다. 의제로 택할 주제들은

일정 기간에 상자나 제안 노트 등을 통해 모으며, 회의 전이나 회의 시간에 중요도에 따라 순서를 정한다. 이때 기간은 일주일 단위가 권장된다.

학급평의회는 학급을 하나의 민주적 공동체로 만들어 준다. 이것은 살아 있는 하나의 자치 제도로서 민주주의를 교육하기 위한 핵심 수단으로 이해된다. 여기서 학생들은 사회적이고 민주적인 행위 역량을 발전시키고 연습하기 위한 기회를 얻는다는 것이다. 또 학급평의회는 학생들이 민주적 과정에 참여하고 민주주의를 배울 수 있는 확고한 체험 공간이 된다.

이 학급평의회는 세 가지 교육학적 토대 위에 있다. 하나는 '프레네(Freinet) 교육'이다. 프랑스의 교육 운동가이자 이론가인 프레네 부부는 학생들의 전체 모임에서 자발적 조직과 자기 책임을 강조했다고 한다. 학생들은 그 모임에서 학습 결과를 소개하고 평가하는데, 거기서 학생들은 자신들 사이에서 생긴 문제들도 주제화하고 해법을 함께 찾아간다. 또 다른 하나는 개인심리학적 접근법이다. 여기서 학급평의회는, 자유롭지만 혼자로서는 제약을 지닌 개인들이 민주적인 조직을 형성하는데 기여하는 것으로 평가된다. 개인은 그런 조직 형성 과정을 통해 타인의 존엄성을 존중하고 자존감을 획득하며, 책임을 나누고 민주적인 방법을 연습할 수 있다. 마지막으로 존 듀이의 교육철학이다. 듀이는 성공적인 배움이란 원칙적으로 민주적으로만 이루어질 수 있다고 보았다. 다시 말해 배움은 적극적이고 자기 규정적인 활동이면서 동시에 협업적인 공동의 행위라는 것이다.

이 학급평의회가 달성하려는 교육 목적은 다음과 같다.

− 아동의 권리로서 참여를 보장함
− 포용을 가능하게 하고 체험하게 함
− 민주적 가치들에 대한 존중
− 다양성에 대한 존중과 인정
− 개개인의 상태에 초점을 두는 학습 경로 모색
− 관계 맺기의 소중함 배우기

물론 이러한 교육 목적을 달성하기 위해서는 다음과 같은 교육적 전제들이 확보되어야 한다.

− 학급평의회가 학교에서 학생들의 참여와 공동 결정과 관련하여 큰 영향력을 가지고,
− 학생들이 수업에서 배울 내용을 함께 결정하며,
− 학생들이 평가에도 참여하고,
− 학급과 학교에서 가치에 관해 토론을 나누며,
− 모든 학생이 존중받고 평가받아야 한다.

그런데 학급평의회 같은 아주 단순한 실천 모델이 어떻게 이와 같은 교육 목적을 달성할 수 있다는 것일까?

학급평의회는 기본적으로 민주적인 자기규제의 수단이나 자치 조직이라 할 수 있다. 여기서 중요한 것은 학생들이 이 과정에 책임을 진다

는 것이다. 학생들을 주체로서 '인정'하고 이를 통해 '자기효능감'이 생겨나게 하고 다시 이것이 '책임감'을 가능하게 하며, 이것들은 서로 선순환적으로 작용한다. 그래서 학급평의회는 시작할 때 학생들 사이에 서로를 칭찬해 주는 문화가 형성될 수 있도록 신경을 써야 한다. 말하자면 '인정의 시간'이나 '칭찬의 시간' 같은 것을 가지면 좋다고 한다.

또 중요한 것은 학생들의 책임감과 참여가 단계적으로 발전할 수 있다는 사실이다. 학생들은 처음에 나—너—우리의 문제에 대해서만 신경을 쓸 수 있다. 소소한 일상의 문제들에 대해 의견을 형성하고 논쟁을 하며 결정을 끌어낸다. 물론 이런 일들은 학급 공동체 안에서 성원들 사이의 상호 존중하는 태도 속에서 일어나야 한다. 그러나 다음 단계에서 학생들은 자신들의 배움과 수업의 내용과 방법 등에 대해서도 성찰하고 참여할 수 있으며, 학교 전체의 문화를 형성하는 데에도 책임을 질 수 있다. 마지막으로 학생들은 개별 교과나 공통 교과의 프로젝트에 적극적으로 참여하고, 학교 안팎의 지역 사회에서 실천할 수 있는 시민적 행동에도 참여하는 능력을 발전시킬 수 있다.

이런 식으로 학급평의회가 활성화되고 학생들이 어린 시절부터 꾸준히 이런 활동에 참여하는 경험을 하게 되면 학생들은 다음과 같은 민주적 태도와 역량을 자연스럽게 몸에 익히게 될 것으로 기대한다.

〈민주적 태도〉

– 모든 사람의 권리 존중
– 존중하며 소통하기

‒ 한 사람도 잃지 않고(모욕을 주지 않고) 갈등 해결하기

‒ 결정에 스스로 책임감 느끼기

‒ 결정에 참여하기

‒ 의견을 형성하고 내세우기

‒ 자신의 배움 과정에 책임지기

‒ 공동체와 마을을 위한 프로젝트를 계획하고 실행하기

‒ 민주적인 구조(조직)를 연습해 보기

〈민주적 역량〉

‒ 역지사지의 역량

‒ 사회적으로 소통하는 능력

‒ 감성적인 사회적 능력

‒ 행위를 구조화하는 능력 : 자기확실성, 갈등처리능력, 관계맺기 능력, 협업
  능력

‒ 도덕적 판단 능력, 도덕적 대화 능력

‒ 감성적인 도덕적 능력

‒ 규범을 준수하고 공정하며 남을 배려하는 행위 능력

‒ 정치적 판단 능력

‒ 민주적인 언술 능력

‒ 감성적인 정치 능력

‒ 충직하고, 참여적이며, 시민적 봉기와 연대를 지향하는 행위 능력

이와 같은 독일의 학급평의회라는 실천 모델은 여러 가지 차원에서 우리에게 참고할만한 준거를 제공한다. 이 모델은 이론적으로도 확고한 기초를 두고 있을 뿐만 아니라, 잘 설계되고 검증된 실천 형식들도 갖추고 있어 쉽게 보편화할 수 있다. 다시 말해 비교적 간명하고 이유가 분명한 형식 설계 덕분에 학교 수준이나 학교가 처한 사정이 다양해도 '학급' 단위로 민주시민교육을 실천하는 데 효과적인 모델을 제공한다.

이 모델은 또한 수업의 내용과 형식에 대해서도 학생들이 스스로 문제 삼으면서 자신들에게 맞는 수준과 방식을 찾아가게 하도록 설계되어 있어 학생들의 일반적인 교과 학습의 진척을 위해서도 도움이 될 것이다. 나아가 이 모델은 성숙 단계에서 단순히 개인적이고 주변에 관련된 사안들이나 학습 과정에 대해서만이 아니라 학생으로서 참여할 수 있는 지역 사회의 문화 행사 같은 데에도 함께 참여하는 문제까지도 자유롭게 논의할 수 있도록 설계되어 있다. 앞서 언급한 대로 민주시민교육은 교과 과정, 학교 문화, 지역 사회라는 세 차원(3C)에서 다차원적으로 이루어져야 한다. 그것은 단순히 지식 교육이어서는 안 될 뿐만 아니라 공식적 교육 과정의 과제에만 머물러서도 안 된다. 민주시민교육은 학교 문화의 과제이며 또한 지역 사회를 포함한 일상적 삶의 과제여야 한다. 이런 점에서 학급평의회 모델은 맹아적인 수준이기는 해도 3C의 모든 차원에서 필요한 민주시민교육을 한 번에 어느 정도 포용할 수 있을 것처럼 보인다.

민주시민의 양성이라는 과제를 학교 교육 안에서 수행하는 것은 말만큼 쉬운 일은 아닐 것이며 이론적, 실천적 당위와 학교 교육 현장의 현실 사이를 매개해 줄 적절하면서도 간명한 수단이 필요하다. 이런 점에서 독일의 학급평의회는 아주 적절한 실천 모델을 제시해 준다 할 수 있다. 비록 문화와 교육 환경이 다른 우리나라에서 그 모델을 날 것 그대로 모방할 필요도 없고 모방할 수도 없겠지만, 독일 교육이 왜 그와 같은 실천 모델을 고민했으며 그 이론적 토대나 실천적 지향은 어떠한지를 잘 살펴서 우리 교육 현실과 토양에 맞는 독자적인 실천 모델을 찾아 나가야 할 것이다.

서울·경기 혁신학교의 '다모임'[119]

우리나라의 경우 민주시민교육의 역사도 짧고, 널리 보급되고 공유되는 이론적 기초나 확립된 민주시민교육의 핵심 모델 같은 것도 없다. 그러나 우리나라에서는 몇 년 전부터 경기도와 서울을 중심으로 '혁신학교' 운동이 일어나 전국적으로 확대되고 있다. 이 혁신학교 운동의 핵심적인 특징 중의 하나가 교육의 초점을 민주시민교육에 맞추는 것이다.[120] 비록 이 혁신학교 운동이 민주주의 교육이라는 분명한 목표와 이론적 토대를 갖추었다고 할 수는 없지만, 현장 교사들의 이론적 성찰과 실천적 경험 속에서 한국 교육을 혁신하려는 노력은 자연스럽게도 민주적인 학교 문화와 학생들의 민주적 역량 함양에 초점을 두는 방향으로 향하는 것을 보게 된다.

'다모임'은 바로 이런 서울과 경기도의 혁신학교 운동 과정 가운데 실천적 교육 경험에서 자연스럽게 발진해 온 민주시민교육 모델이라고 할 수 있다. 몇 가지 차이가 있지만 큰 틀에서 다모임은 독일의 학급평의회와 아주 유사한데, 우리나라 교육 현장에서 비교적 성공적으로 안착된 민주시민교육 실천 모델이라고 평가된다. '모두가 다 모여서 논의하고 결정한다'는 뜻을 가진 다모임은 아직은 일부 혁신학교, 그중에서도 초등학교에 많이 보급되었다고 하는데, 학생 다모임 뿐만 아니라 '교사 다모임' 및 '학부모 다모임'도 활발하게 진행되고 있다고 한다. 2011년 일반 학교에서 서울형 혁신학교로 전환, 2016년 현재 혁신학교로 재지정되어 혁신2기를 진행하고 있는 서울원당초등학교의 사례는 실천적 경험과 문제 해결을 위한 창조적 실험의 좋은 사례가 되어 보인다.

2012년 서울원당초등학교는 학급임원과 전교임원 제도를 폐지했다. 그 이유는 원당초는 한 학년당 2~3개의 학급만 있는 소규모 학교인데 초등학교 저학년 때 한번 회장이 된 학생이 고학년이 되어도 계속 회장으로 선출되는 사례가 빈번히 관찰되었기 때문이다. 소규모 학교이기에 학생 구성의 변동이 거의 없다 보니 학생들 사이에 임원 제도로 암암리에 형성된 위계질서는 학년이 바뀌어도 쉽게 변하지 않았던 것이다. 리더 역할을 하는 학생들은 공식적인 직함인 회장이나 부회장까지 얻어 위세를 과시하고 그렇지 못한 학생들은 그 위세에 눌려 학생들 사이의 위계질서를 너무나 자연스럽게 받아들이는 모습도 나타났다.

이러한 상황에서 학급임원 선출은 정해진 답을 시험지에 쓰는 것과 비슷한 절차가 되어 버렸고, 고학년에서는 매년 당선되는 소수의 학생이 사소하게는 체육 시간에 줄을 서는 순서부터 시작하여 여러 가지 결정을 내리고 다른 학생들은 임원의 지시에 따르고 임원에게 서로 잘 보이려 하는 경향마저 드러났다고 한다.

따라서 교사들은 소규모 학교, 특히 초등학교에서는 학급 임원 제도가 학생 자치를 위한 제도이기보다는 학생들 사이의 불평등을 조장하고 위계질서를 존속시키는 장치가 되었다고 판단했다 한다. 그리하여 학급임원 선출이 무의미할 뿐만 아니라 민주주의 교육을 위해 해가 된다는 결론을 내려 학급임원 및 전교임원 제도를 폐지하였다.

지금 우리나라 학교에서 일반화되어 있는 학생 대표(학급임원이나 전교임원)를 선출하는 과정은 보통 학생들의 '입후보—공약 및 정견발표—선거운동—투표—개표 및 결과발표'라는 절차를 따른다. 틀림없이 이는 민주주의 꽃이라 불리는 선거를 학습하는 과정으로서 그 의미가 없다고는 할 수 없다. 그러나 이런 대의 민주주의의 제한적 경험만으로 우리 학생들이 민주주의를 충분히 배우고, 민주시민으로서의 역량을 제대로 함양한다고 할 수는 없다.

제일 큰 문제는 우리나라의 많은 학교에서 선거가 끝난 후 임원으로 당선된 학생들이 실질적으로 뭔가를 할 수 있는 일이 매우 적고, 참여 범위도 매우 좁다는 것이다. 직함은 그럴듯해서 임원 학생들이 권위 의식도 가지게 되지만, 막상 학생들에게 주어지는 역할은 크지 않은 경우가 대부분이다. 아직도 교사의 보조 역할을 하는 경우가 많다고 한다. 반면 임원에 입후보하지 않았던 학생들은 때로는 과열되기도 하는 선거 과정까지는 흥미를 느낀다. 그러나 그 이후로는 '임원은 뭔가 모범적이어야 한다'거나 '임원이니까 봉사를 많이 해야 한다'는 정도의 생각을 하고, 많은 일을 임원들에게 떠넘기거나 자기 일로 여기지 않게 된다. 그리하어 학교생활 중 극히 짧은 시산의 선거가 끝나고 나면 학생들은 민주주의를 실질적으로 체험해 볼 기회를 얻지 못한다.

이런 성찰 위에서 서울원당초등학교에서는 누구든지 학급을 이끌어 보는 경험을 할 수 있도록 돌아가면서 학급 이끔이를 하게 하고, 같은 학년의 학생들이 모두 모여서 자신들에게 실질적으로 필요하거나 관심 가는 일에 대해 의논하는 '학년 다모임'을 구성하였다고 한다. 이를 통해 학생들이 리더로서의 경험과 의견을 가진 존재로서의 경험을 고루 해 보고, 선거만 참여하고 이후 과정에 무관심한 민주주의가 아니라 일상적으로 참여하는 민주주의를 익힐 수 있게 하였다.

이런 다모임은 학교들 저마다의 사정과 경험에 비추어 다양한 방식으로 진행된다고 하는데, 기본적으로 '학급 다모임', '학년 다모임', '학생 다모임'이 열리는 방식으로 진행된다.

보통 학급다모임은 학급에서 논의할 사항이 있을 때 수시로 진행한다. 사안에 따라 의견을 나누고 서로 합의를 해야 할지 표결로 선택해야 할지 아니면 다양한 의견대로 나눠도 좋은지를 결정하고 이에 따른다.

학년 다모임은 학년별로 건의함을 복도에 비치하여 학생들의 건의나 제안을 받아 정기적으로 실시한다. 서울원당초등학교는 격주로 한다. 학년 다모임은, 인원이 많아서 안건이 공지된 후 일정한 그룹으로 나누어 먼저 토론하고 그 토론 결과를 전체 앞에서 발표한 뒤, 다시 전체토론을 하고, 필요하다면 추가토론을 하거나 사안에 따라 표결을 하는 순서로 진행된다.

학생들 전체가 다 같이 논의해야 할 일이 있을 때, 가령 학생생활규정을 제정하거나 개정하는 등의 안건이 있을 때는, 전교생이 참여하는 학생 다모임도 이루어진다. 학생 다모임은, 안건이 공지되고 나면, '학년별 논의—학생 다모임 참석(초등학교의 경우 4~6학년은 원하는 누구든지)—참여 학생 전체토론—표결 또는 의견 정리'의 순서로 진행된다.

이런 방식으로 특별한 임원 없이 학급이 운영되면 학생들 사이에 비민주적인 위계질서가 형성되지 않으며, 학생들 모두 주인의식과 책임감을 가질 수 있게 될 것이다. 학생들은 일상에서 느끼는 문제들을 다른 학생과 토론할 기회를 가지며, 스스로 문제를 해결하는 경험을 하게 될 것이다. 그에 덧붙여 학생들은 발표력이나 표현력 같은 것을 향상할 수 있을 뿐만 아니라, 학생들 사이의 갈등이나 폭력도 줄어들 것이다. 이는 독일의 학급평의회 모델에서도 강조되는 바였다.

아래는 2012년에 혁신학교로 개교하여 성공적으로 다모임을 이끌었던 서울상현초등학교 학생들의 경험을 소개한 것이다.[12] 다모임이 가진 교육적 잠재력을 잘 보여준다.

〈전교어린이회 대신 학생 다모임〉

학생 다모임은 매우 뜻깊은 경험이었다. 전에도 학급 회의나 회장들 간의 회의는 있었지만, 전교생이 모여 회의를 진행하는 것은 처음이었기 때문이다. 전교생의 수가 적었을 때는 모두 한곳에 모여 회의를 진행했지만, 수가 늘어나자 반에서 2명씩 짝을 지어 다른 학급으로 옮겨서 회의하게 되었다. 서로 모르는 학생들과 회의하는 것이 처음에는 어색했지만 몇 번 해보니 오히려 회의가 더 원활히 이루어졌다. 다른 학년이나 학급

학생들의 다양한 의견과 생각을 들을 수 있어 좋았다. 학생 다모임 후에 학급별 회의를 하며 내용을 정리했기 때문에 한 주제를 가지고 더욱 폭넓고 깊이 이해하고 여러 해결 방안과 최선책을 생각해보게 되었다.

〈스스로 해결하는 강당 사용 문제〉

학생 수가 점점 늘어나다 보니 강당 사용이 문제가 되었다. 전교생이 늘어나자 강당에서 놀려는 학생들의 수가 늘어났기 때문이다. 농구, 축구, 플라잉 디스크 등 하는 놀이의 수도 다양했기 때문에 많은 분쟁이 생겼다. 잘 모르는 친구, 다른 학년의 학생들과의 분쟁도 있었기에 오해가 생기는 사례들도 적지 않았다. 강당 사용 문제가 학생 다모임의 주제가 되었다. 학생들이 정한 안건이었다. 학생 모두의 문제였기에 선생님과 회장들만의 회의로는 모두가 이해하고 인정할 수 있는 해결책이 나오기 어려워 보였다. 학생 모두의 이해가 얽힌 만큼 다양한 해결 방안이 제시되었고 여러 번의 다모임이 이루어졌다. 결정된 해결책은 모두가 만족할 수 있는 최선의 안이었다고 생각한다. 학생이 모두 결정에 참여했기 때문에 크게 반대하지 않았다.

학년별로 날짜를 나누어 사용하기로 정한 것인데 1, 2학년은 강당을 사용하지 않겠다며 양보하는 모습을 보였다. 대신 운동장을 2학년에게 양보했다. 모두 서로 양보하고 받아들이며 문제를 해결했다. 무엇보다도 이 과정에 학생이 모두 참여했다는 것에 큰 의의를 두고 싶다. 비록 모두가 해결책에 큰 만족을 느끼지 못하더라도 소수가 정한 해결책을 통보받아 실행할 때 불편을 느끼는 것과는 다르기 때문이다. 다모임에 참여하고 여러 의견을 들으며 서로 소통한 결과물이기에 모두 쉽게 불평하지 않았다. 불평하지 않았다는 것은 학생들이 해결책을 꽤 잘 지켜주었다는 것이다. 나는 학생 다모임을 통해 합의의 중요성을 깨달았다. 여러 번의 경험으로 보아 만약 다모임과 같은 과정 없이 해결책이 결정되었다면 학생들이 불만 없이 참여했을지 확신할 수 없기 때문이다.

독일의 학급평의회 모델과 비교하면, 우리의 다모임은 아직 그 운영 경험이 충분히 쌓이지 않았고, 체계적으로 성찰하여 이론적으로 뚜렷하게 다듬은 것 같지는 않다. 특히 학급임원 제도의 폐해를 피하려는 소극적 차원에서 다모임이 출발해서인지 이 제도가 가진 운영 원리나 지향점의 우수성을 깊이 성찰하지 못한 채 보급되는 것 같다. 아마도 이런 이유에서 이 다모임이라는 실천 모델이 아직 일부 혁신학교, 그것도 초등학교 중심으로만 운영되며 더 많이 보급되지 못하는 것 같다.

그러나 교육 현장의 경험과 성찰에서 나온 이 실천 모델은 경험이 축적되고 이론적인 성찰이 더해지면, 충분히 보편적인 모델이 될 수 있다고 본다. 특히 학급 수준의 다모임은 학교 규모와 관계없이 모든 학교에서 적용해 볼 수 있고, 학년 및 학생 다모임도 적절한 창조적 변형을 가한다면 규모가 큰 학교에서도 도입해 볼 수 있을 것이다. 중요한 것은 대표 학생 몇몇이 아니라 모든 학생이 관련된 중요한 의사 결정 과정에 참여하도록 보장하고, 학생들이 그 경험을 민주시민으로서의 성장을 위한 지양분으로 삼을 수 있도록 한다는 것이다.

창원 태봉고등학교의 '공동체 회의'[122]

　지금까지 살펴본 다모임과 유사하면서도 방식과 초점에서는 조금 다른 실천 모델도 있다. 공립형 대안학교인 경남 창원의 태봉고등학교는 개교 이래 '공동체 회의'라는 독특한 형식의 자치 회의를 운영하여 학생들에 대한 민주시민교육을 실시한다. 소통과 공감의 원칙에 따라 모든 교사와 학생이 참여하는 이 공동체 회의는 교사를 포함한 모든 구성원이 상대에 대한 민주적 관용과 존중, 경청, 대화, 토론의 가치와 습관을 익히며 단순한 다수결주의를 넘어 '숙의 민주주의'를 경험하고 실천하는 장(場)을 형성한다. 모범적인 민주적 학교 문화의 지반을 형성하는 경남 태봉고의 핵심적인 기초 제도로 자리 잡고 있다.

　이 공동체 회의는 학생들의 학교생활에서 제기되는 문제들을 처리하는 학교의 공식적 최고의결기구로, 매주 수요일 6, 7교시에 정기적으로 2~3시간 정도 열린다. 서울·경기 지역 혁신학교의 전체 학생 다모임과 달리 따로 선출된 학생회 임원들이 모든 재학생과 교사들이 참여하는 이 공동체 회의를 운영한다. 이 점에서 다모임과는 도입 배경이나 목적에서 얼마간 차이가 난다. 이 회의에서는 하나의 '공동체'인 학교에서 학생들의 생활과 관련되어 일어나는 모든 것을 논의하며 공동체에서 직접민주주의를 실천하는 데 초점을 둔다. 구성원 모두에게 열려 있는 회의 문화를 바탕으로, 교사와 학생 사이에서도 어떤 위계 없이 평등한 관계를 유지한다. 이 점은 독일의 학급평의회와 유사하다.

　물론 이 공동체 회의는 재학생 수가 130여 명 정도로 비교적 소규

모여서 장소나 회의 진행상의 심각한 장애 없이 운영될 수 있지만, 그래도 이 회의는 학생과 교사 모두가 참여하고 또 학생들이 절대다수를 이루는 대중 집회 성격의 회의다. 이런 회의는, 가령 공동체 전체에 대해 일정한 문제(도난사고나 학교폭력 사고 등)를 일으킨 학생의 처리 문제 같은 의제가 오르면, 의제에 대해 이른바 '인민재판' 방식으로 운영되어 결론이 도출될 우려도 있을 수 있다. 그러나 그간의 경험에서 볼 때 이 회의에서는 모든 문제와 관련하여, 설사 공동체 전체에 대해 일정한 문제를 일으킨 학생의 사안에서도, 일방적인 인민재판식 마녀사냥의 방식이 아니라 타인에 대한 기본적인 존중과 배려 그리고 합리적인 토론을 통한 문제 해결의 원칙이 예외 없이 관철되는 과정을 보여주었다고 한다. 다음은 실제로 일어났던 불미스러운 사건들을 공동체 회의가 처리하는 과정을 보여주는 에피소드이다(교사 인터뷰 재구성).

〈불미스러운 사건에 대한 공동체 회의의 처리 경험〉

예를 들면 언젠가 도난사고가 발생했어요. 일반고에서 도난사고가 일어나면 되게 힘들어요. 어떻게 처리해야 할지 선생님들이 고민을 많이 하지요. 그런데 어떻게 하다 보니까 이 문제가 공동체 회의의 안건으로 올라온 거예요. 이야기가 진행되는 걸 쭉 보니까, 처음에는 애들이 극단으로 가요. 자퇴를 시켜라, 내보내야 한다, 이런 식으로 말이죠. 그러다가 나중에 애들이 우리가 친구를 그렇게 하려고 이런 회의를 하는 것은 아니지 않은가 하는 이야기를 하기 시작하더라고요. 결국, 선배들이 내가 같이 방에서 자겠다, 같이 놀아주겠다, 돈 관리를 내가 하겠다, 이런 식으로 하면서 그 친구를 품에 보듬으려 하는 걸 봤었어요. 보면서 '아, 저럴 수도 있구나' 하는 생각이 들었어요.

또 언젠가는 여학생들이 기숙사에서 선배들이 후배들을 불러 뺨을 막 때리는 학교폭력 사건이 벌어진 적도 있어요. 단체 기합을 준 거죠. 일반 학교라면 당사자를 퇴학시키거나 징계를 주거나 막 이런 식으로 하는데, 교장 선생님이 공동체 회의를 하자고 하셨죠. 아주 심각한 문제였죠. 전부 다 모여서 긴급 공동체 회의를 했어요. 수업 중단하고 3일 정도 그 문제를 다뤘어요. 그래서 결과적으로는, 물론 상처가 있긴 했는데, 서로 화해하고 포용하고 이렇게 되더라고요. 교장 선생님과 학생들이 함께 성찰의 시간도 가지고, 다른 학생들도 며칠 동안 계속 학교폭력에 대해 성찰하면서 스스로 돌아보는 시간을 가지더라고요. 그 과정에서 가해 학생들과 피해 학생들이 서로 마음을 이해하게 되는 것 같았어요. 일반 학교에선 되게 보기 힘든 장면인 거죠. 근데 그것 때문이었던 건지는 모르겠는데, 그 뒤로 학교폭력이 상당히 많이 줄었거든요. 그 뒤로 그 정도 급의 학교폭력은 없었죠. 일반 학교에서 볼 수 있을 만한, 학교폭력이 문제가 되는 일들이 적어지더라고요. 학교 문화가 그런 식으로 조금씩 자리를 잡은 거죠.

우리가 처음에 이 공동체 회의를 생각할 때, 혹은 학생 자치를 생각할 때, 절차로만 생각하기 쉽고 1인 1투표, 과정, 안건 상정, 이런 정도만을 생각하는데, 또 우리 기성세대들은 사실 그런 민주주의조차 잘하지 못하고 토론 같은 것도 못해서 힘들어하는데, 우리 학생들은 처음엔 힘들어했지만 계속 경험을 해가면서 민주주의적 습관을 몸에 배게 된 것 같아요. 그러니까 단순히 절차적인 것뿐만 아니라, 단순히 다수결로 선택하는 것뿐만 아니라, 더불어 살아가는 방법으로써, 예를 들면 서로 귀를 기울여 들어준다든지 상대의 마음을 이해하고 나눈다든지, 그리고 더불어 살아가려면 대화하고 토론해야 하며 소통해야 한다든지 하는 것들을 말이죠. 그리고 이런 것들이 문화가 되는 것 같았어요.

공동체 회의에서는 교사나 교장의 의견이라도 무조건 우월하거나 우선하여 존중되어야 할 의견으로 받아들여지지 않는다. 한 예를 들면, 실내화 도난을 예방하기 위해 학년별 실내화 색깔을 달리하자는 학교장의 제안이 토론을 통해 합리성이 떨어진다는 이유로 부결된 때도 있다고 한다. 이처럼 누구든, 교장이라도, 공동체 구성원을 설득해야 일을 진행할 수 있다. 많은 사람을 설득하여 충분한 지지를 얻을 수 있는 의견만이 공동체 전체의 의견으로 채택될 수 있다는 합리적—민주적 원칙이 살아있음을 보여주는 사례라 할 수 있겠다.

공동체 회의의 이런 합리성은 이 회의가 단순히 다중의 분위기나 논리에 기대지 않는다는 사실에서도 잘 드러난다. 흔히 우리는 다수결주의가 가장 민주적인 원칙이라고 알고 있으나, 사실 이런 다수결주의는 충분한 토론과 합의의 노력 없이는 소수의 의견을 가진 사람들을 배제하고 또 그들에게 일정한 상처를 주는 '다수의 횡포'를 드러낼 위험도 있다. 태봉고의 공동체 회의는 일방적인 다수결주의를 따르지 않고, 충분한 상호 배려와 존중에서 출발하는 깊은 토론을 통해 소수의 의견도 소중하게 다룬다고 한다. 학생들은 이런 과정을 통해 비록 더디더라도 이렇게 하는 것이 사실은 더 효율적이고 가치 있는 모둠

살이의 양식임을 깨닫고 그러한 배려와 존중의 태도를 일상적인 '마음의 습관'으로 체화할 수 있을 것이다. 이런 면에서 그야말로 살아 있는 민주주의 교육이 바로 이 공동체 회의를 통해 이루어진다고 평가할 수 있다.

학교 전체를 하나의 공동체로 이해하고 여기에 초점을 두는 태봉고등학교의 공동체 회의가 지닌 가장 중요한 장점은 이런 형식의 정례화된 의사 결정 과정과 그 과정에서 형성된 상호 존중과 배려의 문화가 학교 전체의 문화를 구성하는 데 중요한 동력으로 작용하는 데 있다. 반대로 그와 같은 학교 문화는 공동체 회의가 더욱 민주적이고 서로 배려하고 존중하는 분위기 속에서 이루어지게 하는 것처럼 보이기도 한다. 그러니까 공동체 회의와 학교 전체의 문화는 서로 전제가 되고 서로를 강화하는 선순환 관계를 보이는 것 같다.

이런 일상적인 학교 문화가 살아 있다 보니, 태봉고에서는 학생들의 대의 체제인 학생회도 다른 학교들에 비해 훨씬 민주적으로 운영될 수 있다고 한다. 여기서 학생회는, 어떤 사안에 대해 단지 1인 1표를 행사하여 다수결로 처리하는 형식적인 수준을 넘어서, 학생들이 민주적인 절차뿐만 아니라 더불어 살아가는 방법, 경험, 대화, 토론, 소통의 가치와 소중함을 배우고 실천하도록 하는 매개체 역할을 한다. 학생들은 학생회를 통해 숙의 민주주의의 문화를 몸에 익히고 실천하는 것이다. 그래서 이 학교에서는 논리의 적합성에 따라 다수결의 원리로 어떤 행위들을 제재하고 학생들에게 규율을 강요하는 방식이 아니라 상대방을 존중하는 문화가 뿌리를 내리게 되었다.

공립형 대안학교인 이 학교 전체 학생(1학년 3개 학급, 전교생 135명)의

3분의 2 이상이 여러 차원에서 소위 '힘든 학생들'이다. 이런 학교에서는 교사가 어떤 시혜적 관점에서 일방적으로 보살핌을 베푸는 것이 올바르다는 식의 인식이 자연스럽게 형성될 수도 있다. 그러나 태봉고는 그런 차원보다는 아이들 스스로 문제를 성찰하고 스스로 문제를 해결해 나가는 쪽으로 교육의 기본 방향을 잡았다고 한다. 자존감이 낮은 학생들에게 자신들을 신뢰하고 배려하며 존중하는 공동체를 만들어 주고 그 속에서 학생 중심의 자치 문화를 누리게 해준다는 것은 그들이 자존감을 회복하고 강화하는 결정적인 바탕이 될 수 있다. 바로 이런 것이 민주주의 교육의 결정적인 핵심이라 할 수 있다. 이 점을 잘 보여주는 인터뷰 내용이다.

〈민주주의 교육의 교육적 효과〉

태봉고에는 소위 '힘든 아이들'이 많아요. 그러니까 (학교에) 들어왔을 때 내면의 힘이 약한 애들, 자존감이 낮은 애들 말이에요. 근데 우리 학교에서는 교사가 시혜를 베푼다든지 끌고 가는 듯이 하는 게 아니고, 학생 중심의 자치 문화를 만들어서 굴러가게끔 하고 있단 말이에요. 이게 사실은 쉬운 게 아니에요. 뭔가 남 앞에 나서본 적이 별로 없는 아이들이 하기 쉬운 게 아닌 거죠. 우리 학교의 공동체 교육은 학생 중심 문화를 만들어 가는 민주주의 교육을 하자는 것이 핵심인데, 이런 접근이 아이들에게 도움이 많이 된 것 같아요. 선생님들이 하나하나 지도하는 게 아니고 아이들끼리 이 공동체 안에서 서로 배우고 나누면서 크는 거죠. 그래서 졸업식 전야에 얘기할 때 보면, 누구야 고맙다, 누구야 고맙다, 이런 얘기를 참 많이 하거든요. 서머힐의 닐(Niell)도 그런 얘길 했는데, 교사들하고 하는 상담보다는 공동체의 힘이 훨씬 크다는 거죠. 그런 점에서 민주주의 사회를 만든다는 것은 결국 더불어 사는 방법을 가르쳐주는 것이 아닌가 하는 것이죠.

민주주의에 초점을 둔 태봉고의 학교 문화는 교사들의 관계와 문화도 바꾸었다. 태봉고에서도 초기에는 교사들의 관계가 그리 원만하지는 않았고, 심지어 폭력적인 면모도 있었다고 한다. 가치관이나 교육관, 개성 등이 다양한 성향의 교사가 모여 있다 보니 자연스럽게 갈등이 생겨날 여지가 컸다. 그러나 민주적인 원칙에 따라 학생들을 중심으로 서로 배려하고 북돋아 주는 문화가 쌓여감에 따라, 개교 이래 7년 동안 서로 소통하고 배려하여 이제는 모두가 어울려 학교의 주인으로 자리를 잡게 되었다고 한다.

이런 성과는 특히 교사 각각의 장점을 발현하게 하는 교장의 지도력에도 상당 부분 의존한 것으로 보인다. '태봉 공동체'에서는 학생들이 교장 선생님을 포함하여 교사의 이름을 자연스럽게 부르는 문화가 형성되어 있고, 그런 평등한 관계가 장려된다. 그리하여 다른 학교에서라면 줄곧 학교 민주주의의 장애로 인식되어 온 관리자와의 관계에서도 상호 평등하며 상호 소통하고 배려하는 태도가 기본이 되어 있는 것으로 보인다.

그 밖에 태봉고에서는 학생 중심의 학생 자치 활동도 활발하다고 한다. 이것은 학생의 자율성을 존중하는 태봉고 학교 철학의 또 다른 표현으로서, 공동체 회의의 정신이 구현되는 다른 모습이라고 할 수 있을 것 같다. 학교의 다양한 행사를 진행하는 데서 교사는 전혀 개입하지 않고 모든 과정을 학생들에게 맡김으로써 학생들이 더 많이 호응하고 더 많이 참여할 수 있도록 한다. 이런 식의 학생 위임은 최근 들어 다른 학교에서도 많이 시도하지만, 태봉고에서 특히 흥미로운 점은 더 직접적인 학생들의 자치가 이루어진다는 것이다. 가령 2016년에 그동안 학생회가 주도하던 체육대회 기획을 그 형식에 대한 성찰이 있고 난 후 개별 학급 차원에 맡기는 일이 있었다고 한다. 그렇게하니 축구나 농구 같은 상투적인 행사들은 사라지고 학급에서 알아서 나름의 행사를 기획하여 실행함으로써 더 많은 학생이 적극적으로 참여하고 만족감을 나타냈다고 한다. 이런 것이 바로 자율에 초점을 두는 태봉고의 민주적 문화가 있어 가능한 일이라고 본다.

물론 이런 태봉고등학교의 경험을 성급하게 일반화하기는 쉽지 않을 수도 있다. 일단 태봉고 방식의 공동체 회의는 조금 더 큰 규모의 학교에서는 정기적으로 운영하기가 쉽지 않을 수도 있다. 장소 문제도 있을 것이고, 그런 문제가 없다고 해도 많은 학생이 모두 모여 효율적으로 토론하고 회의하는 것은 기술적으로 쉽지 않을 것이다. 불가피하게 소수의 학생만 적극적으로 참여하고, 무관심하거나 소심한 학생들은 참여에서 배제될 우려도 있다. 나아가 절차적이고 제도적인 장치가 마련되지 않은 상태에서는 대중 집회 성격의 대규모 토론회가 자칫 인민재판식으로 흐를 수 있다는 우려를 완전히 없애기도 힘들어 보인다. 또 태봉고의 민주시민교육이 본래의 교과 수업과 결합하여 학생들의 다차원적 역량 성장으로 이어가는 데는 아직 충분치 않아 보인다.

그러나 태봉고의 공동체 회의는 모든 구성원이 동일한 소속감을 바탕으로 서로를 존중하고 배려하는 공동체 의식과 함께 학교생활에서 제기되는 다양한 문제를 학생들이 책임감과 주인의식을 가지고 스스로 해결하는 자치의 실천 및 경험 모델로서 충분히 가치가 있다고 판단한다. 이 모델의 실천 경험이 축적되고 그 한계가 일정하게 보완된다면, 이 모델도 충분히 보편화될 수 있을 것이다.

김해 봉명중학교의 혁신교육을 통한 민주시민교육 모델[123]

김해 봉명중학교의 민주시민교육에서는 특정한 하나의 실천 형식이 강조되지는 않는다. 경남형 혁신학교인 행복학교로 운영되는 김해 봉명중학교의 민주시민교육은 혁신교육 그 자체와 밀접하게 결합하여 이루어진다고 할 수 있다. 사실 혁신학교 운동의 핵심적인 지향 자체가 민주시민교육에 있다고도 할 수 있지만, 봉명중학교 민주시민교육의 가장 큰 특징은 민주시민교육을 다름 아닌 학교 교육의 가장 중요한 축인 교과 수업 그 자체와 연계한다는 것이다.

물론 출발점은 다른 민주적인 학교에서와 마찬가지로 학생들이 지닌 민주적 자치 능력을 신뢰하고 학생과 관련된 일들은 학생들이 중심이 되고 주체가 되어 스스로 처리할 수 있도록 하는 학교 문화의 형성이다. 봉명중학교에서는 학교생활을 하면서 당사자로서 겪게 되는 경험을 토대로 여러 사안을 학생들이 스스로 결정하고 시행하게 한다. 예를 들어 학생 대표들이 학생회 간부 수련회를 기획하고 또 학생들의 의견을 수렴해서 연간 사업을 결정하도록 한다. 학생들이 행사의 중심이 되는 음악회나 체육대회나 축제 같은 경우도 교사들이 프로그램의 방향성을 잡고 학생들이 참여하는 형식을 취하지 않고, 학생들이 스스로 주체가 되어 기획단계에서부터 참여하여 교사들과 함께 고민해서 내용과 형식을 결정하도록 한다.

봉명중학교에서는 이렇게 학생들이 학교의 주인이 되고 의사 결정의 주인이 되어 서로 존중하면서 뭔가 목소리를 낼 수 있는 것이 받아들여지는 문화가 형성되어 있다. 이러한 문화를 바탕으로 이 학교에서는 학생들이 가장 억압적으로 느낄 수 있는 생활규정을 학생들이 제안하고 학생들의 의견을 모으고 결정하여 준수하게 하는 데까지 나아갔다.

이 과정이 흥미롭다. 무엇보다도 이 과정이 교과 수업과 연결된다는 것이 가장 특징적이다. 봉명중학교에서는 수업 자체가 민주주의를 체험할 수 있는 형식으로 이루어진다. 교사가 일방적으로 강의하는 방식으로 수업이 진행되지 않고, 학생들이 4명 정도씩 모둠을 짓도록 하고 모둠별로 교과 내용을 검토하고 토론하며 주어진 활동 과제는 모둠별 토론을 통해 수행하게 한다. 이런 바탕 위에서 생활규정 개정과 관련하여 교육 과정이 재구성된다.

가령 1학년 2학기 과정에 있는 토의·토론 단원을 1학기로 당겨서, 만일 생활규정을 바꾼다면 어떻게 바뀌는 게 좋을지를 두고 학생들에게 생각하게 하고 생활규정을 어떻게 바꿀지 직접 제안하게 해서 그걸 토대로 토론하게 한다. 모둠을 나눠 토론하게 한 뒤 패널 토의를 하는 식이다. 이 과정에서 학생들은 가령 교복을 입는다든지 하는 초등학교와는 다른 중학교의 생활을 스스로 돌아보면서 기존의 생활규정을 검토하고 개선되었으면 하는 바람을 개진하고 또 토론한다. 그 토론의 결과로 모인 의견들을 가지고 학교 전체의 생활규정을 결정하는 과정에 참여하게 되는 것이다.

2, 3학년에서는 이 과정이 도덕과 및 사회과 수업과 연결된다. 2, 3학년 학생들은 기존의 생활규정에 따라 학교생활을 한 경험이 있는 만큼, '인권' 같은 교과 주제를 다루면서 그간의 학교생활에서 겪었던 불편한 점 등을 찾아서 적어보고 개선하고 싶은 것들을 뽑아내는 수업을 진행한다고 한다.

그 과정에서 학생들은 학교 공동체 구성원이 그냥 모여 있는 사람들이 아니라 함께 관계를 맺어야 하고 같은 공간 속에서 살아가야 하는 사람이기에 단순히 관리하고 규율하며 통제해야 할 대상이 아니라 서로 존중하고 배려해야 하는 상대라는 인식을 하도록 노력한다고 한다. 그리하여 규정도 단순히 '~ 하지 말자'와 같은 부정적인 방식이 아니라 학생들이 공동체와 공동의 공간을 지키고 서로를 위해서 스스로 어떤 약속을 해야 하는지, 또 상대방을 배려하기 위해서 어떻게 생활해야 하는지를 스스로 묻고 답하게 한다고 한다.

이런 수업 중 활동을 바탕으로 학생들은 2016학년도에 복장, 승강기 이용, 음식물, 휴대폰 등 관련 사안별로 6개의 전담모임(TF)을 구성하여 여기서 학생들의 다양한 의견을 모아 안을 만들었다고 한다. 나아가 학생들은 이를 학교 전체 공청회에서 발표하고 또 다양한 의견을 들은 뒤 표결하고, 다시 이견을 조율하는 과정을 거쳐 생활규정을 만들었다고 한다.

당연히 학생들은 스스로 참여해서 만들고 선택한 규율을 더 잘 그리고 더 적극적으로 지킨다고 한다. 규율은 사회 속에서 여러 사람과 함께 살아갈 때 꼭 필요하지만, 개인에게는 자칫 부당한 강제로 느껴질 수도 있는데, 여기서는 당사자 학생들이 직접 그 규율 제정 과정에 참여한 것이다. 이는 규율은 스스로 그 저자가 될 때만 억압이 아니라 자유의 표현이 될 수 있다는 루소적 자율(autonomy)의 이념을 삶속에서 생생하게 경험하는 장면이라 하지 않을 수 없다.

이런 식의 민주시민교육과 교과수업의 연계는 단지 생활규정 관련해서만 이루어지는 것은 아니다. 봉명중학교에서는 다모임을 운영하는 서울이나 경기 지역의 일부 혁신학교와는 달리 여전히 학생 대표들을 선출한다. 그러나 이런 대표 선거는 통상적인 인기투표 성격을 탈피해서 가령 좋은 리더란 섬기고 배려하고 공동체 구성원들의 이견을 잘 조율해서 듣는 사람이라는 교육이라든가 선거 교육 같은 관련 교과 교육과 함께 이루어지도록 배려한다.

이런 교육 과정 재구성은 단지 특정 교과에만 한정되지 않는다. 예를 들어 1학년의 경우 3월의 교육 과정을 '관계와 자치'로 정했다면, 해당하는 관련 교과 모두에서 관계와 자치에 관련되는 주제를 다 뽑아서 3월 중 수업에서 다루는 식으로 진행된다. 또 예를 들면 봉명중에서는 2016년 2학기에 학년별로 지역 프로젝트를 실시했는데(1학년은 '가야문화', 2학년은 '봉화마을 합포천'), 이런 특별 프로그램 역시 수업 이외의 시간에 따로 하는 게 아니라 관련 교과들을 재구성해서 일정한 성취기준과 함께 진행한다고 한다.

이 지역 프로젝트는 학교가 속한 지역 사회에 학생들이 애착을 느끼고 지역 사회를 더 잘 이해하며 지역 사회 속에서 이루어지는 삶에 참여하는 계기를 제공한다고 할 수 있다. 이런 점에서 봉명중학교의 민주시민교육은 앞서 말한 3C를 통한 교육, 곧 학교 문화, 교육 과정, 지역 사회를 통한 교육의 모범을 보여준다고 할 수 있다.

바로 이런 교육 덕분인지 어린 나이임에도 학생들이 가진 민주시민으로서의 자의식은 매우 분명하다. 인터뷰에서 학생들은 비록 잘 정제되지는 않았지만 이렇게 말한다.

"민주주의란 이끌어 가는 사람이 아니고, 이끌어 가지는 사람이 주인이 되는 것이다."

"민주 시민은 부당함을 (바로잡아야 한다고) 주장할 수 있는 시민이다."

"민주주의란 학생들이 학생들의 일을 스스로 다 같이 이야기할 수 있고 정할 수 있게 하는 것이다."

학생들은 봉명중에서 한 경험이 다른 학교나 앞으로 진학할 고등학교에서도 확대되기를 바랄 정도였다.

에스엔에스(SNS)를 하다가 우연히 저쪽 학교의 규정을 보게 됐는데. 좀 많이 놀랐어요. 거기서 글을 통해 처음으로 다른 학교의 규정을 알게 되었는데, 선생님들이 되게 빡빡하게 규정을 정해 놓으셨더라고요. 이런 걸 보고 우리 학교만 이렇게 규정을 정하고 학생들끼리 (자치 활동하고) 하면 뭐하나 하는 생각이 들었어요. 우리 학교만 바뀌어서 될 문제가 아닌 것 같고, 다른 학교들도 점차 우리 학교가 하는 방식대로 바뀌어야 할 것 같아요. 규정 같은 부분은 학생들에게 맡기는 식으로, 사실 학생들 생활이랑 직결되어 있고 학생들이 지키는 거니까, 그렇게 바뀌었으면 좋겠어요.

그만큼 학생들이 민주적인 학교 분위기와 생활에 만족하고 성장하고 있음을 자랑스러워하고 있다는 방증이다. 교사가 학생을 믿어주고 학생이 더디더라도 하나씩 하나씩 문제를 스스로 해결해가는 과정을 기다려주는 것을 보면서 학생이 자존감을 확인하고 스스로 책임 있는 주체로 성장해 나가는 것이다. 학생의 증언이다.

저는 이 교육이 아니었다면, 지금 다른 데서(라면), 반에서 그냥 아무 존재감 없는 애로 남아있을 것 같아요. 이 교육을 받으면서 자신감이 많이 생겨서 이제 뭐든지 다 하고 싶어지고 부당함에 대해서 (바로잡아 줄 것을) 요구하는 게 좀 많아진 거 같아요.

사실 이렇게 학생들이 자존감에 상처를 입지 않고 오히려 자존감을 건강하게 보존하고 발전시키는 것은 특히 사춘기에 들어선 중학생들에게는 더없이 중요하다. 교사의 교육적 배려도 여기에 맞춰져야 할 것이다. 한 교사의 자기 인식이다.

(민주시민교육이) 활성화되려면 일단 학급 구성원들의 관계가 매우 중요한 거 같아요. 일단 지금 청소년기 아이들은 초등학생과 비교하면 중학교 갔을 때 표현을 잘 안 하잖아요? 왜냐면 자신의 자존감, 정체성에

문제가 오는 시기니까요. '내가 이 말을 하면 상대방이 어떻게 받아들일까?' 이런 걸 느끼게 되어서 편안하지가 않은 거죠. 그래서 건강하게 '아, 너는 이 생각을 하고 있구나.' 하면서 서로 용인할 수 있는 관계를 만들어주는 것이 중요해요. 교사들 사이에서도 사실은 이렇게 회의를 통해서 만나는 관계도 있지만, 학년별 협의회를 하고 나서 개인적으로 사람을 이해하는 시간이 더 중요하거든요. 그래서 아이들한테 자치 시간이나 창의적 체험활동 시간을 이용해서 관계를 맺게 하는 데 신경을 많이 써요. 옛날에 동네에서 우리는 문 열고 나가서 골목길에서 이웃을 만나고 이러면서 관계를 맺었지만, 이 교육 자체가, 관계를 맺어주는 교육 자체가 학교 교실 안으로 들어와야 한다고 생각하거든요.

물론 학생들만 성장하는 것이 아니다. 민주주의와 민주시민교육을 통해 교사들도 성장한다. 사실 지금의 교사 세대는 민주주의나 민주적 시민성에 대해서 충분히 교육을 받았다고 할 수 없다. 또 혁신교육의 경험이 아직 쌓이지 않은 상태에서 교사들도 대부분 학생들의 자치 능력을 처음부터 신뢰하지는 않았다고 한다. 그러나 교사들 스스로 혁신교육을 위해 학년 협의회나 교육 과정 협의회 등 자치적인 소규모 모임과 회의를 꾸준히 진행하면서 민주적인 학교 운영의 경험을 쌓아가고, 또 학생들의 자치 역량이 성숙해 가는 것을 보면서 학생들의 민주적 잠재성에 대한 신뢰도 키워왔다고 한다. 교사들 자신이 비로소 일상적 삶 속에서 민주시민이 되는 것이다. 한 교사의 진술이다.

혁신학교 행복학교의 가장 큰 특징 중 하나가 학년 선생님들끼리 한 실
(공간)에 모아주는 거더라고요. 한 실에 모여 있으면 같이 가르치는 아이
들에 대해서 같이 이야기할 수밖에 없고 뭐 하나 일이 생기면 자연스럽
게 (함께 이야기하게 돼요). 오늘도 그랬어요. 저희가 김해 프로젝트를 학
년마다 진행하고 있는데, 저희 학년이 제일 늦었어요. '늦었지만 그래도
어떻게든 해야 하는데' 하면서 고민하고 있다가 옆에 계시던 선생님들과
함께 이야기하다 보면 어느새 테이블에 자연스럽게 모이게 되고 지나가
는 선생님 부르고 해서 논의를 하는 거지요. 어떻게 보면 회의하고 이야
기하는 것이 아주 그냥 자연스러운 일상이 되어 버렸어요.

이런 생활은 사실 교사들이 피곤해할 수도 있다. 이야기를 많이 주
고받아야 하므로 시간이 많이 필요하기도 할 것이다. 또 서로 다른 성
장 배경과 전공과 경험을 지닌 교사들이 함께 교육해야 하고 교육 과
정 재구성이나 학생 지도 등을 함께 논의하는 과정에서 갈등도 불가
피하게 생길 수밖에 없을 것이다. 그러나 교육이라는 대승적 목표를
우선하다 보니 그런 갈등도 자연스럽게 받아들이면서 파국으로 치닫
지 않고 문제를 해결해간다고 한다. 그리고 그 과정에서 교사들은 다
른 학교에서는 얻기 힘들었던 교육자의 자부심과 주체성을 확인하게
되었다고 한다.

이전 학교는 제가 3학년 몇 반 담임이기보다는 행정 업무를 담당하고
있는 선생님, 이 의미가 더 컸거든요. 근데 지금 같은 경우에는 내가
몇 반 담임이고, 교육활동에 의미 있게 시간을 보내고 있다는 느낌이 들

어요. 예를 들면 저희가 운영하는 서머스쿨제를 보죠. 이것을 운영하자면 봉명중 전체가 하나의 덩어리로 일정을 잡아야 하는데, 이 일정과 관련해서 1학년, 2학년, 3학년이 움직이는 내용이 다 달라요. 그럴 수밖에 없는 것이 학년 협의회에서 학생들 특징에 맞게 우리가 그 내용을 구성하고 있거든요. 그러나 이렇게 저희가 내용을 구성하다 보니 거부가 되거나 이런 게 적어요. 저희가 치열하게 의논을 했고, 학생들 특징에 맞춰서 우리가 이 내용이 더 좋겠다고 생각을 하고 의논을 했기 때문에 그것에 대해서 존중을 받지요. 그래서 저희는 큰 자부심을 느끼지요.

물론 아직도 혁신교육의 경험은 충분히 축적되지 못했다. 혁신교육의 경험이 얼마나 많은 학교로 일반화될 수 있을지 아직은 불투명하다. 혁신교육의 성과에 대한 평가를 둘러싸고도 아직은 이견이 많고, 모든 학교와 교사들이 혁신교육이 전제하는 새로운 인식과 헌신에 대한 요구를 기꺼이 받아 안을 수 있을지도 미지수다. 무엇보다도 많은 학교 관리자와 교사가 여전히 타성에 젖어 있다. 특히 교사와 학생의 관계는 자칫 독재 관계로 나타나기 아주 쉽다. 우리나라의 입시 위주 교육도 학생을 위한 민주시민교육에 초점을 제대로 맞추지 못하게 한다.

하지만 김해 봉명중학교의 사례는 '민주주의를 통한 교육'이야말로 우리 사회의 많은 교육 병리, 특히 학교 붕괴를 치유할 수 있는 첩경임을 보여주는 모범이 될 수 있지 않을까 한다. 그리고 그 민주주의를 통한 교육이 단순히 민주적 학교 문화나 학생 자치의 수준을 넘어 교육 과정 재구성과 함께 이루어지고 지역 사회 속에서의 삶과도 핵심적인 연관을 맺고 있다는 점에서도 모범적이다. 물론 아직 초창기라

시행착오도 있을 것이다. 그러나 다양한 교육적 시도와 실험을 해 보고, 어떤 경우에는 실패에서도 배워야 할 것이다.

진해 제황초등학교의 '공론장' 모델[124]

경남 창원시의 진해 제황초등학교의 민주시민교육 사례는 지금까지 살펴본 실천 모델들과는 또 다른 면모를 보여준다. 이 학교의 민주시민교육은 학교가 처해 있는 특별한 지역적 특성과 교사들의 자발성에 기초해서 문제 상황을 해결하려는 가운데 창의적으로 발전된 고유한 특징을 가지고 있었다. 그 특징은, 다모임이나 공동체 회의 같은 고정된 형식이 아니라 학교생활에서 일어나는 다양한 사안별로 혹은 그때그때 문제가 제기될 때마다 자연스럽게 학생들끼리 논의하는 공간, 일종의 '공론장'을 형성하여 문제를 해결해 나가는 형식을 취하여 학생들이 일상적으로 민주시민으로서 자존감과 효능감을 체험하게 한다는 것이다. 비록 제황초등학교의 교사들이 붙인 이름은 아니지만, 나는 이런 모델을 '공론장 형성을 통한 민주시민교육 실천 모델'이라고 명명해 볼까 한다.

이런 형식의 실천 모델이 모색된 것은 애초 사소한 이유 때문이었다고 한다. 여기서도 다른 혁신학교에서처럼 다모임 같은 형식을 도입할 의사가 있었지만, 이 학교에는 전교 학생이 다 모여 논의할 만한 공간이 없어 포기할 수밖에 없었다고 한다. 그런 상황에서 야영 프로젝트를 할 때 학생들이 자발적으로 한 팀에 열다섯 정도 모여 서로 야영 때

뭘 하고 놀지, 뭘 먹을지, 학교에 바라는 사항은 무엇인지 등을 논의하는 것을 보면서 새로운 실천 형식을 발전시키게 되었다고 한다.

이 새로운 형식은 다모임처럼 주기적으로 모임을 열고 이런저런 이야기를 하게 하는 것이 아니라 학생들이 명확한 목적의식을 가지고 그 목적의식에 따라서 해내야 할 성취 목표를 두고 논의하고 활동하게 하는 데 초점을 두었다고 한다. 학생들은 6주 또는 8주 정도로 정해진 기간에 자신들이 달성해야 하는 목표를 정하고 그것을 실현하려 하는 가운데 스스로 주체의식을 가지고 책임감 있게 배움 활동을 한다고 한다.

이런 새로운 시도는 지금 3~6학년 공동 프로젝트식 도덕 교과 수업으로 발전했다고 한다. 여기서도 민주시민교육을 교과 수업과 연계시키는 시도가 이루어진 것이다. 이 수업은 '학년 통합' 프로젝트로 이루어진다고 한다. 도덕 교과서에 나오는 주제와 관련하여 3~6학년 학생들이 골고루 섞인 모둠별로 공동의 프로젝트를 수행하는 것이다. 이 과정에서 6학년 학생들은 자연스럽게 리더 역할을 몸에 익히게 되고 나머지 학생들은 리더를 뒷받침하며 협력하는 구성원 역할을 체험하게 된다.

예를 들어 인권 프로젝트를 보자. 먼저 각 학급에서 교사가 인권에 대한 수업을 진행한다. 학생들은 학급별 수업에서 인권이 무언지, 인권에는 어떤 것이 있는지, 인권 침해 상황은 어떤지 등을 배운 다음, 궁금하거나 관심 있는 세부 범주별로 나뉜 팀으로 헤쳐 모인다. 그리하여 3~6학년 학생들이 공동의 프로젝트를 수행하는 것이다. 가령 질병이나 기아 프로젝트가 있다면, 아이들은 그것이 왜 인권 문제인지 현실은 어떤지를 스스로 확인한 다음, 막연한 동정심을 넘어 고통을 당하는 사람들이 문제를 해결하고 적극적으로 살아갈 수 있게 하려면 어떻게 해야 하는지를 논의하는 식이다. 물론 문제의 범위와 해법의 깊이가 모든 학년의 학생들에게 다 똑같을 수는 없지만, 학년별로 자신의 수준에 맞게 연극을 만들거나 노래를 만들어서 사람들에게 홍보하고 또 그것을 촬영해서 영상(UCC)을 만들어 유투브에 올려 전 세계에 알리는 식으로 프로젝트를 진행한다고 한다.

이런 프로젝트 수업의 가장 큰 의미는 아이들이 프로젝트를 추진하는 과정에서 일정한 결과를 만들어 내고, 그것을 발표하거나 공개하기도 하고 또 어디서든 주장을 하기도 하는 경험을 한다는 것이다. 아이들이 스스로 주체 또는 참여 구성원이 되어서 어떤 일을 진행하고, 그것이 일정한 방식의 결과로 나타나는 실천적 효능감을 체험한다. 이것은 아이들이 당당하고 떳떳한 민주시민으로서 반드시 갖춰야 할 자존감의 훌륭한 기반이 될 것이 틀림없다.

제황초등학교에서 이런 방식의 민주적 시민 체험은 일상적인 학교 생활 전반으로 확대된다. 가령 이 학교가 진행하는 '바다음악제'나 스승의 날 행사를 할 때, 고학년 중심이기는 하지만 학생들이 스스로 전담모임을 만들어 회의를 진행하고 의견을 수렴하고 행사도 주도적으로 진행한다고 한다. 그 밖에 학교 규칙을 정한다든가 운동장 사용에서 오는 갈등을 어떻게 해결할 것인가 하는 사안이 생기면, 그때그때 적절한 방식으로 자발적으로 논의하고 교사들과 함께 문제를 해결하는 체험을 한다.

이때 학생들은 사안과 관련하여 공청회를 하거나, 학년별 회의를 하거나, 아니면 학년을 통합하는 사안별 논의의 장을 만들거나 하는 식으로 문제에 대처해 나간다. '여학생들' 또는 '남학생들'에게만 해당하는 문제가 있으면 교사에게 요청해서 그 문제와 관련된 성별 논의 공간을 만들고 자기들끼리 논의를 해서 문제를 해결한다.

제황초등학교에서는 다른 학교와 같은 학생 대표는 없지만, 학년을 통합하는 회의 등을 진행하는 데서 일정한 역할을 하는 회장과 부회장은 선거를 통해 선출한다고는 한다. 그러나 이 대표들은 말하자면 그저 형식적인 대표일 뿐이고, 실제 거의 모든 학생 관련 사안들은 학생들의 자발적인 참여로 만들어진 전담모임이라든가 여러 차원의 논의 모임의 의견들을 반영하여 결정한다.

여기서 학생들은 앞에서 살펴본 '공중'으로서 시민의 역할을 한다고 할 수 있겠다. 그러니까 학생들은 그런 학교 공론장에 참여하면서 단순히 사적인 개인으로 머무는 것이 아니라 사회나 공동체 또는 국가 전체와 관련되기 때문에 공적인 것으로 인지된 사안들에 대해 수동적 방관자가 아니라 적극적인 당사자로서 다른 사람들과 함께 문제를 해결하기 위해 참여하는 주체적 시민의 모습을 실천해 보는 것이다.

이런 모델은 실제로 우리나라의 다른 혁신학교 운동 속에서는 찾아보기 힘들 뿐만 아니라 아마도 다른 나라에서도 없지 싶다. 중요한 것은 이런 모델이 특정한 이론에서 도출된 것이라기보다는 교사들의 경험에서 일종의 민주적 실험의 하나로 발명되었다는 점이다. 그리고 일종의 공론장을 형성하여 문제를 해결하는 일상적 습관이 생김에 따라 아이들이, 예를 들어 특별히 4학년하고만 관련된 얘기를 전체가 다 할 필요가 없을 때 관련 아이들만 모여서 논의한다거나 마찬가지로 남자애들하고만 관련된 얘기를 여자애들까지 다 할 필요가 없으니

남자애들만 모여 이야기한다거나 하는 식으로, 사안별로 모여 논의하는 구조가 자연스럽게 발전되지 않았나 싶다. 잘 발전시키면 나름의 독특한 민주시민교육의 실천 모델이 될 수 있을 것 같다.

또 하나 인상적인 것은 이 모델이 말하자면 '갈등의 민주적 승화'를 추구한다는 것이다. 다시 말해 지금까지 설명한 바와 같은 공론장 형성이 지속적이고 일상적으로 이루어지면 학생들은 학교생활에서 제기되는 다양한 문제들을 이 틀 안에서 해결할 수 있게 된다. 물론 어린아이들에게 이견과 갈등은 너무도 자연스러운 것이다. 이는 아이들의 성장 과정의 본질적인 일부라고 해야 한다. 그러나 이런 갈등 자체를 백안시하면 학생들은 마치 갈등이 없어야 좋은 상태라고 여기는, 사실은 전체주의적인 생각을 몸에 익힐 수도 있다. 그러나 아이들이 서로 이견을 나타내는 것을 자연스럽게 여기되 그때그때 적절한 논의 공간 속에서 합리적인 토론과 절차를 통해 이견으로 나타나는 갈등을 해소하거나 일정한 방식으로 처리하는 것을 익히면, 갈등이 오히려 새롭고 생산적인 결과를 낳을 수도 있음을 체득하게 될 것이다. 인터뷰에 참여한 어떤 교사는 이렇게 말했다.

우리 학교 선생님들은 싸우지 말라는 말을 크게 안 하시는 것 같아요. 싸울 수 있다고 말씀을 하시는 것 같아요. 싸울 순 있는데 그걸 어떻게 해결해 나가느냐가 더 중요하다고 이야기를 하시는 것 같거든요. 저도 싸우는 걸 가지곤 혼내지 않는데, 그게 폭력이 됐을 때만 서로 이야기하면서 혼을 낸다거나 방법을 찾아요. 고학년 선생님들도 의견이 다르면 싸울 순 있다고 이야기를 하시고, 그 뒤의 행동에 관해서 이야기하시는 거

같아요. 그런 것들이 바탕이 되니까 당연히 의견이 다를 수 있다는 걸 아이들이 1학년 때부터 인지하는 것 같아요.

이미 초등학교 6학년 교과서에 민주적 정치란 사람들이 협의하고 뜻을 같이 세워서 어떤 문제를 해결해 나가는 과정이라는 인식이 담겨 있다. 누구든 자신의 이해관계나 처지를 분명히 인식하고 자기가 선 위치에서 문제를 바라보되 이해관계나 처지나 의견이 다른 사람들이 있을 수 있다는 것을 인정하면서, 폭력이 아닌 설득과 대화와 타협으로 문제를 해결하려 노력할 때에만 그러한 민주적 정치가 제대로 이루어질 수 있다. 제황초등학교의 공론장 형성 모델은 학생들이 이런 민주 정치를 잘 수행할 주체로 성장하도록 잘 촉진할 것으로 본다.

물론 이러한 공론장 형성 모델은 다른 학교에서 모방하기 힘들 수도 있다. 제황초등학교의 학생 수가 많지 않기 때문에 학생들이 서로 친밀한 관계를 쉽게 형성할 수 있어서 실천 가능한 모델일 수도 있다. 또 이런 모델은 초등학교라서 가능할 수 있다. 사실 중학교 이상만 되어도 학년 통합 수업 같은 것을 진행하기는 거의 불가능할 것이다.

그러나 학교생활에서 제기되는 다양한 문제들 가운데 상투적인 것들도 있지만, 전혀 예기치 못했던 문제들을 그때그때 관련되거나 관심 있는 당사자들이 논의 그룹을 형성해서 합리적인 토론을 거쳐 해결하는 학교 문화의 형성이 중요해 보인다. 꼭 제황초등학교에서와 같은 학년 통합 프로젝트식 수업이 아니더라도 학급 수준이나 같은 학년 차원에서 유사한 프로젝트 수업을 진행해 볼 수도 있고, 교과 수업과는 다른 차원에서 사안에 따라 서로 다른 학년의 학생들이 토론 모둠 같은 것을 만들어서 문제를 논의하고 그 바탕 위에서 전체의 문제를 해결해 가는 형식으로 학교 문화를 만들어 갈 수 있을 것이다. 여기서도 중요한 것은 각 학교의 조건과 상황에 맞는 창조적 변형이다.

1) W. Merkel (et. al.), *Defekte Demokratie*. Band 1: Theorie. Oplanden; Leske+Budrich, 2003, 66.

2) A. Croissant, "Delegative Demokratie und Präsidentalismuis in Südkorea und auf den Philippinen", *Welt Trends Nr.* 29, Winter 2000/2001.

3) 노현웅, 「누구보다 치열한 20대, 사회 생각할 여유 없다」 『한겨레』, 2017/01/30.

4) 이 개념의 번역 및 이해 문제에 대해서는 제4장(IV)에서 자세히 살펴볼 것이다.

5) 이 개념에 대해서도 역시 제4장(IV)에서 자세히 살펴볼 것이다.

6) 이 용어 사용의 문제에 대해서는 다음을 참고: 심성보, 『인간과 사회의 진보를 위한 민주시민교육』 살림터, 2011, 181쪽 이하; 유럽평의회 문화협력심의회, 『민주시민교육 프로젝트: 유럽평의회 EDC 보고서』 민주화운동기념사업회, 2008.

7) A. Gutmann, *Democratic Education*, Princeton University Press, Princeton, 1987, 39쪽.

8) 우리나라 민주시민교육의 실태에 대해서는 참조: 홍윤기 외, 『민주청서 21: 2008년도 민주시민교육 종합보고서 연구용역 사업』 민주화운동기념사업회, 2009; 강영혜 외, 『민주시민교육 활성화 방안 연구』 한국교육개발원, 2011; 장근영 외, 『아동·청소년의 민주시민 역량 국제비교 및 지원체계 개발연구 I: 총괄보고서』 한국청소년정책연구원, 2011.

9) 참조: 김태준 외, 『한국 청소년의 시민역량 국제비교연구: 국제시민교육연구(ICCS) 참여』 한국교육개발원, 2010.

10) 장근영 외, 『아동·청소년의 민주시민역량 국제비교』 앞의 글.

11) 강영혜 외, 『민주시민교육 활성화 방안 연구』 앞의 글, 150쪽.

12) 천관율, 「이제 국가 앞에 당당히 선 '일베의 청년들'」 『시사인』 2014/09/26.

13) 『우리는 차별에 찬성합니다-괴물이 된 20대의 자화상』 개마고원, 2013.

14) 이에 대한 자세한 논의는 장은주, 『유교적 근대성의 미래』 한국학술정보, 2014, 참조.

15) 이 개념은 정수복에게서 빌려왔다. 정수복, 『한국인의 문화적 문법-당연의 세계 낯설게 보기』, 생각의 나무, 2007.

16) 오해를 피하고자 한 마디 덧붙이자면, 나의 논의 맥락에서 유교는 대중들의 근대적 생활양식 안에 일상화된 어떤 속류(vulgar) 유교로, 고전적 유교 이념 그 자체의 본래 내용과는 조금 다른 차원에서 이해해야 한다.

17) 참조: M. Young, *The Rise of the Meritocracy*, Transaction Publishers, New Brunswick/London, 2008(11th edition). 우리말 번역본은 이전 판을 저본으로 삼은 『교육과 평등론: 교육과 능력주의 사회의 발흥』(한준상·백은순 옮김, 전예원, 1986년)이 있다. 여기서 영은 능력을 'I.Q.(지능)+노력'으로 규정하고 있다("Introduction to the Transaction edition", xiii).

18) 이런 이해는 다음을 참조: S. White, *Equality*, Polity Press, Cambridge, 2007, 53쪽 이하(우리말 번역본은 『평등이란 무엇인가』, 강정인·권도혁 옮김, 까치, 2016); D. Miller, *Principles of Social Justice*, Harvard University Press, Cambridge/London, 1999, 177쪽 이하. 이에 대한 나의 자세한 논의는 다음을 참조하라. 장은주, 『정치의 이동: 분배 패러다임을 넘어 존엄으로 진보를 리프레임하라』, 상상너머, 2012, 특히 제3장.

19) 가령 참조: 토마 피케티, 『21세기 자본』, 장경덕 옮김, 글항아리, 2015, 8쪽.

20) 알렉산더 우드사이드, 『잃어버린 근대성들』, 민병희 옮김, 너머북스, 2012.

21) 이는 가라타니 고진에게 빚진 인식이다. 가라타니 고진, 『근대문학의 종언』, 조영일 옮김, 도서출판b, 2006, 74쪽 이하. 그에 따르면 "입신출세주의는 근대일본인의 정신적 원동력"(75쪽)이다.

22) 메리토크라시와 교육 문제의 연관에 대한 논의는 다음을 참고: 장은주, 「한국 사회에서 메리토크라시의 발흥과 교육문제: '민주주의적 정의'를 모색하며」, 『사회와 철학』 제21집, 사회와철학연구회, 2011.

23) I. M. Young, *Justice and the Politics of Difference*, Princeton University Press, Princeton, 1990, 206쪽 이하 참고.

24) 강준만, 『개천에서 용나면 안 된다–갑질 공화국의 비밀』, 인물과 사상사, 2015. 비

록 조현아 같은 세습 귀족의 갑질 같은 것은 얼핏 메리토크라시적 틀을 벗어난 강자의 자의적 지배 행위처럼 보이지만(조국, 「귀족과 속물의 나라에서 살아남기」, 『경향신문』 2015/01/06, 인터넷판), 그것도 결국 자기-배반적으로 발전한 능력지상주의의 한 묵시록적 귀결이라고 할 수 있다.

25) 이 개념은 본디 하버마스의 것이다. 하버마스의 이 개념은 오늘날 메리토크라시 이념의 전 세계적인 쇠락 경향과 함께 새삼 주목을 받고 있다. 참조: S. Neckel, ">>Refeudalisierung<<- Systematik und Aktualität eines Begriffs der Habermas'schen Gesellschaftsanalyse", *Leviathan* 41. Jg, 2013/01, 39-56쪽. 또 서구의 선진 자본주의 사회에서는 신자유주의의 확대와 더불어 나타나는 이른바 '포스트-민주주의' 현상에서 메리토크라시 원리의 현격한 침식을 목격할 수 있다. 참조: 콜린 크라우치, 『포스트 민주주의』 이한 옮김, 미지북스, 2008. 피케티의 『21세기 자본』의 논의도 궁극적으로는 동일한 현상에 대한 문제의식의 표현이라고 할 수 있다.

26) 류동민, 「능력주의 이데올로기의 위기: 탈조선의 사회심리학」, 『황해문화』 2016년 봄호.

27) 장은주, 『정치의 이동』, 앞의 책, 153-154쪽 참조.

28) 이하의 논의는 장은주, 「메리토크라시」, 앞의 글의 부분적 반복이다.

29) 마이클 영은 자신이 부정적 함의를 담아 만든 메리토크라시라는 말이 이후 자신의 의도와는 정반대로, 무엇보다도 자신이 몸담았던 영국 노동당에서, 긍정적으로 받아들여지게 된 과정을 개탄한다. M. Young, "Meritocracy", 앞의 책, 'Introdcution' 참고. 그래서 그는 메리토크라시라는 말을 엉뚱하게도 노동당의 바람직한 정책 방향의 지표로 제시한 토니 블레어 총리에게 항의성 공개서한마저 쓰기도 했다. M. Young, "Down with meritocracy", *The Guardian*, 2001. 7. 29. 정치철학적으로는 '민주적 사회주의'를 주창하는 밀러(D. Miller) 같은 이도 강력한 메리토크라시 이상의 옹호자다. 참고: D. Miller, *Principles*, 앞의 책, 특히 177쪽 이하. 밀러의 정치철학 전반에 대한 개관은 참조: 곽준혁, 『경계와 편견을 넘어서: 우리 시대 정치철학자들과의 대화』, 한길사, 2010, 79쪽 이하.

30) 비롤리에 따르면, 이는 심지어 공화주의적 관점에서도 정의의 첫째 원칙일 수밖에 없다. 모리치오 비롤리, 『공화주의』, 김경희·김동규 옮김, 인간사랑, 2006, 141쪽 이하.

31) 이에 대해서는 예를 들어 다음을 참고: D. Miller, *Principles*, 앞의 책, 203쪽 이하.

32) 이하의 논의는 장은주, 『정치의 이동』 앞의 책, 153-154쪽 이하.

33) 악셀 호네트, 『인정 투쟁』, 문성훈·이현재 옮김, 사월의 책, 2011; 『정의의 타자』, 문성훈·장은주·이현재·하주영 옮김, 나남출판, 2009.

34) 여기서 '자기 관계'란 한 개인이 자신의 속성이나 능력 등과 관련하여 자기 자신에 대해 갖는 의식 또는 감정을 말한다.

35) 인정 이론과 정의 개념의 연결에 대해서는 다음을 참고. J. Anderson & A. Honneth, "Autonomy, Vulnerability, Recognition, and Justice," *Autonomy and the Challenges to Liberalism: New Essays*, Cambridge University Press, 2005.

36) 실제로 호네트가 구분한 3가지 인정 형식은 현실에서는 많은 경우 서로 밀접하게 얽혀서 나타날 수밖에 없을 것이다.

37) 이런 이해는 차라리 자존감을 누군가 자신의 가치관이나 인생계획이 가치가 있다는 데 대한 믿음 그리고 자신의 능력에 대한 자신감으로 이해하는 롤스의 개념에 가깝다. 존 롤스, 『정의론』, 황경식 옮김, 이학사, 2003, §67.

38) 악셀 호네트·낸시 프레이저, 『분배냐, 인정이냐?』, 문성훈·김원식 옮김, 사월의책, 2014, 284쪽.

39) 장은주, 『정치의 이동』, 앞의 책, 239쪽 이하 참고.

40) 필립 페팃, 『신공화주의』 곽준혁 옮김, 나남, 2012

41) 존 롤스, 『정의론』, 황경식 옮김, 이학사, §12.

42) 마이클 왈쩌, 『정의와 다원적 평등-정의의 영역들』, 정원섭 외 옮김, 철학과현실사, 1999, 227쪽 이하 참조.

43) 장은주, 『정치의 이동』, 상상너머, 2012, 특히 제5장을 참조.

44) 같은 곳 참조.

45) 마이클 샌델, 『민주주의의 불만』, 안규남 옮김, 동녘, 2012, 18쪽 및 423쪽 이하; 윌

킬리카, 『현대 정치철학의 이해』 장동진 외 옮김, 동명사, 2002, 400쪽 참고.

46) 파울로 프레이리, 『페다고지』 남경태 옮김, 그린비, 2002.

47) W. Edelstein, "Demokratie als Praxis und Demokratie als Wert–Überle-gungen zu einer demokratiepädagogisch aktiven Schule", In: LISUM(Hrsg.), *Demokratie erfahrbar machen–demokratiepädagogische Beratung in der Schule*, 2007.

48) 마사 누스바움, 『공부를 넘어 교육으로』 우석영 옮김, 궁리, 2011, 44쪽.

49) I. Kant, *Über Pädagogik. In: Werke in zwölf Bände* (Bd. XII), Frankfurt/a.M., Suhrkamp, 1964. A. Honneth, "Erziehung und demokratische Öffentlichkeit: Ein vernachlässigtes Kapitel der politischen Philosophie", *Zeitschrift für Erziehungswissenschaft*, 2012, 15.

50) 존 듀이, 『민주주의와 교육/철학의 개조』 김성숙·이귀학 옮김, 동서문화사, 2013, 101쪽.

51) 이 주제에 대한 자세한 논의는 장은주, 『유교적 근대성』 앞의 책, 208쪽 이하를 참조.

52) 민주주의적 태도와 습관의 형성에서 학교 교육의 근본적 중요성에 대한 논의는 다음을 참조: W. Kymlicka, "Education for citizenship", Institut für Höhere Studien(Wien) (Ed.), *Reihe Politikwissenschaft* 40, 1996.

53) 장은주, 『유교적 근대성』 앞의 책, 240쪽.

54) D. Ravitch, "Schools We Can Envy", *The New York Review of Book*, March 8 2012. A. Honneth, "Erziehung", 앞의 글 참조.

55) 역량은 "지식과 기술, 태도, 가치를 총망라하는 의미"를 갖고 있다. OECD, 『핵심역량 정의 및 선정 프로젝트(DeSeCo Project) 요약』 OECD 연구보고서, 민주화운동기념사업회 2008, 10쪽. 이에 대해서는 다음 장에서 다시 한번 다룰 것이다.

56) 같은 글, 4-5쪽.

57) 같은 글, 12쪽.

58) W. Edelstein, "Demokratie", 앞의 글.

59) 시민 개념의 다양한 의미와 그 변천의 역사적 과정에 대한 개괄적 고찰은 다음을

참조. 신진욱, 『시민』, 책세상, 2009. 우리나라의 시민 개념의 역사적 변천을 추적한 연구로는 정상호, 『시민의 탄생과 진화』, 한림대학교 출판부, 2013. 참조.

60) 영어 democracy는 그리스어 demos(다수의 인민)라는 말과 kratia(지배)라는 말의 합성어에서 유래했다.

61) 우리나라 대표적인 시민 단체인 '참여연대'의 영문명은 People's Solidarity for Participatory Democracy로 직역하면 '참여 민주주의를 위한 인민의 연대'다.

62) 자세하게는 다음을 참조: 장은주, 『생존에서 존엄으로』, 민음사, 1997, 136쪽 이하.

63) 이 새로운 시민 개념에 대한 좀 더 자세한 논의는 참조: 장은주, 『유교적 근대성』, 앞의 책, 276쪽 이하.

64) 홍윤기, 「시민학의 정립: 시민적 권능확보의 학문적 토대」, 『시민과 세계』, 제21호, 참여사회연구소, 2012.

65) 악셀 호네트, 「반성적 협동으로서의 민주주의-존 듀이와 현대 민주주의이론」, 『정의의 타자』, 문성훈·이현재·장은주·하주영 옮김, 나남, 2009; A. Honneth, *Das Recht der Freiheit-Grundriß einer demokratischen Sittlichkeit*, Berlin, 2011.

66) 한스 요아스, 『행위의 창조성』, 신진욱 옮김, 한울 아카데미, 2007, 410쪽.

67) A. Honneth, *Das Recht der Freiheit*, 앞의 책, 484쪽.

68) I. M. Young, "Justice, Inclusion, and Deliberative Democracy", S. Macedo (Ed.), *Deliberative Politics. Essays on Democracy and Disagreement*, N.Y/Oxford, Oxford University Press, 1999.

69) 독일의 정치 교육과 우리가 말하는 민주시민교육은 약간은 서로 다른 초점을 가지고 있다고 할 수 있지만, 여기서는 이를 무시한다. 독일 '청소년과 성인을 위한 정치 교육과 교수법 협회'(GPJE; Gesellschaft für Politikdidaktik und politische Jugend-und Erwachsenenbildung), *Anforderungen an nationale Bildungsstandards für den Fachunterricht in der Politischen Bildung an Schulen. Ein Entwurf.* 2 Aufl. Schwalbach: Wochenschau, 2005.

70) 이 문제에 대한 자세한 논의는 다음을 참조: 장은주, 『인권의 철학: 자유주의를 넘어, 동서양이분법을 넘어』, 새물결, 2010.

71) Th. W. Adorno, E. Frenkel-Brunswick, D. Levinson & N. Sanford, *The Authoritarian Personality*, New York: Harper and Row, 1950.

72) 이찬승 「인성교육진흥법-접근방법에 문제 있다!」 공교육 희망 칼럼 41회, 교육을 바꾸는 사람들, 2014/06/03.

73) G. Himmelmann, "Integration durch Wertebildung oder durch Einübung von demokratischen Verhaltensweisen? Ein Beitrag zum Konzept >Demokratie-Lernen<", In: G. Breit/S. Schiele (Hrsg.), *Werte in der politischen Bildung*, Bundeszentrale für politische Bildung, 2000

74) 같은 글, 256쪽.

75) 독일에서 정치 교육은 Politische Bildung이라고 하는데, 사실 Bildung이라는 말은 바로 자기 형성을 의미한다.

76) 롤스도 '결사체'를 통해 개인이 자신과 같은 가치를 추구하는 사람들과 결합하는 것이 자존감을 유지하고 강화할 수 있다는 생각을 내비치고 있으나, 충분히 분명하지는 않고 또 나의 논의와는 초점이 다른 것처럼 보인다. 이에 대해서는 다음을 참고: 박상혁, 「롤즈의 정의론에서 시민들의 자존감 보장과 결사체 민주주의적 발전」, 『철학연구』 제97집, 2000, 특히 97쪽 이하.

77) 헌법 제31조 4항: "교육의 자주성·전문성·정치적 중립성 및 대학의 자율성은 법률이 정하는 바에 의하여 보장된다."

78) I. Kant, *Über Pädagogik*, 앞의 책; A. Honneth, "Erziehung", 앞의 글, 참조.

79) 애초 이 개념은 민주주의의 적에 맞서 민주주의를 수호한다는 의미로 슈테른베르거(Dolf Sternberger)가 맨 처음 사용한 것을 하버마스가 인권 및 민주주의 원칙에 대한 헌신이라는 의미에 초점을 두어 일반화시킨 것이다. 대표적으로 Habermas, "Die nachholende Revolution". *Kleine Politische Schriften VII*, Frankfurt/M., 1990, 147쪽 이하 참조. 이 개념에 대한 국내의 논의로는 김만권, 「'헌법애국주의', 자신이 구성하는 정치공동체에 애정을 갖는다는 것」, 『시민과 세계』 16호, 2009; 한승완, 「'자유주의적 민족주의'와 '헌법애국주의': 한국 국민(민족)정체성의 변형과 관련하여」, 『사회와 철학』 제20호, 2010 참조. 한국에서 이 개념의 발전적 수용 가

능성에 대해서는 장은주, 『인권의 철학』 앞의 책, 325쪽 이하를 참조. 이를 둘러싼 한국에서의 일련의 논쟁에 대한 개관은 심성보, 『민주시민교육』 앞의 책, 375쪽 이하를 참조.

80) 장은주, 『인권의 철학』 같은 곳.

81) 같은 책, 276쪽.

82) 최장집, 『민중에서 시민으로: 한국 민주주의를 이해하는 하나의 방법』 돌배게, 2011, 40쪽.

83) 아래의 논의는 장은주, 『유교적 근대성』 앞의 책, 268-271쪽 논의를 부분적으로 반복한다.

84) 최장집, 『민중에서 시민으로』 앞의 책, 35-36쪽 참조

85) D. Vujadionvic, "Machiavelli's republican political theory", *Philsophy and Social Criticism* 2014. Vol. 40(I), 43-68.

86) 최장집, 『민중에서 시민으로』 앞의 책, 62쪽.

87) 같은 책, 95쪽.

88) 로널드 드워킨, 『민주주의는 가능한가』 홍한별 옮김, 문학과 지성사, 2012.

89) J. Dryzek, *Deliberative Democracy and Beyond: Liberals, Critics, Contestations*, Oxford University Press, 2000, 1쪽.

90) A. Gutmann & D. F. Thompson, *Democracy and disagreement*, Cambridge, MA: Belknap Press of Harvard University Press, 1996, 7쪽. 이 숙의 민주주의는 때때로 '토의 민주주의(discursive democracy)'라고도 한다. '숙의'가 조용한 개인적 차원의 숙고를 강조할 우려가 있는 표현임을 생각하면, '토의'가 더 적절한 표현일 수도 있다. J. Dryzek, *Deliberative Democracy and Beyond*, 앞의 책, v-vi 참조. 특히 하버마스의 숙의 민주주의 모델을 지칭할 때는 이 표현이 더 나아 보인다. 위르겐 하버마스, 『사실성과 타당성-담론적 법이론과 민주적 법치국가 이론』 한상진·박영도 옮김, 나남, 2007, 참조.

91) A. Sen, *The Idea of Justice*, Harvard University Press, 2011, 321쪽 이하.

92) J. Dryzek, *Deliberative Democracy and Beyond*, 앞의 책, 1쪽.

93) 같은 곳

94) 이는 실제로 다양한 실험들을 통해 경험적으로도 확인된다. 위르겐 하버마스, 「민주주의는 아직도 인식적 차원을 갖는가」, 『아, 유럽: 정치저작집 제11권』, 윤형식 옮김, 나남, 2011, 183쪽 이하 참조.

95) 숙의 민주주의에서 '포용'의 중요성에 대해서는 특히 I. M. Young, "Justice, Inclusion, and Deliberative Democracy", S. Macedo (Ed.), *Deliberative Politics. Essays on Democracy and Disagreement*, Oxford University Press, 1999, 참조.

96) A. Sen, "Justic and the Global World", Indigo, Vol. 4. Winter, 2011. 이는 본래 존 스튜어트 밀의 개념이다.

97) 필립 페팃, 『신공화주의』, 앞의 책, 342쪽 이하. 역어는 나의 것이다.

98) 같은 책, 348-349쪽.

99) 같은 책, 352-353쪽.

100) 같은 책, 368쪽 이하 참조. 역어는 나의 것이다.

101) 최태욱, 「실질적 민주주의는 절차적 민주주의의 성숙으로 진전한다」, 『계간 민주』 창간호, 민주화운동기념사업회, 2011.

102) 김상준, 『미지의 민주주의: 신자유주의 이후의 사회를 구상하다』, 아카넷, 2011. 312쪽 이하 참조. 김상준은 여기서 선거법 개정을 위한 캐나다의 브리티시컬럼비아 시민의회의 사례를 모범으로 제시하고 있다(348쪽 이하). 촛불혁명 이후에도 곳곳에서 이 시민의회의 도입 필요에 대한 논의들이 나오고 있다. 최근에는 아일랜드나 아이슬란드의 개헌 과정이 모범으로 조명받고 있다.

103) 우리가 부정적으로만 평가하는 조선 시대의 당쟁은 사실 우리의 중요한 민주적 전통의 일부로서, 왕정 지배체제라는 한계 속에서 토론을 통한 통치의 이념을 탁월한 방식으로 구현했다. A. Sen, 앞의 글, 34쪽 참조. 다만 이런 유교적 숙의 민주주의의 전통은 '틀린 것이라도 말할 수 있는 권리'를 보장하는 관용의 체제를 발전시키지는 못했다.

104) 박성혁·박가나, 「심의 민주주의 실험이 주는 시민교육적 함의」, 『서울대학교 사대 논총』 제65집, 2002.

105) 물론 때때로 교사가 민주시민의 모범을 보인다는 차원에서 자신의 입장을 잘 정리해서 드러내는 것이 필요한 때도 있을 수 있겠지만, 이때에도 학생들에 대한 특정한 견해의 일방적인 전수가 되지 않도록 주의해야 한다.

106) W. W. Mickel (Hrsg.), *Handbuch zur politischen Bildung*, Bundeszentrale für politische Bildung, Wochenschau Verlag 1999; 지그프리트 쉴레·헤르베르트 슈나이더, 『보이텔스바흐 협약은 충분한가?』, 전미혜 옮김, 민주화운동기념사업회, 2009; 심성보·이동기·정용주·홍윤기, 『보이텔스바흐 합의를 통한 민주시민교육 정책 방안 연구』, 서울특별시교육연구정보원, 2016.

107) 볼프강 잔더, 「정치교육의 교육화」, 지그프리트 쉴레·헤르베르트 슈나이더, 『보이텔스바흐 협약은 충분한가?』, 앞의 책, 53쪽.

108) 영국 시민교육자문위원회, 『크릭 보고서: 학교 시민교육과 민주주의』, 민주화운동기념사업회, 2008/10/01.

109) 같은 책, 125쪽.

110) 신형식, 『한국 시민사회와 민주시민교육의 제도화 방안』, 경기대학교 정치전문대학원 정치법학과 박사학위논문, 2010, 112쪽 이하 참조.

111) P. McAvoy & D. Hess, "Classroom Deliberation in an Era of Political Polarization", *Curriculum Inquiry* 43:1. 미국 학교 교실 안에서 이루어지는 논쟁적 수업의 의미와 구체적인 방식 및 제안에 대해서는 참조: Diana E. Hess, *Controversy in the Classroom: The Democratic Power of Discussion*, Routledge, 2009.

112) 다음을 참조: W. Edelstein, "Demokratie als Praxis und Demokratie als Wert-Überlegungen zu einer demokratiepädagogisch aktiven Schule"/G. Himmelmann, "Demokratie-Lernen - Eine Aufgabe moderner Schulen", In: LISUM(Hrsg.), *Demokratie erfahrbar machen–demokratiepädagogische Beratung in der Schule, Ein Handbuch für Beraterinnen und Berater für Demokratiepädagogik*, 2007. G. Himmelmann, "Integration durch Wertebildung oder durch Einübung von demokratischen Verhaltensweisen? Ein Beitrag zum Konzept >Demokratie-Lernen<", In: G. Breit/S. Schiele

(Hrsg.), *Werte in der politischen Bildung*, Bundeszentrale für politische Bildung, 2000.

113) W. Beutel & P. Fauser (Hrsg.), *Demokratiepädagogik: Lernen für die Zivilgesellschaft*, Schwalbach/Ts.: Wochenschau, 2007, 200-202.

114) 이러한 인식은 심성보 교수에게서 얻은 것이다. 좀 더 자세한 내용은 다음을 참조하라. 장은주·심성보·박재영, 『민주주의 시민교육 활성화 방안 연구: 경남을 중심으로』, 경남교육연구정보원, 2016.

115) 마사 누스바움, 『공부를 넘어 교육으로』 앞의 책.

116) 아래에서 살펴볼 김해 봉명중에서 구체적인 사례를 확인할 수 있다.

117) 다음을 참조하라. 홍석노 외, 『학교민주주의 지수개발연구 I: 기초연구』, 경기도교육연구원, 2015; 장은주 외, 『학교민주주의 지수개발연구 II-지표체계와 평가도구개발』, 경기도교육연구원, 2015; 오유석 외, 『현장친화적 학교민주주의 평가지표 모형 구축을 위한 실태조사-학생중심 학교민주주의 지표개발 연구 기초연구』, 서울특별시교육연구정보원/서울교육정책연구소, 2016.

118) 이하의 서술은 '독일 민주주의 교육 협회(Deutsche Gesellschaft für Demokratiepädagogik)'가 학급평의회를 소개하기 위해 발간한 소책자 『우리가 학급이다 (Wir sind Klasse!)』(Berlin, 2015)에 기초한다.

119) 아래의 내용은 서울원당초등학교의 이지연 선생님의 도움으로 작성되었다.

120) 심성보, 『민주시민교육』 앞의 책, 참조.

121) 『다름? 다움! 서울상현초등학교 사례모음집』, 2015.

122) 아래의 내용은 태봉고등학교의 이순일, 하태종, 백병기 선생님 세 분과의 인터뷰 내용을 바탕으로 한 것이다.

123) 아래의 내용은 봉명중학교의 황금주, 송순호, 조삼순, 백응주, 조미혜, 황경미, 신선희 선생님과의 인터뷰를 바탕으로 한 것이다.

124) 아래의 내용은 제황초등학교의 이소영, 김미연, 김명숙, 손정은, 최정연 선생님과의 인터뷰를 바탕으로 한 것이다.